매달린 절벽에서 손을 뗄 수 있는가?

매달린 절벽에서 손을 뗄 수 있는가?

무문관, 나와 마주 서는 48개의 질문

초판 1쇄 펴낸날 2014년 6월 30일
초판 21쇄 펴낸날 2024년 3월 20일

지은이 강신주
펴낸이 이건복
펴낸곳 도서출판 동녘

편집 이지원 김혜윤 홍주은
디자인 김태호
마케팅 임세현
관리 서숙희 이주원

등록 제311-1980-01호 1980년 3월 25일
주소 (10881) 경기도 파주시 회동길 77-26
전화 영업 031-955-3000 편집 031-955-3005 **전송** 031-955-3009
홈페이지 www.dongnyok.com **전자우편** editor@dongnyok.com
페이스북 · 인스타그램 @dongnyokpub
인쇄 새한문화사 **제본** 다인바인텍 **라미네이팅** 북웨어 **종이** 한서지업사

ISBN 978-89-7297-719-3 (03100)

- 잘못 만들어진 책은 바꿔 드립니다.
- 책값은 뒤표지에 쓰여 있습니다.
- 이 도서의 국립중앙도서관 출판시도서목록(CIP)은 서지정보유통지원시스템 홈페이지 (http://seoji.nl.go.kr)와 국가자료공동목록시스템(http://www.nl.go.kr/kolisnet)에서 이용하실 수 있습니다.(CIP제어번호: CIP2014017612)

매달린 절벽에서 손을 뗄 수 있는가?

무문관, 나와 마주 서는 48개의 질문

강신주 지음

동녘

어른이 되고 싶었던 적이 있습니다. 어른들에게는 어린이에게 명령을 내릴 수 있는 힘, 그리고 하고 싶은 대로 할 수 있는 자유를 가지고 있는 것처럼 보였으니까요. "깨끗이 씻어!" "어른들에게는 항상 인사해라!" "일찍 자라!" "텔레비전은 9시까지만 봐라!" "파를 골라내지 마라!" "그놈과는 놀지 마라!" "공부 좀 해라!" "시장에 가서 두부 한 모만 사 와라!" 어린 시절 어른은 힘과 자유의 상징으로 보였습니다. 그래서 우리는 어른이 되고 싶었습니다. 언제 어른이 될까. 떡국을 한 그릇 더 먹으면 한 살 더 먹을 수 있을까. 어린 시절 우리의 조바심을 조롱하듯이, 어른은 별다른 노력이 없이 우리를 찾아왔습니다. 그냥 나이를 먹으니 어른이 되어 버렸고, 주변 사람들도 우리를 어른으로 대접하고 있으니까요.

어른이 되었지만, 슬프게도 우리에게 힘과 자유가 생기지는 않았습니다. 힘과 자유는 사치라고 보일 정도입니다. 오히려 신경 써야 할 것, 눈치 보아야 할 것이 너무 많이 늘어나 하루하루가 버겁기만 합니다. 그래서 한숨이 나옵니다. 겉만 어른이지, 속은 옛날 그대로 어린아이와 같기 때문입니다. 권력자가, 자본가가, 직장 상사가, 시댁 식구가, 혹은 길거리에 만난 낯선 타인들이 내게 암암리에 명령에 내리는 것 같습니다. "그걸 하세요!" "그건 하지 말아요!" 심지어 후배나 아이들의 눈치마저도 봐야 하니, 나보다 나이가 어린 사람들이 오히려 내가 눈치를 봐야 하는 어른들처럼 보일 때도 있습니다.

마침내 알아 버렸습니다. 옛날 부모님들도 사실 어른이 아니었다는 슬픈 사실을요. 그렇습니다. 나이를 먹었다고 해서 어른이 되는 건 아닙니다. 자신의 삶을 결정할 수 있는 힘과 자유가 없다면, 어른이라고 해도 어른일 수 없는 법이니까요. 남의 눈치를 보지 않고 남의 평가에 연연하지 않아야 어른입니다. 싫은 건 싫다고 하고 좋은 건 좋다고 당당히 말할 수 있어야 어른입니다. 이제야 알 것 같습니다. 자기 삶을 지킬 수 있는 힘과 자기 미래를 결정할 수 있는 자유가 없다면 우리는 아무리 나이를 먹어도 본질적으로는 어른이 될 수 없음을, 그리고 힘과 자유는 나이에 따라 주어지는 것이 아니라 우리가 용기를 갖고 싸워 얻어야 하는 것임을.

나이를 먹을수록 진정한 어른이 되기 어렵다는 걸 절감하고 있는 지금, 지금은 깊은 밤입니다. 철학을 포함한 인문학은 인간이 힘과 자유를 가질 수 있다는 걸 긍정합니다. 최소한 저는 그래야 한다고 믿고 있고, 그래서 인간의 힘과 자유를 위해 글을 쓰고 강연을 하는 사람입니다. 지금 저는 대자유를 얻기 위해 분투했던 사람들, 문이 없는 관문을 뚫으려고 했던 사람들의 이야기를 하려고 합니다. 우리 시대에 진정한 어른을 꿈꾸는 사람들에게 많은 자극과 격려가 되리라 기대해 봅니다. 죽기 전에 한 번이라도 좋으니, 우리 정말로 진짜 어른이 되어 살아 보았으면 좋겠습니다.

2014년 5월 30일 깊은 밤
차가운 바다, 그 무서운 곳에
아직도 아이들을 남겨 놓은 채
광화문 집필실에서

차례

2부

바람처럼 자유롭게

3부

어린아이와 같은 마음으로

4부
먹이를 낚아채는 사자처럼

잠옷을 입고 실내에 있을 수도 없고 실외로 나갈 수도 없다면, 너는 어떻게 하겠는가?

> 소진은 전혀 다른 것이다. 그것은 모든 선호의 순서, 모든 목적의 조직적 유기화, 모든 의미화를 포기하고 어떤 한 상황의 변수들 전체를 조합하는 것이다. 더 이상 집 밖으로 외출하기 위함도, 머무르기 위함도 아니다. 또한 낮과 밤을 활용하지도 않는다. 완수할 뿐, 더는 실현하지 않는다. 구두를 신고, 우리는 머문다. 실내화를 신고, 우리는 외출한다.
>
> 들뢰즈, 《소진된 인간(L'épuisé)》

1.

방금 잠옷을 입었다면, 그다음 여러분은 어떻게 행동하시겠습니까? 고개를 갸우뚱거리게 만드는 질문일 겁니다. 그렇지만 단호하게, 혹은 시큰둥한 표정으로 대답할 겁니다. "침실로 가서 잠을 청할 겁니다." "거실에서 스탠드를 켜고 책을 잠깐 볼 겁니다." "화장실에 가서 볼일을 볼 겁니다." 그렇습니다. 잠옷을 입으면 누구나 집 안에서 일을 합니다. 불행히도 아버지, 어머니, 삼촌, 이모, 고모도 모두 그랬습니다. 아마 앞으로 태어날 아이들도 잠옷을 입으면, 침실로 가거나 거실로 가거나 화장실에 갈 겁니다. 여기서 한번 깊게 고민해 보세요. '도대체 내가 했던 모든 행동 중 오직 나만이 할 수 있었던 행동은 있기라도 한 것일까?' 나는 아버지도 아니고, 나는 어머니도 아니고, 나는 이모도 아니고, 나는 고모도 아닙니다. 그리고 나는 내 아이들이 아닙니다.

나는 바로 나입니다. 그런데 내가 하는 모든 행동, 심지어 모든 생각은 아버지, 어머니, 이모, 고모, 그리고 아이들과 유사합니다. 심지어 같을 때도 너무나 많습니다. 무언가 잘못된 것 같다고 느껴지지 않나요. 나와 같은 사람은 1,000년 전에도 없었고 1,000년 뒤에도 없을 겁니다. 아니, 지금도 나와 같은 사람은 없습니다. 그런데 나의 모든 행동은 너무나 타인들과 유사합니다. 그것도 지독하게 유사합니다. 이건 내가 나로서 살아가기보다는 누군가를 흉내 내면서 살아가고 있다는 걸 말해 주는 것 아닐까요. 한 번밖에 없는 삶을 살아가면서 이건 너무나 슬프고도 우울한 일 아닐까요. 베케트Samuel Barclay Beckett, 1906-1989라는 우리 시대 가장 탁월한 작가가 고민했던 것도 바로 이것입니다. '어떻게 하면 나는 다른 누구도 아닌 바로 나로 행동하고 생각할 수 있을까?' 베케트가 자신의 희곡이나 소설, 혹은 시에서 시도하고자 했던 것은 바로 이것입니다.

베케트에 대한 작은 연구서에서 들뢰즈Gilles Deleuze, 1925-1995는 흥미로운 문장을 우리에게 던집니다. "구두를 신고, 우리는 머문다. 실내화를 신고, 우리는 외출한다." 혀를 끌끌 찰 광기처럼 보이지만 사실 애처로운, 아니 정확히 말해 처절한 발버둥이라고 해야 할 겁니다. 구두를 신고 잠을 청하거나 혹은 실내화를 신고 외출하는 건, 한 번이라도 다른 누구도 하지 않았던 어떤 행동을 해보려는 발버둥이기 때문이지요. 그래서인지 베케트의 희곡이나 소설은 너무나 읽기가 힘듭니다. 그 속에 등장하는 주인공들이 무언가 정상적으로 보이지 않기 때문입니다. 하긴 잠옷을 입고 외출을 하거나, 구름 한 점 없는 푸른 하늘에서 내리쬐는 태양을 받으며 우비를 입고 우산을 쓴다거나, 아니면 하얀 설원에 선글라스를 끼고 비키니 수영복을 입고 선탠을 즐기는 식이니, 베케트의 주인공들이 어떻게 쉽게 이해될 수 있겠습니까. 불가능한 일이지요. 그렇지만 베케트는 간접적이나마 지금까지 어디에도 없었던 주인공들, 누구의 행동이나 생각도 흉내 내지 않은 주인공들을 만들고 싶었던 겁니다.

그의 시도대로 아주 단독적인 주인공들이 활약하는 작품이 제대로 만들어진다면, 베케트는 독창적인 작가로 남을 수 있을 겁니다. 실제로 베케트는 가장 탁월한 작가로, 다른 어느 작가와 비교할 수 없는 개성을 가진 작가로 우리에게 기억되고 있지요. 그로서는 너무나 다행스런 일입니다. 베케트만이 그럴까요. 장자도 그렇고, 니체도 그렇고, 김수영도 그렇고, 카프카도 그렇고, 베토벤도 그렇고, 슈베르트도 그렇습니다. 다른 누구도 흉내 낼 수 없는 작품들을 통해 그들은 자기만의 삶과 사유를 자랑할 수 있었던 겁니다. 자, 이제 다시 물어보도록 하지요. 방금 잠옷을 입었다면, 그다음 여러분은 어떻게 행동하시겠습니까? 실내가 아니라 실외로 외출을 할 예정이라고요? 할喝! 그건 이미 베케트의 주인공들이 했던 행동

아닌가요? 그러니 잠옷을 입고 실외로 외출하는 건, 여러분만이 할 수 있는 행동일 수가 없습니다. 자, 어떻게 하실 건가요? 이제는 잠옷을 입고 실내에 머물 수도 없고, 잠옷을 입고 실외로 나갈 수도 없습니다. 자, 어떻게 하실 건가요?

2.

"잠옷을 입고 실내에 있을 수도 없고 실외로 나갈 수도 없다면, 너는 어떻게 하겠는가?" 이런 난처한 질문을 접한 사람들 중 동아시아 사유에 익숙한 사람이라면 누구나 '화두話頭'라는 단어를 떠올릴 겁니다. 상식적인 생각으로는 결코 해결할 길이 없는 딜레마나 역설로 가득 차 있는 물음이 바로 화두입니다. 그렇다면 상식으로 풀 길이 없는 화두를 동아시아 사람들은 왜 만들었던 것일까요? 그건 상식을 넘어가려고 했기 때문입니다. 상식을 뜻하는 영어 단어에 주목해 보세요. 커먼 센스common sense! '공통된 감각'을 의미하는 말입니다. 아버지나 어머니, 삼촌이나 이모, 혹은 친구들과 비슷하게 생각하고 느끼는 것이 바로 커먼 센스, 즉 상식입니다. 상식을 맹목적으로 신뢰하고 살아가고 있다면, 자신만의 삶을 영위하고 있다고 할 수 없지요. 바로 이겁니다. 화두는 자신만의 삶을 살아 내려면 반드시 통과해야만 하는 관문 같은 겁니다. 상식에 따라 살고 있는 사람에게는 풀릴 수 없는 역설로 보이지만, 자신만의 삶을 영위하고 있는 사람에게는 너무나 쉽게 풀리는 것이 화두이기 때문이지요.

'화두'라는 단어를 듣는 순간, 누구나 불교를 연상했을 겁니다. 식견이 조금 더 있는 사람이라면 선불교禪佛教를 떠올렸을 거고요. 불교의 최종 목적은 불교의 창시자인 싯다르타Gautama Siddhārtha, BC563?-BC483?의 말씀을 맹목적으로 따르는 데 있지 않고, 싯다르타가 그랬던 것처럼 우리 자신도 붓다buddha, 즉 부처가 되는 데 있습니다. 그래서일까요. 우리와 헤어질 때 스님들은 말하곤 합니다. "성불成佛하세요!" 한마디로 부처가 되라는 겁니다. 사찰 중심부에는 석가모니釋迦牟尼, 즉 깨달은 싯다르타를 모신 대웅전이란 전각이 있습니다. 자세히 보시면 싯다르타 주변에 다양한 부처들이 있을 겁니다. 그들은 모두 싯다르타가 그랬던 것처럼 자신만의 삶을 영위했던 사람들이었습니다. 스님들이 싯다르타를 존경하는 이유는 그가 자신의 삶을 영위하는 데 멋지게 성공했기 때문입니다. 이제 분명해지시나요. 싯다르타에게 절할 때, 스님들은 소망하고 있었던 겁니다. 싯다르타가 자신의 삶에 이르렀듯이, 자신도 언젠가는 자기만의 삶에 이르기를. 그래서 마침내 부처가 되기를.

선불교에서 고안한 화두는 바로 부처가 되기 위해 반드시 통과해야만 하는 관문과도 같은 겁니다. 그렇기에 앞서 스스로의 삶을 영위하는 데 성공한 사람들이 어떻게 화두라는 관문을 통과했는지 보는 것이 도움이 될 겁니다. 물론 깨달음에 이른 스승에게서 직접 받은 화두를 온몸을 던져 처절하게 뚫어 내는 것이 원칙입니다. 그렇지만 아무런 준비 없이 바로 산에 오르는 것보다, 그 전에 이미 정상에 올랐던 사람들의 경험을 참조하는 것이 많은 도움이 될 수 있습니다. 이렇게 자기보다 앞서 화두를 뚫었던 선배들의 일화를 숙고하는 것, 혹은 만일 내게도 같은 화두가 주어졌다면 나는 어떻게 할 것인지 고민하는 것, 선불교에서는 이런 수행법을 간화선看話禪이라고 부릅니다. 글자 그대로 '화두[話]를 보는[看] 참선[禪]'이라는 뜻이지요. 그래서 나름대로 화두를 보는 데 도움이 되는 해설이 붙은 다양한 종류의 간화선 교재가 편찬되었습니다. 마침내 다양한 화두집이 탄생하게 된 겁니다.

화두집의 원형으로는 선불교 사상사라고도 볼 수도 있는, 도원道原, ?-?이라는 스님이 1004년에 완성한 《전등록傳燈錄》을 들 수 있을 것 같습니다. 이 책에는 자그마치 1,700여 개의 화두가 등장합니다. 너무나 방대했고 지나치게 복잡했던 탓인지 설두 중현雪竇重顯, 980-1052이라는 스님에서부터 시작되어 그의 제자 원오 극근圓梧克勤, 1063-1135 스님에 의해 완성된 《벽암록碧巖錄》이 마침내 등장하게 됩니다. 《전등록》에 등장하는 역사적 요소들을 깔끔하게 제거하고 100개의 화두만 선별해 명실공히 제대로 된 화두집이 등장한 겁니다. 교재의 성격이 강할 수밖에 없는 화두 모음집이기에 원오 스님은 각 화두마다 나름의 형식을 갖춘 친절한 해설도 아울러 붙이고 있습니다. 그렇지만 아무리 줄였다고 해도, 사실 100개의 화두 역시 너무 많은 감이 있습니다. 한 주에 하나씩 통과한다고 해도, 거의 2년이란 시간이 소요되니까요. 무슨 속성 학원도 아니고 어떻게 난해한 화두를 한 주에 하나씩 통과할 수 있겠습니까. 그래서 잘못하면 화두를 통과했던 선배들의 경험을 하나하나 숙고하느라 자신에게 주어진 화두를 풀 시간마저 없을지도 모롭니다. 한마디로 배보다 배꼽이 더 큰 아이러니가 발생할 수도 있는 겁니다. 마침내 가장 압축적인 화두집이 탄생하게 됩니다. 무문 혜개無門慧開, 1183-1260, 즉 무문 스님이 1228년에 48개의 화두를 선별해서 해설한《무문관無門關》이 바로 그것입니다.

3.

서양에서는 'The Gateless Gate'라고 번역되는 '무문관'이라는 제목! 이 말만 들어도 망치로 머리를 맞은 듯 띵하지 않습니까? '문이 없는 관문'이라뇨. 도대체 이게 말이나 됩니까. 관문이라고 하면 통과할 수 있다는 뜻입니다. 그런데 문이 없다면 우리는 통과할 수가 없습니다. 도대체 무문관은 관문이라는 이야기입니까, 아니면 관문이 아니라는 이야기입니까? 제목부터가 이미 반드시 뚫어 내야 할 일종의 화두, 그것도 최고난도의 화두인 셈입니다. 앞에서 베케트의 이야기를 빌려 제가 던졌던 화두, "잠옷을 입고 실내에 있을 수도 없고 실외로 나갈 수도 없다면, 너는 어떻게 하겠는가?"라는 화두처럼 상식에 반하는 제목이니까요. '제목'을 그냥 방치하면 성급한 독자들은 무문관에서 기다리고 있는 48개의 계단에 오르기를 포기할지도 모른다는 노파심에 잠시 힌트를 하나 드리겠습니다. 화두는 삶의 주인이 되어야 풀리는 난제라고 이야기했던 적이 있습니다. 그렇기 때문에 당연히 주인으로 당당히 무문관 앞에 서면 우리는 무문관을 어렵지 않게 통과하게 될 겁니다.

문을 찾아 통과할 생각을 조금이라도 가진다면 '무문관'은 절대로 통과할 수 없습니다. 당연하지요. 문이 없다고 했으니 아무리 찾으려 해도 문은 찾을 수 없을 테니까요. 무문관에는 이곳을 통과했던 선배들이라면 예외 없이 반드시 지나가야만 했던 비밀스런 문이 있을 거라는 헛된 믿음을 가진 사람도 있을 겁니다. 그렇지만 영민한 독자라면 이런 헛된 믿음을 가진 사람은 애초에 주인으로 살려는 의지가 없다는 것을 직감할 겁니다. 사실 스스로의 힘으로 생각하고 행동하려는 사람에게 이미 다른 사람들이 지나간 문은 관심의 대상도 아닐 테니까 말입니다. 잠옷을 입고 실내에 있는 것이라면, 이미 대부분의 사람들이 모두 한 일입니다. 잠옷을 입고 실외로 나가는 것이라면, 이미 베케트의 주인공들이 모두 한 일입니다. 잠옷을 입고 실내에 있지도 않고 실외로 나가지 않는 어떤 행동이 가능할 때에야, 우리는 비로소 자기만의 행동을 개시할 수 있게 될 겁니다. 무문관의 경우도 마찬가지입니다. 비록 무문관에 누군가 통과했던 문을 발견한다고 하더라도, 무문관이 무엇인지 아는 사람이라면 그 문으로는 들어가지 않을 겁니다.

무문관이라는 관문은 묘한 곳입니다. 분명 이곳을 뚫고 지나간 선배들이 있었습니다. 당연히 그들이 통과한 관문에는 하나의 흔적으로서 문들이 만들어지게 되었을 겁니다. 처음에는 문이 없었다고 해도, 통과를 했다면 문이 만들어질 수밖에 없는 법이니까요. 마치 눈을 밟고 걸으면, 뒤에 발자국이 남는 것처럼 말입니다. 《무문관》이라는 화두 모음집이 만들어져 지금까지 전해질 수 있었던 것도 이런 이유에서일 겁니다. 그렇지만 우리는 선배들이 만들어 놓은 그 문으로 들어가서는 안 됩니다. 자기만의 삶을 살려고 하는 사람이 어떻게 다른 사람이나 그가 만든 방법을 따를 수 있겠습니까. 그래서 아무리 선배들이 통과했던 문이 유혹해도 우리는 눈을 감고 귀를 닫아야 합니다. 타인이 만든 문을 찾으려 두리번거리지 말고 온몸을 던져 뚫어 내라는 겁니다. 어떤 것에도 의존하지 않고 스스로 당당히 살아가는 주인의 모습이 어떻게 쉬울 수 있겠습니까? 그야말로 똥줄이 빠지도록 노력해도 될까 말까 한 일이 바로 하루라도 자기니까 살 수 있는 삶을 살아 내는 일이기 때문이지요.

저는 《무문관》을 '무문관답게', 그러니까 '나답게' 읽으려고 했습니다. 제가 가급적 《무문관》에 실려 있는 무문 스님의 해설을 넘겨 보지 않으려고 했던 것도 바로 이런 이유에서입니다. 무문은 무문이고 강신주는 강신주입니다. 무문의 해설에 친절한 설명을 붙이는 것에 만족하는 것은 선불교의 정신에 맞지도 않을 뿐만 아니라 무문 스님마저도 혀를 끌끌 찰 일입니다. 그래서 저는 48개의 관문에 무모하게 몸을 던졌습니다. 어떤 관문은 평상시의 고민과 유사해서인지 쉽게 통과할 수 있었지만, 대부분의 관문은 감 잡기도 어려울 정도로 접근 불가능했습니다. 이렇게 난해한 화두를 만나면, 저는 온 신경을 화두에 집중했습니다. 화장실에 앉아 용변을 볼 때, 음악을 들으며 산책을 할 때, 피곤한 몸을 누이며 잠자리에 들 때도 예외가 없었습니다. 만신창이로 너덜너덜해졌지만 어쨌든 48개의 관문을 통과했다는 걸 알았을 때는 이미 1, 2년의 세월이 후딱 지나간 다음이었습니다. 여러분이 지금 넘기고 있는 책이 바로 그 결과물입니다. 물론 제가 통과했던 방식은 오직 저만의 방식일 수밖에 없다는 건 너무나 분명한 사실입니다. 어쩌면 제가 여러분을 더 번거롭게 만든 것인지도 모릅니다. 잠옷을 입고 실외로 나가 버릴 가능성을 베케트가 없애 버렸던 것처럼, 무문관을 통과할 수 있는 수많은 가능성들 중 하나를 제가 없애 버렸으니까 말입니다. 합장!

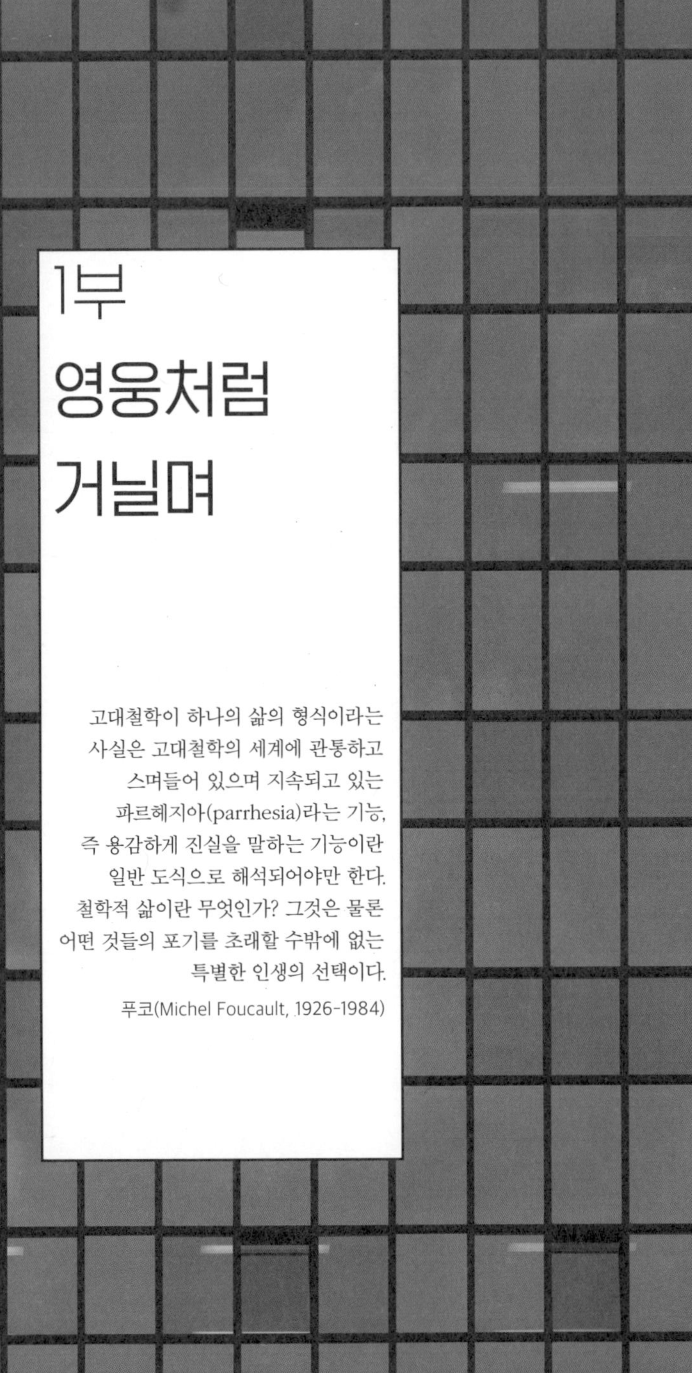

1부 영웅처럼 거닐며

고대철학이 하나의 삶의 형식이라는
사실은 고대철학의 세계에 관통하고
스며들어 있으며 지속되고 있는
파르헤지아(parrhesia)라는 기능,
즉 용감하게 진실을 말하는 기능이란
일반 도식으로 해석되어야만 한다.
철학적 삶이란 무엇인가? 그것은 물론
어떤 것들의 포기를 초래할 수밖에 없는
특별한 인생의 선택이다.

푸코(Michel Foucault, 1926-1984)

움직이는 건 마음뿐!

어느 날 사찰 깃발이 바람에 나부끼고 있었다. 이 광경을 보고 두 스님이 서로 논쟁을 했다. 한 스님은 "깃발이 움직인다"라고 말하고, 다른 스님은 "바람이 움직인다"라고 주장했다. 서로의 주장만이 오갈 뿐, 논쟁은 결코 해결되지 않는다. 이때 육조 혜능은 말했다. "바람이 움직이는 것도, 깃발이 움직이는 것도 아닙니다. 그대들의 마음이 움직이고 있을 뿐입니다." 두 스님은 소스라치게 놀랄 수밖에 없었다.

《무문관》 29칙, '비풍비번(非風非幡)'

1.

당唐나라 시절 중국 남쪽에는 법성사法性寺라는 사찰이 있었습니다. 달마達磨, ?-528?로 시작되어 다섯 번째 홍인弘忍, 601-674에 이른 선종禪宗의 법맥이 사라진 지 오래되었는데, 땅속에 묻혀 있던 수맥이 땅 위로 솟구치듯이 바로 이곳 법성사에서 선종의 법맥이 다시 용솟음친 것입니다. 사라진 육조六祖, 그러니까 여섯 번째 큰스님 혜능慧能, 638-713이 화려하게 세상에 등장했기 때문입니다. 선종의 전설에 따르면 전설적인 인물 달마에게서 선종은 시작됩니다. 그래서 깨달음의 불빛을 밝힌 달마는 초조初祖, 즉 첫 번째 스승으로 불립니다. 달마의 깨달음은 차례로 혜가慧可, 487-593, 승찬僧璨, ?-606, 도신道信, 580-651, 홍인, 혜능으로 이어진다고 합니다. 그래서 혜가가 이조二祖, 승찬이 삼조三祖, 도신이 사조四祖, 홍인이 오조五祖, 그리고 마지막으로 혜능이 육조六祖라고 불리지요.

돌이켜 보면 15년 전 북중국에 비해 문화적으로 세련되지 않은 남중국 촌놈 출신 혜능이 홍인의 의발衣鉢을 받은 사건은 당시 선종 내부에서 커다란 센세이션과 함께 강한 거부반응을 일으켰습니다. 당나라 시절 북중국과 남중국의 차이는 도시와 시골 사이의 차이에 비유할 수 있습니다. 그런데 세련된 도시 출신의 스님들을 제치고 오조 홍인五祖弘忍 스님이 깨달음의 징표인 의발을 남중국 출신의 시골 촌놈 혜능에게 내렸던 겁니다. 더군다나 혜능은 홍인을 찾아온 지 얼마 되지도 않는 신참 스님이기도 했습니다. 오랫동안 홍인을 모시고 있던 북중국 출신의 스님들이 혜능에게 거부반응을 보인 것은 어쩌면 너무나 당연한 일인지도 모를 일입니다. 이런 거부반응이 가라앉는 데 자그마치 15년이란 긴 세월이 필요했던 겁니다. 그렇지만 선종을 이끌어야 할 커다란 책무를 지고 있는 혜능이 어떻게 세상 사람들의 미혹됨을 방기하고 일신의 안위만 도모할 수 있었겠습니까?

당시 인종印宗, 627-713 법사가 《열반경涅槃經》을 강의하고 있던 법성사에는 수많은 수행자들이 모여들었습니다. 육조의 신분을 감춘 혜능도 끼어들어 그 모임에 참여하고 있었습니다. 마침 사찰에 몰아친 강한 바람으로 사찰의 깃발이 펄럭이게 되었습니다. 바람에 펄럭이는 깃발을 보면서 두 스님이 논쟁을 시작하게 됩니다. 한 스님은 "깃발이 움직인다"라고 주장했지만, 이에 맞서 다른 스님은 "바람이 움직인다"라고 역습을 가했습니다. 물론 상식적인 생각, 아니 정확히 말해 서양의 과학적 훈련을 받은 우리는 당연히 바람이 움직인다는 스님 쪽에 설 것입니다. 그렇다면 깃발이 움직인다고 주장하는 스님은 바보였던 것일까요? 그렇지 않습니다. 깃발이 움직이지 않는다면 바람이 부는지의 여부도 알 수 없다는 것, 바로 그것이 깃발이 움직인다고 주장했던 스님의 속내였을 테니까요.

두 스님의 논쟁으로《열반경》강의는 잠시 멈추어질 수밖에 없었습니다. 강의에 참여했던 수행자들이 양편으로 갈려 갑론을박이 시작되었기 때문입니다. 바로 이때 날카로운 칼날에 조용히 잘리는 비단의 미세한 소리처럼 조용한 목소리가 새어 나옵니다. 그 작은 소리는 마치 칠판을 긁는 소리마냥 논쟁을 주도했던 두 스님뿐만 아니라 논쟁에 참여했던 모든 수행자들을 침묵시키고 말았습니다. "바람이 움직이는 것도, 깃발이 움직이는 것도 아닙니다. 그대들의 마음이 움직이고 있을 뿐입니다." 행자들 속에 숨어 있던 혜능이 드디어 등장하며 모든 논쟁을 종식시킨 겁니다. 바람에 펄럭이는 깃발에 마음이 갔기 때문에, 바람이 움직인다거나 혹은 깃발이 움직인다는 논쟁 자체가 가능한 것 아니냐고 말하면서 말입니다.

2.

현상학phenomenology의 창시자 후설Edmund Husserl, 1859-1938은 우리 마음이 가진 특성은 바로 '지향성intentionality'에 있다고 말했던 적이 있습니다. 우리의 마음은 무엇인가에 쏠린다는 것, 이것이 바로 지향성입니다. 그래서 자신의 주저《유럽학문의 위기와 선험적 현상학Die Krisis der europaischen Wissenschaften und die transzendentale Phanomenolgie》에서 후설은 말했던 겁니다. "지향성이 없이는 객관과 세계는 우리에 대해 현존하지 않는다"라고 말입니다. 결코 어려운 말은 아닙니다. 예를 들어 볼까요? 영화관에 들어가 영화가 아니라 어제 만난 사람에게 마음이 쏠린다면, 영화는 내게 존재할 수도 없을 테죠. 딴 생각을 하면 눈앞에 음식이 있어도 그 음식은 있는 것이 아닐 테고요. 딴 생각을 하지 않고 음식에 마음이 쏠리면 그제야 간신히 음식은 내 눈앞에 존재하게 되는 겁니다. 후설이 객관이나 세계를 '노에마noema'라고 정의했던 것도 이런 이유에서입니다. 노에마라는 말 자체가 우리의 마음, 혹은 정신인 '누스nous'가 지향하고 있는 대상을 의미하니까요. 다시 말해 객관이나 세계는 우리 마음과 무관하게 존재하지 않는다는 것입니다. 그러니 만일 법성사 집회에 참여했다면, 후설은 혜능의 이야기를 듣고 깜짝 놀랐을 겁니다. 기존의 서양 철학을 비판적으로 검토하면서 자신이 새롭게 해명한 지향성이라는 개념을 혜능이 한마디로 멋지게 표현하는 장면을 목격했을 테니까 말입니다.

그런데《무문관》의 편찬자 무문 혜개는 이 법성사 에피소드를 다음과 같이 논평합니다. "바람이 움직이는 것도 아니고, 깃발이 움직이는 것도 아니고, 마음이 움직이는 것도 아니다." 위대한 스승인 혜능의 말마저도 거부하는 무문 스님의 기개가 놀랍기만 합니다. 그런데 "마음이 움직이는 것도 아니다"라는 말은 무슨 뜻일까요? 아마 후설도 당혹감을 느꼈을 겁니다. 지금 무문 스님은 마음이 가진 지향성이라는 특성을 부정하는 것처럼 보이기 때문입니다. 바로 여기가 후설의 현상학이 가진 한계이자, 동시에 선종의 통찰력이 서양 정신을 뛰어넘는 대목이 아닐까요? 다행히 후설은 안심해도 됩니다. 지금 무문 스님이 지향성 자체를 부정하는 것은 아니니까요. "마음이 움직이는 것도 아니다"라는 말에서의 '마음'이란 우리의 마음이 지향하고 있는 마음, 그러니까 노에마로서의 마음에 지나지 않습니다. 예를 들어 "내 마음이 아파"라고 말했을 때 '아픈 마음'은 이미 무엇인가를 지향하고 있는 마음이라기보다 마음이 지향하고 있는 대상으로서의 마음이라고 할 수 있습니다.

그러니까 마음은 외부에도 쏠리지만 동시에 내부에도 쏠릴 수 있는 겁니다. 여기서 잊지 말아야 할 것이 하나 있습니다. 그것은 대상화되어 실체화된 것이 아니라 지향하는 활동, 혹은 쏠림이란 활동이 바로 마음이라는 사실입니다. 그래서 바람에 깃발이 나부끼는 장면에 사로잡혀 있을 때나 아니면 마음속 상념에 하염없이 빠져들 때, 마음은 활발발活潑潑한 활동성을 상실하게 됩니다. 보통 불교에서 이야기하는 집착執着, abhiniveśa이 발생한 셈이지요. 집착을 딱딱하게 얼어붙은 얼음에 비유할 수 있다면, 활발발은 유동하는 물에 비유할 수 있을 겁니다. 둥근 그릇에 담겨 얼어붙은 둥근 얼음은 다른 모양의 그릇에 담을 수가 없습니다. 오직 유동적인 물만이 다양한 그릇에 다양한 모양으로 깃들 수 있는 법이니까요. '살아 있다'는 의미의 '활活'이라는 단어와 '물방울이 튄다'는 의미의 '발潑'이라는 단어를 결합시켜 만든 '활발발'이라는 용어를 선사들이 좋아하는 것도 이런 이유에서입니다.

얼음처럼 고착된 마음, 집착하고 있는 마음의 문제입니다. 혜능이나 무문이 걱정했던 것도 바로 이것입니다. 바람에 펄럭이는 깃발에 마음이 고착되어 있을 때 혜능은 "바람도 깃발도 아니고 당신들 마음이 움직이는 것"이라고 말했습니다. 마음의 활동성을 깨우려는 것이지요. 혜능의 말을 듣고 이제 바람이나 깃발이 아니라 자신의 마음에 마음이 고착되어 있을 때 무문은 "마음이 움직이는 것도 아니다"라고 말했습니다. 깃발과 바람 대신 마음에 고착되어 있는 마음의 활동성을 다시 깨우려는 것입니다.

3.

주변의 어른들은 "마음이 콩밭에 가 있다"라고 말하곤 합니다. 이미 우리는 머리가 아닌 삶에서 분명히 알고 있었던 겁니다. 마음이란 기본적으로 무엇인가를 지향하는 것이어서, 살아서 팔딱거리며 움직이는 작용이라는 사실을 말입니다. 그런데 여기서 주목해야 할 것이 있습니다. 마음이 콩밭에 가 있다면, 그래서 오매불망 콩밭에만 있다면, 마음은 다른 것을 지향할 여지가 없게 된다는 사실입니다. 예를 들어 생각해 볼까요? 재산이어도 좋고

©고정욱

마음이란 기본적으로 무엇인가를 지향하는 것이어서,
살아서 팔딱거리며 움직이는 작용입니다.

아니면 가족이어도 좋습니다. 무엇이든 자신이 소중하게 여기는 것이 사라졌을 때, 그러니까 재산을 잃거나 아니면 가족 중 누군가가 비운의 사고로 이 세상을 떠났을 때, 우리는 그 잃어버린 재산이나 이제 볼 수 없는 그 사람에게 마음이 쏠리게 됩니다. 쏠리다 못해 이제는 마음이 그것들에 아교처럼 붙어 버립니다. 혹은 그것들이 마음에 접착제처럼 붙어 버렸다고 말해도 좋습니다. 바로 이것이 '집착' 아닌가요.

잃어버린 재산이나 이미 죽어 버린 사람에게 집착할 때, 우리는 다른 것에 마음을 둘 여지가 없게 됩니다. 흰 눈이 내리는 아름다운 풍경도, 슈베르트 피아노 소나타의 아름다운 선율도, 우리의 관심을 필요로 하는 노숙자의 비참한 삶도 우리의 마음에 들어올 여지가 없습니다. 심지어 내 앞에서 자신의 고민을 이야기하는 친구의 말조차도 귀에 들어오지 않고, 지나친 경쟁 논리에 치여 생명을 끊으려고 하는 귀한 자식의 고뇌도 눈에 보이지 않게 됩니다. 이미 우리의 마음이 꽁꽁 얼어붙은 얼음처럼 굳어 있기 때문입니다. 그러니 물고기가 연못 속에서 도약하는 것과 같은 활발발의 역동성을 어떻게 우리 마음에서 찾을 수 있겠습니까. 얼마나 무서운 일입니까. 살아서 펄떡이는 마음이 아니라면 우리에게 자비慈悲, maitri-karuṇa의 마음이 생길 수도 없을 테니 말입니다. 일단 무언가에 애정과 관심이 가려면, 우리의 마음이 그것에 쏠려 있어야 합니다. 그러니 굳어 있는 마음으로 자비를 행한다는 것은 있을 수도 없는 일입니다.

이제 혜능이 왜 육조라는 감당하기 힘든 스승의 자리에 올랐는지 이해가 되십니까. 홍인이 일자무식으로 알려진 혜능에게 자신의 의발을 물려주면서 그의 깨달음을 인정한 이유도 이제 분명해지지 않았는지요. 혜능은 그 앞의 조사들과 그 후에 도래할 조사들과 마찬가지로 마음이 역동적인 지향성을 가지고 있다는 것을 분명히 깨닫고 있었던 겁니다. 그렇지만 우리처럼 평범한 사람들은 혜능과 같은 깨달음을 지적으로 이해한다고 해도, 실제로 역동적인 마음을 갖기는 어렵습니다. 그렇습니다. 혜능의 깨달음을 지적으로 이해한다는 것과 그것을 몸소 체현하고 산다는 것 사이에는 엄청난 간극이 있습니다. 등산 지도로 설악산을 눈으로 더듬어 가는 것과 몸소 차가운 눈보라를 맞으며 설악산을 한 발 한 발 걷는 것 사이의 차이일 겁니다. 물론 그렇다고 해서 실망할 필요는 없습니다. 해가 떴다고 해서 겨울 내내 쌓였던 눈이 바로 녹지는 않는다는 사실을 기억해 보세요. 오늘도 내일도 해가 뜨기를 반복하다 보면 어느 사이엔가 겨울 내내 쌓였던 눈들이, 언제 녹을지 의심스럽기만 했던 눈들이 부지불식간에 사라지겠지요. 그때까지 마음속에 혜능의 이야기를 담아 두어야만 합니다. "바람이 움직이는 것도, 깃발이 움직이는 것도 아닙니다. 그대들의 마음이 움직이고 있을 뿐입니다."

손님에서 주인으로

서암 사언 화상은 매일 자기 자신을 "주인공!"하고 부르고서는 다시 스스로 "예!"하고 대답했다. 그리고는 "깨어 있어야 한다! 예! 남에게 속아서는 안 된다! 예! 예!"라고 말했다.

《무문관》 12칙, '암환주인(巖喚主人)'

1.

《화엄경華嚴經》이라는 불교 경전이 있습니다. 대승불교 전통에서 어떻게 깨달음에 이를 수 있는지, 혹은 깨달음이란 무엇인지를 이 경전만큼 문학적으로 아름답게 표현한 것도 없을 겁니다. 특히 선재동자善財童子가 깨달음을 찾아가는 대목이 인상적이었던 경전입니다. 그래서일까요. 고은高銀, 1933- 시인은 선재동자의 구도 이야기를 《화엄경》이라는 소설로 출간하기까지 했습니다. 그렇지만 여기서 주목하고 싶은 것은 경전의 내용이 아니라, 경전의 제목입니다. 대승불교에서 꿈꾸는 이상적인 세계를 '화엄세계'라고 표현하기도 하기 때문입니다. '화엄華嚴'은 산스크리트어 '간다뷔하Gaṇḍavyūha'라는 단어를 의역한 말입니다. 여기서 간다뷔하라는 말은 온갖 가지가지의 꽃들을 의미하는 '간다Gaṇḍa'와 화려한 수식을 의미하는 '뷔하vyūha'로 구성되어 있습니다. 그래서 '간다'는 꽃을 의미하는 '화華'로, 그리고 '뷔하'가 장관을 의미하는 '엄嚴'으로 번역되면서 '화엄'이라는 말이 탄생한 겁니다. 결국 화엄이란 말은 들판에 잡다하게 피어 있는 수많은 꽃들의 장관을 가리키는 말이 됩니다.

대승불교가 꿈꾸었던 화엄세계가 무엇인지 짐작이 되시는지요. 모든 존재들이 자기만의 가능성과 삶을 긍정하며 만개하는 세계, 바로 그것이 대승불교가 꿈꾸던 것입니다. 그렇습니다. 불교에서의 자비란 바로 자기만의 삶을 긍정하지 못하는 존재에 대한 연민이라고 할 수 있습니다. 그러니까 향이 옅다고 나쁜 꽃이고, 색이 탁하다고 무가치한 꽃이라고 할 수는 없습니다. 그것들 각각은 모두 자기만의 자태와 향취의 주인공이기 때문이지요. 바로 이것이 주인의 모습입니다. 반면 노예는 붉은 장미꽃이 가치가 있다고 해서 꽃잎을 장미 모양으로, 색깔을 붉게 만들려는 개나리에 비유할 수 있을 겁니다. 아무리 장미꽃에 근접하게 자신의 모양을 꾸민다고 할지라도, 개나리로서는 얼마나 비극적인 상황입니까. 자신의 잠재성을 부정하고 성장한다는 것, 혹은 자신을 부정하면서 살아간다는 것은 얼마나 애절한 일입니까.

지금까지 우리는 자신의 모습이 아니라 타자가 바라는 모습이 되기 위해 얼마나 자신을 부정해 왔나요? 그만큼 우리는 스스로 행복을 포기해 왔던 것 아닐까요? 그러니 "남에게 속아서는 안 됩니다." 남이 아무리 선의지를 가지고 조언을 해도, 그 말에 따라 사는 순간 우리는 주인이 아니라 노예로 전락할 수밖에 없기 때문입니다. 더군다나 악의를 가지고 우리를 노예로 부리려는 사람에 대해서야 말해 무엇 하겠습니까. 깨달음의 희열이 별것이겠습니까. 노예가 아니라 주인으로 살아가는 것이 열반涅槃, nirvāṇa일 테지요. 이제 분명해지지 않았나요. 서암 사언瑞巖師彦, 850-910 스님이 왜 아침마다 자신을 "주인공主人公"이라고 불렀는지 말입니다. 서암 스님은 깨달음이란 별것이 아니라 바로 주인으로 살아가는 데 있다는 사실을 잘 알고 있었던 겁니다. 그러기에 스님은 단순히 '주인主人'이라고 말하지 않고 거기에 존경을 뜻하는 '공公'을 붙였던 겁니다. 자기 삶의 주인공이 되었다면 이미 부처가 된 것인데, 어떻게 부처에게 존경을 표하지 않을 수 있겠습니까.

2.

싯다르타가 이 세상을 떠나려고 할 때, 제자들은 몹시도 슬퍼했다고 합니다. 하긴 충분히 납득이 가는 반응입니다. 스승이 없어지니 자신의 갈 길이 막막하다고 느꼈을 테니까요. 이런 제자들에게 싯다르타는 마지막 사자후를 남깁니다. "무소의 뿔처럼 혼자서 가라!" 개나리는 개나리로 만개하고, 히아신스는 히아신스로 만개하고, 장미는 장미로 만개할 뿐입니다. 그러니 히아신스가 장미를, 장미가 개나리를, 개나리가 히아신스를 모방할 일이 아니지요. 물론 아직 자기만의 꽃을 피우지 못한 제자들, 다시 말해 자신의 잠재성을 실현하지 못한 제자들에게 '천상천하유아독존天上天

下唯我獨尊'의 깨달음을 얻은 싯다르타가 자신의 이상형으로 보이는 것은 어쩌면 당연한 일인지도 모릅니다. 그렇지만 제자들은 하나는 알고 둘은 모르고 있습니다. 천상천하유아독존, 즉 이 세상에서 나만이 유일하게 존귀하다는 선언은 싯다르타에게만 적용되는 것이 아니라 그의 제자들, 나아가 우리에게도 그대로 적용된다는 사실을 말입니다.

아직 자신이 존귀하다는 깨달음을 얻지 못한 우리는 안데르센의 동화에 등장하는 미운 오리 새끼일지도 모릅니다. 자신이 백조라는 것을 모르니, 멋진 오리가 되려고 욕망할 수밖에요. 이럴 때 "무소의 뿔처럼 혼자서 가라!"라는 가르침은 너무나 절절하기만 합니다. 그런데 싯다르타의 가르침이 동양만이 아니라 서양에도 그대로 울려 퍼졌다는 사실을 아시나요? 바로 니체Friedrich Wilhelm Nietzsche, 1844-1900로부터 나온 울림입니다. 그는 차라투스트라의 입을 빌려 자신의 제자들에게 말했던 적이 있습니다. "나를 버리고 그대들 자신을 찾도록 하라. 그리하여 그대들 모두가 나를 부정하게 된다면, 그때 내가 다시 그대들에게 돌아오리라." 《차라투스트라는 이렇게 말했다Also sprach Zarathustra》에 등장하는 구절입니다. 차라투스트라의 가르침은 일체의 외적인 권위에 기대거나 모방하지 말라는 명령으로 요약될 수 있습니다.

니체가 "신은 죽었다"라고 선언했던 것도 다 이유가 있었던 셈입니다. 서양에서 신이라는 존재는 인간에게 절대적인 모방과 숭배의 대상이기 때문이지요. 모방의 대상이 있는데, 어떻게 인간이 자신만의 가능성을 현실화할 수 있겠습니까? 불가능한 일이지요. 그렇지만 과연 신만이 모방의 대상일까요? 누구도 모방하지 말라고 했던 차라투스트라 본인이나 그의 가르침도 바로 모방의 대상으로 변질될 수 있는 것 아닐까요. 그래서 자신의 절대적인 존귀함을 깨달은 차라투스트라도 "나를 부정하라"라고 피를 토하듯이 외쳤던 겁니다. 오직 그럴 때에만 제자들 각각도 자기만이 존귀함을 깨달을 수 있을 테니까요. 그렇습니다. 《논리철학논고Tractatus Logico-Philosophicus》에서 비트겐슈타인Ludwig Wittgenstein, 1889-1951의 유명한 말을 빌린다면, "사다리를 딛고 올라간 후에는 그 사다리를 던져 버려야" 하는 법입니다.

3.

그렇다고 주인이 되어야 한다는 말을 오해해서는 안 됩니다. 주인으로 산다고 해서 마치 독재자나 잔혹한 자본가, 혹은 권위적인 아버지처럼 누군가를 노예처럼 부린다는 것은 아니니까요. 주인이 되었다는 것은 단지 내 삶의 주인이 되었다는 것, 달리 말해 내 자신이 가진 잠재성을 활짝 꽃피우면서 살게 되었다는 것을 의미합니다. 그러니 진정한 주인은 타인을 노예로 부리지 않는 법입니다. 타인을 노예로 부리는 사람은 겉으로는 주인처럼 보이지만 사실 노예에 지나지 않는 사람이기 때문이지요. 고개를 갸우뚱거릴 필요는 없습니다. 예를 들어 생각해 보면 분명해지는 일이니까요. 타인이 밥을 차려 주어야 밥을 먹을 수 있다면, 우리는 그 사람에게 의존하는 것입니다. 또 타인이 운전을 해 주어야 길

"주인공!"
"예!"

©한병춘

을 떠날 수 있다면, 우리는 그 사람으로부터 자유로울 수 없는 법입니다. 아이러니한 일 아닌가요. 타인을 노예로 부리는 사람은 겉보기에는 주인처럼 보이지만 역설적으로 자기가 부리는 사람의 노예에 지나지 않는다는 사실이요.

그렇다면 이토록 자기 삶의 주인이 되어야만 하는 이유는 무엇일까요. 그것은 사랑 때문입니다. 여기서 사랑은 자기에 대한 것일 수도, 타자에 대한 것일 수도 있습니다. 스스로 주인이 되지 않으면 우리는 자신을 사랑할 수 없게 됩니다. 무엇인가의 노예로 살아가는 자기의 모습보다는 분명 당당한 주인으로 살아가는 자신의 모습이 더 사랑스러울 테니까요. 동시에 누군가를 사랑하려면 우리는 반드시 자기 삶의 주인이 되어 있어야만 합니다. '마마보이'라는 말을 아시나요? 법적으로나 신체적으로는 성숙한 어른이지만 매사 어머니의 말에 순종하고 그녀의 눈치를 보는 남성을 가리키는 말입니다. 처음 만났을 때 마마보이는 여성들에게 강한 호감을 줍니다. 당연한 일이지요. 마마보이는 교제하는 여성의 속내에 아주 민감하게 반응하기 때문입니다. 얼굴 표정이나 말투만 접해도 금방 그녀의 속내를 쉽게 헤아릴 겁니다. 이미 그는 어머니라는 여자의 눈치를 보는 데 이골이 난 사람이기 때문입니다. 자신의 속내를 자기만큼 잘 헤아리는 남성을 어느 여성이 거부할 수 있겠습니까. 당연히 사랑에 빠지겠지요.

하지만 두 사람 사이의 관계가 깊어갈수록 여성은 심각한 회의에 빠지게 됩니다. 두 사람의 일은 두 사람이 결정해야 하는데, 자꾸 남자친구의 어머니가 개입하고 있다는 것을 눈치챌 테니까 말입니다. 서로 의견이 충돌할 때마다 남자친구는 당혹스럽게 말하곤 합니다. "나도 너와 같은 생각이야. 그렇지만 어머니는 그렇게 생각하지 않는 것 같아. 나를 좀 이해해 줘." 그렇지만 분명하지 않나요? 남자친구가 이해해 달라는 것은 사실 자기 어머니의 마음입니다. 마마보이는 자신의 처지를 이해하려고 하지 않고 계속 불만을 토로하는 여자친구에게 서운함까지 느낄 겁니다. 그렇지만 과연 이것이 여자친구의 잘못인가요? 남의 집에 얹혀사는 사람은 친구를 데리고 오는 것이 아닙니다. 자신도 주인의 눈치를 보는 집인데 그 집에서 친구가 얼마나 불편해 하겠습니까. 이와 마찬가지 아닐까요? 어머니로부터 독립된 성숙한 남성이 될 때까지 마마보이는 누구도 사랑해서는 안 됩니다. 그 사랑은 자신, 자신이 사랑하는 타자 모두에게 비극을 초래할 테니까 말입니다. 그렇습니다. 자기에 대한 것이든 타자에 대한 것이든 사랑은 주인공만이 할 수 있는, 아니 주인공이어야만 감당할 수 있는 것입니다. 이제 아침마다 일어나서 서암 스님이 자신에게 던진 말을 우리 자신에게 던져야 하는 이유가 분명해지지 않았나요?

"주인공!" "예!"

있는 그대로를 보라!

송원 화상이 말했다. "힘이 센 사람은 무엇 때문에 자기 다리를 들어 올릴 수 없는가?" 또 말했다. "말을 하는 것은 혀끝에 있지 않다."

《무문관》 20칙, '대역량인(大力量人)'

1.

초기에 서양학자들은 불교 사상을 절대적 관념론absolute idealism이라고 규정하곤 했습니다. 절대적 관념론이란 세상의 모든 것을 절대적인 관념, 그러니까 절대적인 하나의 정신이 만들었다는 주장입니다. 절대적인 관념론을 주장했던 대표적인 서양 철학자는 헤겔Georg Wilhelm Friedrich Hegel, 1770-1831입니다. 그는 세계가 절대적인 정신, 그러니까 가이스트Geist가 펼쳐진 결과물이라고 주장했기 때문입니다. 서양 사유의 전통 속에서 성장한 서양학자들이 우리에게는 너무나 친숙한 '일체유심조一切唯心造'라는 말을 듣자마자, 헤겔을 연상한 것은 어쩌면 당연한 것일지도 모릅니다. 그렇다면 '모든 것[一切]이 단지 마음이 만든 것'이라는 주장은 정말 절대적 관념론일까요? 불교에 조금이라도 관심이 있는 분들이라면 그렇지 않다고 고개를 좌우로 강하게 흔들 겁니다.

불교의 사상이 절대적 관념론과는 아무런 상관이 없다는 것을 분명히 보여주는 이야기가 하나 있습니다. 연수延壽, 904-975가 편집한 《종경록宗鏡錄》이라는 책에 등장하는 원효元曉, 617-686와 의상義湘, 625-702 스님과 관련된 유명한 이야기가 기억나시는지요. 바로 해골 물 이야기입니다. 당나라로 불교를 공부하러 가는 도중 날이 어두워지자, 두 스님은 황폐한 무덤에서 잠을 청하게 됩니다. 잠을 청하다 원효는 너무나도 커다란 갈증을 느끼게 되었는데, 다행히도 어느 바가지에 물이 담겨 있더랍니다. 갈증이 심해서 스님의 입에 물은 너무나 달게만 느껴졌지요. 하지만 아침이 되자, 토하고 싶을 정도로 속이 불편했습니다. 지난 밤 자신이 먹었던 물이 시체가 썩어 만들어진 해골에 담긴 물이었다는 사실을 알았기 때문이지요. 바로 여기서 원효는 크게 깨달아 외쳤다고 합니다. "나는 부처님께서 '모든 세상이 단지 나의 마음이고三界唯心' '모든 대상들이 단지 나의 의식이다萬法唯識'라고 하셨던 것을 들었다. 그러기에 아름다움과 추함은 나에게 있지, 실제로 물에 있지 않다는 것을 알겠구나."

아름답고 추하다는 가치평가, 그러니까 달콤한 물이라는 가치평가와 더러운 물이라는 가치평가만이 우리 마음이 만든 것입니다. 결코 우리 마음이 해골이나 그 안에 담긴 물마저 만들었다는 것은 아닙니다. 그러니 불교 사상은 절대적 관념론과는 아무런 상관이 없는 것이죠. 절대적 관념론은 우리의 가치평가뿐만 아니라 외부의 사물마저도 모두 마음이 만들어 낸 것이라고 주장하는 입장이기 때문입니다. 불교에서 말하고자 했던 것은 동일한 사물임에도 우리가 이러저러하게 마음을 지어내서 일희일비하고 있다는 겁니다. 바로 '삼계유심'이나 '만법유식', 혹은 '일체유심조'라는 말은 바로 이런 사태를 가리키는 말입니다. 잘 생각해 보세요. 단지 우리 마음이 내린 가치평가만 바람에 흔들리는 갈대처럼 널뛰기를 하고 있었을 뿐입니다. 원효도, 의상도 그대로이고 무덤도, 해골도, 해골에 담겨 있던 물도 그대로 아닌가요. 불교에서는 이것을 '여여如如' 혹은 '타타타tathatā'라고 부릅니다. '있는 그대로'라는 뜻이지요.

2.

그렇습니다. 불교는 절대적 관념론이라기보다는 미국 현대철학자 제임스William James, 1842-1910가 표방했던 근본적 경험론radical empiricism에 가깝다고 할 수 있습니다. 절대정신이나 이데아, 혹은 영원불변하는 자아와 같은 형이상학적인 실체를 상정하지 말고 모든 것을 경험에 입각해서 설명하자는 것이 바로 근본적 경험론이니까요. 이는 싯다르타 이래 불교의 핵심 가르침으로 자리 잡은 무아無我, anātman 이론과 그 맥을 같이 하고 있는 입장이라고 할 수 있습니다. 생사와 무관하게 독립한다고 생각되는 자아, 즉 불변하는 영원한 자아를 불교에서는 '아我, ātman'라고 부릅니다. 불교는 이런 영원한 자아를 부정합니다. 영원한 것, 불변하는 것에 대한 집착은 우리 마음에 심각한 고통을 안겨 주기 때문이지요. 세상에 영원하거나 불변하는 것은 없으니까요. 아름다운 꽃도 덧없이 바람에 날려 떨어지고, 사랑하는 사람도 허무하게 내 곁을 떠납니다. 영원할 것 같은 젊음도 모래알처럼 우리 손을 빠져나가 버리고, 언제나 품에 안을 수 있을 것 같았던 아이도 어느 사이엔가 훌쩍 커 독립을 준비합니다. 영원한 것, 그리고 불변하는 것은 세상에 존재하지 않습니다. 불교의 표현을 빌리자면 모든 것은 인연因緣의 마주침에 의해 발생하고 그 인연이 다하면 사라지는 것이기 때문이지요. 가만히 자신이 겪었던 경험을 조심스레 돌아본다면, 이 사실을 거부할 사람은 없을 겁니다. 바로 이 순간 우리는 있는 그대로의 세상, 있는 그대로의 자기 자신을 발견하게 될 겁니다.

불교의 가르침, 그리고 수행은 우리의 생생한 경험을 떠나서 이루어지지 않습니다. 자신이 겪는 경험을 있는 그대로 보는 순간, 우리의 마음에는 평화가 찾아옵니다. 반대로 무언가 색안경을 끼고 경험을 왜곡해서 본다면, 우리의 마음은 쓸데없는 번뇌와 고통에 사로잡히게 될 겁니다. 지금 자신이 붉은빛 색안경을 낀 줄 모르면, 세상이 화염에 타들어 가고 있다며 고통스러워할 수 있습니다. 색안경을 끼는 것도 우리고 벗는 것도 우리입니다. 마찬가지로 잘못된 가치평가를 묵수하는 것도 우리고 그것을 버리는 것도 우리입니다. 희론戲論, prapañca이라는 말이 있습니다. 올바른 인식을 희롱하는 논의, 그러니까 있는 그대로의 사태를 보지 못하게 우리의 마음을 왜곡시키는 잘못된 논의라는 뜻이지요. 한마디로 말해 희론은 세상을 왜곡해서 보도록 만드는 색안경과 같은 것이지요. 원효의 깨달음은 바로 이 희론을 자각했다는 데 있습니다. 해골 물은 있는 그대로 있었을 뿐인데, 우리는 함부로 '그 물은 매우 달았다'든가 '그 물은 더러워서 역겨워'라는 가치평가를 내리고 있었습니다. 이런 가치평가가 바로 희론입니다.

원효의 이야기에서 최소한 세 가지 마음을 구별할 수 있을 것 같습니다. 하나는 '매우 단 물이군'이라고 생각하는 마음, 두 번째는 '더러워서 역겨운 물이네'라고 생각하는 마음, 그리고 마지막 세 번째로 '우리에게 일희일비를 제공하는 가치평가는 모두 우리의 마음이 만들어 낸 것일 뿐이야'라고 깨달은 마음입니다. 이렇게 세 가지로 구분되지만, 사실 이 세 가지 마음은 모두 우리가 가진 하나의 마음에서 일어나는 일일 뿐입니다. 그래서 원효도 일심一心이라고 말하지 않았던가요. 깨달은 마음이나 미혹된 마음은 모두 우리가 가진 하나의 마음에서 일어날 뿐이라는 것이지요. 물론 그렇다고 해서 깨달은 마음을 무엇인가 초월적이고 신비스런 마음이라고 오해해서는 안 됩니다. 깨달은 마음이란 있는 그대로의 사태를 왜곡하지 않고 보는 마음, 다시 말해 희론이나 가치평가에 물들지 않은 근본적인 경험을 직시하는 마음이니까 말입니다.

선불교에서 화두는 깨달은 마음과 미혹된 마음을 구분하는 시금석으로 만들어진 것입니다. 마치 색맹 검사와도 같습니다. 학창시절 누구나 경험해 보지 않았나요. 색맹 검사를 하면 붉은색을 못 보는 친구도, 혹은 초록색을 못 보는 친구도 있을 수 있습니다. 평상시에는 붉은색과 초록색을 보고 있다고 믿어지는 친구들이었기에 검사 결과에 모두 크게 당혹했을 겁니다. 화두는 색맹 검사에 쓰이는 그림과도 같은 역할을 합니다. 미혹된 사람에게는 결코 이해할 수 없는 역설로 보이지만, 깨달은 사람에게는 너무 자명한 이야기로 보이기 때문이지요. 《무문관》의 스무 번째 관문에서 송원 숭악松源崇岳, 1132-1202은 두 가지 화두를 우리에게 던지며, "너희들은 있는 그대로의 근본적인 경험을 직시하고 있는가?"라고 되묻고 있습니다. 먼저 두 번째 것을 살펴보지요. "말을 하는 것은 혀끝에 있지 않다." 당혹스러운 화두입니다. 말을 한다는 것은 혀를 움직이는 것이고, 따라서 혀를 움직이지 않는다면 인간은 말을 할 수 없다고 우리는 생각하기 때문입니다. 그렇지만 있는 그대로의 경험을 본다면, 우리의 당혹감은 아무런 근거가 없다는 사실이 드러날 겁니다.

3.

말을 하면 혀가 움직인다는 것은 사실입니다. 그렇지만 이 경우 우리는 혀를 의식하지는 않습니다. 평상시 혀를 의식하지 않고 우리는 말하고 있을 뿐입니다. 반대로 우리가 혀를 의식할 때는 말이 원하는 대로 나오지 않을 때입니다. 이렇게 정리하면 될 것 같습니다. 말을 제대로 하게 되면 우리는 혀의 운동을 의식하지 않고, 반대로 말이 잘못 나왔거나 나온 말이 씹히면 우리는 혀를 의식하게 된다고 말입니다. 그래서 혀를 움직여야 말할 수 있다는 이론에 너무 집착하는 순간, 우리는 말한다는 경험, 그러니

©김대식

“생각하지 말고, 보라!”

까 있는 그대로의 경험을 제대로 볼 수가 없습니다. 그렇습니다. 지금 송원은 활발발하게 살아 있는 우리의 경험 차원에서 이야기하고 있는 겁니다. 우리가 말을 할 때 혀끝을 의식하지 않는 생생한 경험 말입니다.

이제 송원 스님의 첫 번째 화두도 쉽게 이해가 되시는지요. "힘이 센 사람은 무엇 때문에 자기 다리를 들어 올릴 수 없는가?" 공을 찬다고 해 보지요. 제대로 찬다면, 우리는 자신의 다리를 의식하지 않을 겁니다. 반대로 헛발질을 한다거나 혹은 차고 난 뒤 발이 아프다면, 우리는 자기의 다리를 의식하게 될 겁니다. 그렇습니다. 우리는 다리가 아플 때나 불편할 때에만 다리를 의식하고, 다리를 조심스럽게 들어 올리려는 노력을 의식합니다. 그렇지만 이렇게 다리를 의식하는 순간, 우리는 힘이 센 사람일 수 없습니다. 다리를 의식한다는 것은 다리가 불편하다는 뜻이니까요. 반대로 힘이 센 사람, 그러니까 대역량인大力量人은 그냥 다리를 들고 무엇인가를 세차게 걷어찹니다. 그는 자신의 다리를 의식하지 않습니다. 그래서 무문 스님도 송원의 화두에 다음과 같은 시를 붙였던 겁니다. "다리를 번쩍 들어 향수해香水海를 걷어차서 뒤집어 버린다." 고대 인도 사람들은 세계의 중심에는 수미산須彌山, Sumeru-parvata이라고 부르는 산이 있다고 생각했는데, 그 수미산을 둘러싸고 있는 거대한 바다를 '향수해' 혹은 줄여서 '향해香海'라고 불렀습니다. 요강을 차서 뒤집어 버리듯 이 거대한 바다를 뒤집어 버리는 대역량인의 기백이 후련하기까지 합니다.

진정으로 힘이 센 사람은 자기 다리를 의식하지 않습니다.

그저 무엇인가를 세게 차서 뒤집어 버릴 뿐입니다. 그래서 힘이 센 사람은 자기 다리를 들어 올려야 한다고 의식하지 않는 법입니다. 당연히 힘이 센 사람은 자기 다리를 들어 올릴 수 없는 것이지요. 반대로 자기 다리를 들어 올리려는 생각을 가진 사람은 다리가 불편한 사람, 그러니까 힘이 약한 사람일 겁니다. 아직도 송원의 첫 번째 화두가 이해하기 힘든 딜레마로 보인다면 그것은 힘이 센 사람은 자기 다리를 거뜬히 들어 올릴 수 있다는 생각에 이미 사로잡혀 있기 때문입니다. 하지만 이제 우리는 알고 있지 않나요? 자기 다리를 들어 올린다는 의식이 없다는 것은 우리가 제대로 무엇인가를 걷어찰 수 있다는 것이고, 혀끝을 의식하지 않는다는 것은 우리는 제대로 무언가를 말하고 있다는 것을 보여 준다는 사실을 말입니다. 비트겐슈타인의 충고를 반복하고 싶습니다. "생각하지 말고, 보라don't think, but look!" '이것은 이렇고 저것은 저럴 거야'라는 가치평가나 희론에서 벗어나야 합니다. 오직 그럴 때에만 자신의 삶에서 벌어지는 근본적인 경험을 있는 그대로 여여하게 직시할 수 있을 테니 말입니다.

있다는 오만과 없다는 절망

파초 화상이 대중들에게 말했다. "너희에게 주장자가 있다면, 너희에게 주장자를 주겠다. 너희에게 주장자가 없다면, 너희에게서 주장자를 빼앗을 것이다."

《무문관》 44칙, '파초주장(芭蕉拄杖)'

1.

주장자拄杖子를 아시나요. 큰스님들이 길을 걸을 때나 설법을 할 때 들고 계시는 큰 지팡이를 말합니다. 그래서 그런지 주장자는 불교에서는 깨달은 사람, 즉 '불성佛性, buddhatā', 혹은 '본래면목本來面目'을 실현한 사람을 상징하게 된 것입니다. 선불교의 근본 입장은 누구나 부처가 될 수 있다는 것입니다. 다시 말해 우리에게는 부처가 될 수 있는 잠재성이 존재한다는 거지요. 이런 잠재성을 불교 이론가들은 불성 혹은 본래면목이라고 부릅니다. 어쨌든 어떤 사람이 주장자를 가지고 있다는 것은 그 사람이 깨달았다는 것을 뜻할 수 있을 겁니다. 그래서 《무문관》의 마흔네 번째 이야기에서 파초芭蕉, ?-? 스님이 대중들에게 던진 화두는 단순히 주장자라는 사물을 넘어서는 무거운 뜻을 가지고 있는 것이지요. 주장자가 있다는 것은 깨달았다는 것이고, 그것이 없다는 것은 깨닫지 못했다는 것을 의미할 수도 있기 때문이지요. 그렇지만 잊지 말아야 할 것은 아무리 주장자의 유무가 깨달음의 유무를 상징한다고 하더라도, 주장자라는 단순한 사물 이야기로도 충분히 이 화두가 이해될 수 있어야 한다는 것입니다. 그렇지 않으면 《무문관》에 등장하는 48개의 화두들을 우리는 읽을 필요가 전혀 없으니까요. 다 깨닫자는 이야기라면, 48개 화두 전부를 읽어서 무엇하겠습니까.

파초 스님이 던진 화두는 정말 화두의 품격을 고스란히 가지고 있습니다. 말 그대로 언어도단言語道斷의 이야기이니까요. 하긴 언어의 길이 끊어진 그곳, 바로 거기에 깨달음이 있는 것이기는 하지만 말입니다. 먼저 "너희에게 주장자가 있다면, 너희에게 주장자를 주겠다"라는 말부터 생각해 보지요. 사실 주장자가 있는 사람에게 주장자를 준다는 것부터 황당한 생각이라고 할 수 있습니다. 그런데 지금 파초 스님은 제자들에게 주장자를 주겠다고 합니다. 이것은 무슨 뜻일까요. 이렇게 생각해 보지요. 만약 제자들이 주장자를 받는다면 이것은 그들에게 주장자가 없었다는 것을 말한 것 아닐까요? 이미 주장자가 있는데, 주장자를 또 받아서 무엇 하겠습니까. 결국 주장자를 주겠다는 파초 스님의 속내는 제자들에게 '지금 너희들에게는 주장자가 없다'는 것을 알려 주는 데 있었던 겁니다. 어쩌면 스님은 속세 사람들을 만날 때 무엇인가 깨달은 것이 있는 척 거들먹거리는 그들의 모습을 풍자한 것일지도 모릅니다. 그러니까 파초 스님은 조롱을 한 것이죠. '그렇게 깨달음을 얻었다고 하면서도 아직도 자신에게서 무엇인가를 얻으려는 이유는 무엇인가?'

거짓된 깨달음을 비판했던 스님의 첫 번째 화두보다 더 어려운 것이 두 번째 화두일 겁니다. "너희에게 주장자가 없다면, 너희에게서 주장자를 빼앗을 것이다." 주장자가 없는데, 어떻게 빼앗을 수 있는지 고개를 갸우뚱거리게 하는 화두입니다. 과연 정말로 주장자는 없는 것일까요? 진짜 물질적으로 주장자는 없는지도 모릅니다. 그러나 '주장자는 없다'는 생각 속에 이미 주장자는 엄연히 있는 것 아닐까요? 바로 이것입니다. 파초 스님은 제자들이 집착하고 있는 주장자를 빼앗고자 하는 것입니다. 주장자는 깨달음을 상징하는 소중한 물건입니다. 그러니 아직 깨닫지 못한 제자들에게 주장자는 오매불망 그리워할 수밖에 없는 갈망의 대상일 수밖에 없습니다. 그렇지만 이렇게 무엇인가에 강하게 집착한다면, 역설적으로 깨달음은 불가능한 것 아닐까요. 제자들의 오만함을 통렬하게 조롱한 뒤에, 파초 스님은 주장자라는 관념 자체를 내려놓아야 깨달을 수 있다는 가르침을 전하고자 한 것입니다.

2.

'주장자가 없다'는 생각, 그리고 부처라는 생각마저 내려놓아야 깨달을 수 있다는 파초 스님의 생각은 매우 중요합니다. 그렇지만 성불하겠다는 생각, 그리고 주장자를 갖겠다는 생각만큼 스님들에게 끊기 어려운 생각도 없을 겁니다. 이런 생각이 없다면 스님들은 스님이 될 필요도, 그리고 파초 스님과 같은 큰스님의 가르침을 받을 필요도 없었을 테니까 말입니다. 그런데 지금 파초 스님은 그마저 내려놓아야 한다고 역설합니다. 파초 스님의 속내를 이해하기 위해서 여기서 우리는 현대 프랑스 철학자 베르그송Henri Bergson, 1859-1941의 이야기에 귀를 기울일 필요가 있습니다. 자신의 주저 《창조적 진화L'évolution créatrice》에서 그는 말했던 적이 있습니다. "'없다'고 생각된 대상의 관념 속에는, 같은 대상이 '있다'고 생각되었을 때의 관념보다 더 적은 것이 아니라 더 많은 것이 들어 있다"라고 말입니다. 간단히 말해 '없다'는 생각이 '있다'는 생각보다 무엇인가 하나가 더 많다는 이야기입니다.

예를 하나 들어 보지요. 여기 어떤 방이 있고, 그리고 저와 여러분이 있다고 해 보세요. 제 앞 책상 위에 볼펜이 한 자루 있습니다. 제가 이것을 제 주머니에 감춥니다. 그렇다면 책상 위에 볼펜은 이제 없겠지요. 여러분들은 이 광경을 모두 보고 있었습니다. 이제 제가 여러분께 책상을 가리키며 물어보겠습니다. "무엇이 있습니까?" 아마 대부분 "아무것도 없습니다"라고 대답할 겁니다. '이제 볼펜은 책상 위에서 없어졌으니까'라고 생각하면서 말입니다. 너무나 자연스러워 아무런 문제도 있을 것이 없습니다. 그렇지만 이 방에 있지 않았던 어떤 사람을 제가 방으로 부릅니다. 그리고 그에게 아까처럼 책상을 가리키며 물어봅니다. "무엇이 있습니까?" 방금 들어온 그 사람은 무엇이라고 대답할까요. 아마 그는 "책상이 있습니다"라고 대답할 겁니다. 그는 볼펜이 있었다는 것을 마음에 담아두지 않고 있기 때문입니다. 그러니 여러분이 “볼펜이 없다”라고 말할 때, 그는 “책상이 있다”라고 말할 수 있었던 겁니다.

어떻습니까? 이제야 베르그송의 말이 이해가 되시나요. ‘볼펜이 없다’는 생각에는 ‘볼펜’이라는 생각과 함께 ‘없다’는 생각이 같이 있었던 겁니다. 베르그송이 “‘없다’고 생각된 대상의 관념 속에는, 같은 대상이 ‘있다’고 생각되었을 때의 관념보다 더 적은 것이 아니라 더 많은 것이 들어 있다”라고 말했던 이유도 바로 여기에 있습니다. 바로 이 점이 중요합니다. 무엇인가 없다는 생각, 그러니까 무無라는 생각은 항상 우리의 마음에서만 가능한 법입니다. 그러니까 무엇인가 있었다는 것을 기억하고 동시에 그것이 지금 없어졌다는 것을 알았을 때에만, 우리는 “그것이 없다”라고 말할 수 있다는 것이지요. 그래서 새로 방에 들어온 사람은 책상 위를 가리키는 제 손가락을 보고 말했던 겁니다. “책상이 있다”라고 말입니다. 그는 볼펜이 있었다는 사실을 기억조차 할 수 없었기 때문입니다.

3.

‘지갑이 없어’, ‘어머니가 돌아가셨어’, ‘애인과 헤어졌어’ 등등. 우리는 매번 ‘없음’에 직면하며 당혹감과 비통함을 느끼며 살아갑니다. 그것은 물론 우리가 지갑이 주머니에 있었다는 기억을, 살아 계신 어머니의 기억을 가지고 있기 때문에 가능한 겁니

아이러니하게도 없어졌다고 생각하면 할수록
우리는 없어진 것에 더욱 집착하게 될 겁니다.
'없어졌어. 그러니까 더 생각하지 말자'고 다짐하는 것 자체가
우리의 마음에 없어진 것을 각인시키는 기묘한 작용을 하는 법입니다.

©이민호

다. 바로 여기에 우리를 부자유스럽게 만드는 집착의 기원이 있습니다. 특히 우리에게 없어진 것이 소중한 것일수록 그것의 부재가 주는 고통은 헤아리기 힘들 정도의 고통일 겁니다. 없다는 느낌은 그만큼 그것이 있었을 때 느꼈던 행복을 안타깝게도 더 부각시키는 법이니까요. 그래서일까요. 건강을 잃은 사람은 자신이 건강했을 때의 모습을 안타깝게 그리워합니다. 부모를 여읜 사람은 자신에게 호통을 쳤던 부모님이 밉기는커녕 다시 볼 수 없어 괴로울 겁니다. 애인과 이별한 사람은 알콩달콩 애인과 밀어를 나누던 때의 모습이 떠올라 홀로 눈물짓게 될 겁니다. 더 무서운 것은 없어진 것에 대한 집착이 우리를 현재나 미래가 아니라 과거에 사로잡혀 살도록 만든다는 점입니다.

이미 없어진 것에 사로잡힐 때, 우리는 현재를 살아갈 수 없고 당연히 미래도 열릴 수 없는 법입니다. 잃어버린 지갑에 연연할 때, 어떻게 도움을 요청하는 친구의 말이 귀에 들어올 수 있겠습니까? 이별한 애인을 가슴에 두고 있을 때, 새롭게 인생을 개척할 수 있는 새로운 애인이 눈에 보일 수 있겠습니까? 돌아가신 어머니를 잊지 못할 때, 탐스럽게 피어난 아름다운 들꽃의 향내가 코에 들어올 수 있겠습니까? 하지만 이것을 안다고 해도 집착에서 벗어나는 데 무슨 도움이 되겠습니까. 우리는 노력을 할 겁니다. '잊어야지, 이미 지갑은 내 수중을 떠났으니까', '잊어야지, 이미 어머니는 돌아가셨으니까', '잊어야지, 이미 애인과 헤어졌으니까'. 아이러니하게도 없어졌다고 생각하면 할수록, 우리는 없어진 것에 더욱 집착하게 될 겁니다. 그렇습니다. 이렇게 '없어졌어. 그러니까 더 생각하지 말자'고 다짐하는 것 자체가 우리의 마음에 없어진 것을 각인시키는 기묘한 작용을 하는 법입니다.

"너희에게 주장자가 없다면, 너희에게서 주장자를 빼앗을 것이다." 이제야 제자들에 대한 파초 스님의 하염없는 자비심이 보이십니까. 깨달은 자, 그러니까 부처를 꿈꾸는 마음이 강해지면, 이제 역으로 자신이 아직 깨달은 자가 아니라는 사실에 절망하기 쉽습니다. 이런 절망이 다시 부처에 더 집착하도록 만들게 될 겁니다. 돈이나 권력과도 같은 세속적인 것이든, 아니면 부처나 불성과 같은 탈속적인 것이든 상관이 없습니다. 집착은 깨달은 자가 가지는 자유와는 무관한 것이니까요. 또한 이렇게 부처에 집착하는 스님에게 어떻게 상처받고 비참한 중생衆生, sattva들에 대한 대자대비大慈大悲의 마음을 기대할 수 있겠습니까. 주장자가 있다는 오만도, 그리고 주장자가 없다는 절망도 모두 집착일 뿐입니다. 지금 파초 스님이 주장자로 날려 버리려고 했던 것은 바로 무엇인가 있다는 오만과 무엇인가가 없다는 절망이었던 셈입니다. 자! 이제 바로 대답해 보세요. 당신에게는 주장자가 있습니까, 아니면 없습니까?

두 가지의 반복 사이에서

구지 화상은 무엇인가 질문을 받으면 언제나 단지 손가락 하나를 세울 뿐이었다. 뒤에 동자 한 명이 절에 남아 있게 되었다. 외부 손님이 "화상께서는 어떤 불법을 이야기하고 계시나요?"라고 묻자, 동자도 구지 화상을 본떠 손가락을 세웠다. 구지 화상이 이런 사실을 듣고, 동자를 불러 칼로 그의 손가락을 잘랐다. 동자는 고통으로 울부짖으며 방 밖으로 나가고 있는데, 구지 화상은 동자를 다시 불렀다. 동자가 고개를 돌리자, 바로 그 순간 구지 화상은 손가락을 세웠다. 동자는 갑자기 깨달았다.

구지 화상이 세상을 떠나면서 여러 제자들에게 말했다. "나는 천룡 스님에게서 '한 손가락 선'을 얻어 평생 동안 다함이 없이 사용했구나!" 말을 마치자 그는 입적했다.

《무문관》 3칙, '구지수지(俱胝竪指)'

1.

불교에 관심이 없는 분이라도 '구지수지' 이야기를 어디선가 들어 보았을 겁니다. 구지俱胝, ?-? 스님은 손가락 하나를 들어서 사람들을 깨달음으로 이끌고 있었습니다. 그런데 스님이 잠시 자리를 비운 순간, 사달이 벌어지고 말았습니다. 마침 구지 스님을 찾아온 사람이 있었는데, 그는 동자에게 스님의 불법에 대해 물어보았습니다. 그러자 지금까지 스님을 모시고 있던 동자는 자신의 스승처럼 손가락 하나를 들었던 겁니다. 외출을 마치고 돌아온 구지 스님은 이 이야기를 듣고 동자를 불러 그의 손가락을 잘라 버리게 됩니다. 왜 잘랐을까요? 아마 누구든지 어렵지 않게 대답할 수 있을 겁니다. 동자는 깨닫지 못했으면서도 깨달은 사람의 흉내를 냈기 때문입니다. 흔히 선불교에서는 깨달음을 자신의 본래면목을 실현하는 것이라고도 말합니다. 이제 분명해집니다. 구지 스님의 눈에는 동자의 행동이 본래면목을 실현하기는커녕 오히려 그것을 가리고 있었던 것으로 보인 것입니다.

그렇지만 의구심이 들지 않나요? 과연 무문 스님은《무문관》의 세 번째 관문을 만들면서 이 정도의 깨달음만을 요구했던 것일까요? 아닙니다. 동자의 손가락을 자른 것으로 이야기가 끝나지 않는 것만 보아도 아직 우리가 세 번째 관문의 핵심에 이르지도 않았다는 것이 분명해집니다. 구지 스님이 손가락을 자르니, 동자는 얼마나 고통스럽고 놀랐겠습니까? 그래서 동자는 고통과 당혹감에서 벗어나기 위해 스님으로부터 몸을 돌려 바로 도망치려고 했던 겁니다. 바로 이 순간 구지 스님이 동자를 부릅니다. 피가 철철 흐르는 손을 부여잡고 문을 나서려다가 동자는 자기도 모르게 고개를 돌립니다. 그러자 구지 스님은 자신의 손가락을 세웁니다. 바로 이 순간 동자는 깨닫게 됩니다. 바로 이 부분이 무문 스님이 우리를 시험하기 위해 세운 세 번째 관문의 핵심입니다. 동자는 구지 스님의 손가락을 보고 무엇을 깨달았던 것일까요?

바로 이것입니다. 여러분은 구지 스님이 아니라, 동자의 입장에 서 있어야 합니다. 그래야 여러분은 세 번째 관문을 통과할 수 있을 겁니다. 다시 말해 마치 자신이 구지 스님이라도 되는 것처럼 진리마저 흉내 내서는 안 된다는 생각에 만족하지 말라는 겁니다. 철저하게 동자가 되어야만 합니다. 그리고 하나하나 동자를, 그리고 그 내면의 극적인 변화를 따라가야만 합니다. 처음에 동자는 앵무새와 같았습니다. 스승이나 위대한 사람의 이야기를 자기의 이야기인 것처럼 사용하기 때문이지요. 그다음 손가락이 잘렸을 때, 동자는 자신이 진리라고 믿었던 것이 부정되는 경험을 합니다. 절망적인 경험일 겁니다. 그렇지만 뒤이어 바로 구지 스님은 동자를 불러 자신의 손가락을 세워 보입니다. 바로 고개를 돌려 스님의 손가락을 본 순간, 동자는 깨닫게 됩니다. 절망이 희망으로, 그리고 어둠이 밝음으로 극적으로 전환되는 지점입니다. 이제야 동자는 구지 스님의 손가락을 세운 이유를, 그리고 그것만으로 사람들이 깨달음에 이르렀던 이유를 알았던 겁니다.

2.

진리라도 흉내 내서는 안 된다는 깨달음만이 세 번째 관문의 취지였다면, 우리는 구지 스님이 임종할 때 남긴 마지막 말을 이해할 수도 없을 겁니다. "나는 천룡天龍, ?-? 스님에게서 '한 손가락 선'을 얻어 평생 동안 다함이 없이 사용했구나!" 놀라운 일 아닙니까. 구지 스님도 자신의 스승 천룡 스님의 손가락을 반복하고 있었던 겁니다. 그것도 거의 모든 경우에 말입니다. 심지어는 더 살아 계셨다면, 계속 손가락을 들어서 중생들을 깨달음에 이끌기세이기까지 합니다. 동자의 손가락을 잘랐던 이유가 단순히 남을 흉내 내는 것을 경계하기 위한 것이었다면, 구지 스님은 왜 천룡 스님의 손가락을 흉내 내고 있었던 것일까요? 손가락이 잘린 뒤 스승의 손가락을 보고서 홀연히 깨달음에 이른 동자의 속내를 이해하기 위해서, 우리는 동자의 흉내 내기와 구지 스님의 흉내 내기를 구분할 수 있어야만 합니다. 오직 그럴 때에만 동자의 손가락은 잘린 반면 구지 스님의 손가락은 무사한 이유가 분명해질 테니까 말입니다.

여기서 들뢰즈의 도움을 받을 필요가 있습니다. 자신의 주저 《차이와 반복Différence et répétition》에서 그는 반복répétition에는 두 가지 종류가 있다는 것을 명확히 했기 때문입니다. 하나는 '동일자l'identique의 반복'이고 다른 하나는 '차이différence의 반복'입니다. 예를 하나 들어 볼까요. 모든 사람은 걷습니다. 다리가 있으니까요. 그렇지만 모든 사람은 다른 사람과는 구별되는 사람, 그러니까 차이가 나는 사람입니다. 당연히 자연스럽게 걸을 수만 있다면, 모든 사람의 걸음은 동일한 걸음인 것처럼 보이지만 사실 모두 차이가 나는 걸음일 수밖에 없습니다. 그래서 오래 신은 신발을 보면, 사람마다 걸음걸이가 얼마나 천차만별인지 쉽게 알 수 있습니다. 밑창의 해진 흔적이 아마 그 증거일 겁니다. 그렇습니다. 모든

당신은 누구의 걸음을 걷고 있나요?

사람이 따라야 하는 걸음 일반, 혹은 걸음이라는 동일성은 실제로 존재하지 않고 단지 우리의 관념 속에서만 존재하는 겁니다.

가장 중요한 것은 모든 사람들이 자기 나름대로 걷고 있다는 겁니다. 이를 토대로 우리의 관념은 사람마다 차이 나는 걸음의 고유성을 제거하고 걸음이라는 동일성을 만들어 낸 것이지요. 그렇지만 누군가의 걸음걸이를 흉내 내는 순간, 우리는 제대로 걷지 못하게 될 겁니다. 《장자莊子》라는 책에는 '한단지보邯鄲之步'라는 고사가 하나 등장합니다. 초楚나라 사람이 세련되어 보이는 조趙나라의 걸음걸이를 흉내 내다가 조나라 스타일의 걸음걸이도 익히지 못하고 예전 초나라 스타일의 걸음걸이마저 까먹어 버렸다는 이야기입니다. 이제 들뢰즈가 구분한 두 가지 반복이 무엇을 가리키는지 분명해집니다. 다른 걸음걸이를 흉내 내는 것이 '동일자의 반복'이라면, 자기만의 걸음걸이를 걷는 것이 바로 '차이의 반복'에 해당할 테니 말입니다. 그러니까 남을 흉내 내는 것으로 깨달음에 이를 수는 없는 법입니다. 자기만의 차이를 실현할 수 없다면, 우리는 항상 남을 흉내 내는 위험에 노출될 수밖에 없으니까 말입니다.

3.

'동일자의 반복'과 '차이의 반복'은 다릅니다. 동자가 구지 스님의 손가락을 흉내 낸 것이 '동일자의 반복'이었다면, 구지 스님이 천룡 스님의 손가락을 흉내 낸 것은 '차이의 반복'이었습니다.

그러니까 천룡 스님의 손가락을 흉내 낸 것은 흉내 아닌 흉내라고 할 수 있지요. 이제야 앞에서 이야기한 '본래면목'이 의미하는 것이 무엇인지도 명확해집니다. 그것은 바로 동일성이 아니라 차이였던 겁니다. 비록 장미로 분류된다고 할지라도, 모든 각각의 장미는 다른 장미와는 구분되는 자기만의 본래면목을 가지고 있는 법입니다. 이 본래면목을 실현하기 때문에 장미꽃들은 그렇게 다양한 모양과 향기로 들판을 가득 채울 수 있는 것입니다. 오직 마음으로 장미라는 동일성에 집착하고 있는 사람만이 장미들 각각의 다양성과 고유성을 보지 못할 뿐입니다. 단지 마음의 조작일 뿐인 것을 실제로 존재한다고 믿고 있으니, 이것은 전도된 생각일 수밖에 없습니다.

자, 이제 전도된 생각을 버리고 자신과 주변의 것들을 살펴보세요. 비록 동일한 사람으로 분류된다고 해도 모든 사람은 자기만의 본래면목, 그러니까 차이를 실현할 수 있고 그래야만 하는 것 아닐까요?《무문관》의 세 번째 관문에는 세 개의 손가락이 등장합니다. 천룡 스님의 손가락, 구지 스님의 손가락, 그리고 동자의 손가락입니다. 겉보기에는 모두 같은, 그러니까 동일한 손가락으로 보입니다. 그렇지만 잘 생각해 보시면 알게 될 겁니다. 천룡 스님은 자신의 손가락을 들었고, 구지 스님도 자신의 손가락을 들었던 겁니다. 그렇지만 동자만은 자신의 손가락이 아니라 구지 스님의 손가락을 들었던 겁니다. 그러니까 이미 동자의 손가락은 그의 손가락이 아니라, 구지 스님의 손가락이었던 셈입니다. 자신의 손가락이기 때문에, 구지 스님은 동자의 손가락을 당연히 자기 마음대로 할 수 있었던 겁니다.

동자의 손가락을 자르면서 구지 스님은 동자에게 속으로 외쳤을지도 모릅니다. '야, 임마! 그건 내 손가락이야! 네 것이 아니니 내가 가져와야겠다!' 아직도 깨닫지 못하고 공포와 당혹감에 젖어 있는 동자를 불러 세운 구지 스님은 손가락을 세웁니다. 아마 동자의 눈에는 구지 스님의 손가락이 거대한 암벽처럼 들어왔을 겁니다. 그리고는 암벽이 갑자기 깨져 사라지는 것과 같은 느낌이 들었을 겁니다. '아! 스님은 자신의 손가락을 스스로 드는구나! 그런데 지금까지 나는 한 번도 내 손가락을 스스로 들지도 못했구나.' 그렇습니다. 마침내 동자는 깨닫게 된 것입니다. 지금까지 망각되었던 자신의 차이, 그러니까 자신의 본래면목을 자각했던 겁니다. 자, 바로 지금 손가락을 하나 들어 보세요. 천룡의 손가락이나 구지의 손가락도 아닌 바로 자신의 손가락을. 누구도 모방하지 않기에 태산처럼 당당하고 아름다운 자신의 손가락을.

창조성과 자유

남전 화상은 동당과 서당의 수행승들이 고양이를 두고 다투고 있으므로 그 고양이를 잡아 들고 말했다. "그대들이여. 무엇인가 한마디 말을 할 수만 있다면 고양이를 살려 줄 테지만, 말할 수 없다면 베어 버릴 것이다." 수행승들은 아무 말도 할 수 없었다. 남전은 마침내 그 고양이를 베어 버렸다. 그날 밤 조주가 외출하고 돌아왔다. 남전은 낮에 있던 일을 조주에게 이야기했다. 바로 조주는 신발을 벗어 머리에 얹고 밖으로 나가 버렸다. 그러자 남전은 말했다. "만일 조주가 그 자리에 있었다면 고양이를 구할 수도 있었을 텐데."

《무문관》 14칙, '남전참묘(南泉斬猫)'

1.

깨달았다는 스님이 고양이를 단칼에 잘라 버린 경천동지할 사건이 발생합니다. 자비를 표방하는 스님이 거침없이 저지른 잔혹한 행위를 보고 당혹감을 느끼지 않을 사람은 별로 없을 겁니다. 일반 신도들도 지키고 있는 불살생不殺生의 계율, 그러니까 살아 있는 것을 죽이지 말라는 계율을 남전南泉, 748-834 스님은 헌신 버리듯이 버린 것이니까 말입니다. 도대체 스님은 무슨 이유로 잔혹한 행위를 저지른 것일까요. 자신이 제자들로 품고 있던 수행승들 사이에 벌어진 갈등에 그 원인이었던 것으로 보입니다. 동당東堂에 거주하던 수행승들과 서당西堂에 거주하던 수행승들이 고양이 한 마리를 놓고 다투면서 일이 벌어집니다. 《무문관》에서는 자세한 내막이 나오지 않지만, 다행히도 《조당집祖堂集》의 〈덕산德山〉장에는 그 전모를 짐작할 만한 이야기가 나옵니다. 한번 사건을 재구성해 보도록 하지요.

동당이든 서당이든 어느 한쪽 수행승들이 기르고 있던 고양이의 다리가 반대쪽 수행승의 실수로 부러졌나 봅니다. 문제는 동당과 서당에 속해 있던 수행승들은 평소에 반목하고 있었다는 점입니다. 그래서 한쪽은 우리 대신 우리가 아끼던 고양이에게 위해를 가한 것 아니냐고 분노했고, 다른 한쪽은 실수로 그런 것을 가지고 너무 과민하게 반응하는 것이 아니냐고 화를 내는 형국이었을 겁니다. 상호 간의 오해와 불신 속에서 수행승들은 자신의 본분을 자기도 모르게 잃어버리게 됩니다. 깨달음과 자비에 대한 염원은 봄눈 녹듯이 사라져 버린 겁니다. 승려의 행색은 하고 있지만, 이제 동당과 서당의 수행승들은 저잣거리의 무지렁이들과 같은 수준으로 떨어진 것입니다. 남전 스님이 스승으로서 이 꼴을 보고 어떻게 가만히 있을 수 있겠습니까. 지금 제자들이 나중에 엄청 후회할 일을 저지르고 있으니 말입니다.

바로 그 순간, 스님은 시퍼런 칼을 들고 다리가 부러진 불쌍한 고양이를 잡아 들었던 겁니다. 그렇지만 사실 남전 스님이 잡은 것은 고양이라기보다는 고양이를 통해 드러난 수행승들의 온갖 의심과 집착이었던 겁니다. 《아라비안 나이트Arabian nights》에 등장하는 지니Genie라는 정령이 마술램프에 들어가는 순간처럼, 수행승들의 온갖 잡념들이 지금 고양이에 집중되어 있으니까요. 지니가 마술램프에 들어간 순간, 마술램프의 구멍을 막고 램프를 잡으면 우리는 지니를 사로잡은 것입니다. 마찬가지로 고양이를 잡으면서 남전 스님은 동당과 서당의 수행승들의 집착하는 마음들을 한 손 안에 꽉 움켜쥔 셈입니다. 불쌍한 고양이에게 칼을 겨누면서 스님은 고양이의 생사를 제자들에게 맡겨 버립니다. "그대들이여. 무엇인가 한마디 말을 할 수만 있다면 고양이를 살려 줄 테지만, 말할 수 없다면 베어 버릴 것이다."

2.

수행승들은 아무런 말도 없었고, 고양이는 두 동강 납니다. 깨달음의 말, 그러니까 깨달은 사람이라면 할 수 있는 말 한마디면 고양이를 살릴 수 있었습니다. 그렇지만 이미 고양이에 사로잡힌 마음으로 수행승들이 무슨 말을 하겠습니까? 아마 머리에 떠오르는 말은 모조리 고양이와 그의 생사와 관련된 것이었을 테지요. 수행승들에게 집착을 끊으라는 가르침으로 남전 스님은 고양이를 벤 것입니다. 물론 그렇다고 해서 고양이에 대한 수행승들의 집착이 끊어질 리는 만무한 일입니다. 오히려 다리를 다친 데다 이번에는 목숨까지 잃게 된 고양이에 대한 집착과 회한이 더 크게 일어났을 겁니다. 자신들을 절벽으로 몰아붙이는 남전 스님이 야멸차고 잔인하다고 생각했을지도 모를 일입니다. 고양이에게 제자들의 집착이 쏠리자마자, 그것을 계기로 그들을 깨달음으로 이끌려던 남전 스님은 참담했을 겁니다. 수행승들은 깨달음에 이르지 못했고, 불쌍한 고양이의 사체만 남겨졌을 테니까요.

남전 스님이 외출에서 돌아온 조주趙州, 778-897에게 낮에 있었던 일을 다시 언급한 것도 이런 씁쓰레함이 마음에 남아 있어서인지도 모릅니다. 이 이야기를 듣자마자, 조주는 신발을 벗어 머리에 얹고 밖으로 나가 버립니다. 그러자 남전 스님은 고양이의 죽음이 더 안타깝기만 했습니다. 스님의 말대로 "만일 조주가 그 자리에 있었다면 고양이를 구할 수도" 있었다는 것을 알았기 때문입니다. 다시 말해 고양이가 생사의 기로에 있었을 때 조주 스님이 있었다면, 그는 깨달은 사람이 할 수 있는 한마디의 말을 했을 수도 있다는 겁니다. 당연히 불쌍한 고양이의 목숨을 구할 수 있었을 겁니다. 그렇다면 도대체 남전 스님은 조주 스님이 깨달았다는 사실을 어떻게 짐작할 수 있었던 것일까요. 신발을 머리에 얹고 밖으로 나가 버린 조주의 행동은 깨닫지 않았다면 할 수 없는 행동이라고 판단했던 겁니다.

우리 눈에는 조주 스님이 바보처럼 보일 수도 있습니다. 그렇지만 신발을 머리에 얹었다는 것은 조주가 집착에서 벗어나 있다는 것을 상징합니다. 보통 사람이라면 모자는 머리에 얹고 신발을 발에 신는 것을 영원불변한 진리이자 규칙이라고 생각할 겁니다. 그러니까 결코 신발을 머리에 얹거나 모자를 발에 신는 일

©안태영

어떤 것에도 막힘이 없어
자유롭게 규칙을 창조할 수 있는 깨달음!

은 없을 겁니다. 그렇지만 바로 이것이야말로 주인공이 아니라 습득한 규칙을 맹목적으로 따르는 노예로서의 삶을 살아간다는 사실을 보여 주는 것 아닐까요? 반면 신발을 머리에 얹음으로써 조주는 신발과 모자와 관련된 기존의 통념, 혹은 기존의 생활양식을 경쾌하게 부정해 버립니다. 이런 부정이 가능했던 것은 그가 맹목적으로 답습되는 통념과 양식에서 자유롭기 때문에, 그러니까 깨달음을 얻었기 때문일 겁니다. 바로 이것입니다. 남전 스님이 조주가 깨달았다고 확신했던 이유는 조주의 행동에서 그 자유로움을 보았기 때문입니다.

3.

칸트Immanuel Kant, 1724-1804의 《판단력 비판Kritik der Urteilskraft》은 이 대목에서 우리에게 많은 시사점을 준다고 할 수 있습니다. 이 책에서 칸트는 판단력을 '규정적 판단력bestimmende Urteilskraft'과 '반성적 판단력reflektierende Urteilskraft'으로 구분합니다. 모자는 머리에 쓰고 신발은 발에 신어야 한다는 기존의 규칙에 따라 판단하는 것이 규정적 판단력이라면, 기존의 규칙을 부정하고 새로운 규칙을 만들어 내는 판단이 바로 반성적 판단력이라고 할 수 있습니다. 그러니까 규정적 판단력이 규칙을 따르는 생각이라면, 반성적 판단력은 규칙을 창조하는 생각이라고 간단히 정리할 수 있을 겁니다. 당연히 규정적 판단력에 지배되는 사람은 기존 규칙을 따르는 충실한 노예, 혹은 기존 규칙에 집착하고 있는 평범한 사람일 수밖에 없습니다. 반면 반성적 판단력을 수행하는 사람은 새로운 규칙을 창조하는 주인, 혹은 깨달음을 얻어 자유로운 사람이라고 할 수 있지요.

이제야 죽어 가는 고양이 앞에서 아무 말도 못했던 수행승들과 고양이 사건의 전말을 듣고 신발을 머리에 얹고 방 바깥으로 나간 조주 스님 사이에 무슨 차이가 있는지 분명해집니다. 수행승들이 규정적 판단력에 지배되고 있었다면, 조주 스님은 바로 반성적 판단력을 상징했던 겁니다. 이제 궁금해지지 않나요? "무엇인가 한마디 말을 할 수만 있다면 고양이를 살려 줄 테지만, 말할 수 없다면 베어 버릴 것"이라는 남전 스님의 사자후를 들었을 때, 과연 조주 스님은 어떻게 말했을지. 선불교를 나름 아는 사람이라면 화두를 풀었던 역대 선사들의 대답을 흉내 내어 그럴 듯한 말을 지어낼 수도 있을 겁니다. 그렇지만 이렇게 만들어진 그럴 듯한 대답은 사실 그가 규정적 판단력을 사용하고 있다는, 다시 말해 과거에 어디서 배운 것을 약간 변용해서 사용하고 있다는 것을 말하는 것 아닐까요?

남전 스님마저도 조주가 어떻게 말할지 예측할 수 없었던 것에는 다 이유가 있었던 셈입니다. "만일 조주가 그 자리에 있었다면 고양이를 구할 수도 있었을 텐데." 이것이 남전 스님이 말할 수 있었던 유일한 것입니다. 이미 조주는 자유롭게 규칙을 창조할 수 있는 깨달음을 얻었습니다. 그러니 그가 어떤 말을 했을지, 혹은 그가 어떤 행동을 했을지 남전 스님도 우리도 예측할 수 없을 겁니다. 만약 남전 스님이 조주가 어떻게 할지 예측했고 그것이

적중했다면 이것은 조주가 자신의 스승도 예측할 수 있었던 규칙을 반복하고 있었다는 것, 그러니까 아직 깨닫지 못했다는 사실을 보여 주는 증거가 되었을 겁니다. 그래서 이제 우리는 신발을 머리에 얹었던 조주를 깨끗이 잊어야만 합니다. 그렇지 않다면 다른 불쌍한 고양이가 어디선가 두 동강 나며 피를 흘릴 테니까요. 불교에서 꿈꾸는 깨달음의 이상이 무애無碍, anāvṛti와 자재自在, vaśitā인 것도 다 이유가 있었던 셈입니다. 여기서 '무애'는 어떤 것에도 막힘[碍]이 없다는 것을 뜻합니다. 그리고 '자재'는 스스로 존재한다는 것, 즉 주인으로 존재한다는 것을 의미합니다. 결국 깨달음은 우리에게 어디에도 막힘없는 주인공의 자유를, 마침내 새로운 삶의 창조를 가능하게 하는 결정적인 계기이기 때문이지요.

앵무새 죽이기

덕산이 가르침을 청하러 왔을 때 마침 밤이 되자 용담 스님은 말했다. "밤이 깊었으니 그대는 그만 물러가는 것이 어떻겠는가?" 그래서 덕산은 인사를 하고 발을 걷고 밖으로 나갔다. 바깥이 너무 어두워서 되돌아와서 말했다. "바깥이 깜깜합니다." 그러자 용담 스님은 종이 등불에 불을 붙여 건네주었다. 덕산이 그것을 받으려고 할 때, 용담 스님은 등불을 불어 꺼 버렸다. 바로 여기서 덕산은 갑자기 깨닫고 용담 스님에게 절을 했다. 그러자 용담 스님은 물었다. "그대는 어떤 불법의 도리를 보았는가?" 덕산은 "저는 오늘 이후로 천하의 노화상께서 하신 말씀을 의심하지 않겠습니다."

다음 날 용담 스님은 법당에 올라 말했다. "만일 이가 검이 세워진 수풀과도 같고 입이 피가 담긴 쟁반과도 같아서 방망이로 때려도 뒤도 돌아보지 않을 남자가 있다면, 언젠가 홀로 우뚝 솟은 봉오리 정상에 나의 도를 세울 것이다." 마침내 덕산은 [《금강경》의] 주석서를 법당 앞에 들고 나와 횃불을 들고 나와 말했다. "불교의 모든 심오한 변론들을 남김없이 밝힌다고 해도 허공에 터럭 하나를 날리는 것과 같고, 세상의 모든 진리를 모조리 갈파한다고 해도 물 한 방울을 거대한 계곡에 떨어뜨리는 것과 같다." 이어 주석서를 바로 불태우고 용담 스님을 떠났다.

《무문관》 28칙, '구향용담(久響龍潭)'

1.

불립문자不立文字! '문자를 통한 지적인 이해를 표방하지 않는다'는 선언입니다. 이 슬로건만큼 선종의 특징을 잘 보여 주는 것도 없을 것 같습니다. 하긴 자신의 삶을 당당한 주인공으로 살아가려는 사람이 자신의 마음이 아니라 말이나 글에 얽매인다는 것은 있을 수도 없는 일일 겁니다. 여기서 우리가 주목해야 할 것은 말이나 글, 즉 문자란 기본적으로 인간이 자신의 속내를 타인에게 전달하는 수단이라는 점입니다. 그렇다면 '불립문자'라는 선언으로 선사들은 영원한 침묵을 선택했던 것일까요? 그렇지 않습니다. 선사들이 부정하려고 했던 문자는 자신의 문자가 아닌 타인의 문자일 뿐입니다. 당연한 일이지요. 타인의 말이나 글에 따라 살아간다는 것은 노예의 삶이지 주인의 삶일 수는 없으니까요.

《무문관》의 스물여덟 번째 관문이 중요한 것도 이런 이유에서입니다. 이 관문에 등장하는 덕산德山, 782?-865 스님은 불립문자의 정신이 무엇인지를 웅변적으로 보여 주고 있으니까 말입니다. 덕산은 용담龍潭, ?-? 스님을 만나 타인의 문자가 아니라 자신의 마음이 중요하다는 것을 깨닫게 됩니다. 그렇지만 진짜 중요한 대목은 용담 스님을 만나기 전에 이루어졌던 덕산 스님과 어느 노파의 만남 아니었을까요. 《전등록》에 실려 있는 덕산 스님과 관련된 에피소드에는 덕산 스님과 노파의 만남이 자세히 기록되어 있습니다. 《무문관》을 편찬했던 무문 스님도 그 만남의 중요성에 주목하고 있어서인지 그 이야기를 자신의 주석에 요약해 놓고 있습니다.

내용은 다음과 같습니다. 용담 스님을 만나러 남쪽으로 내려오기 전, 덕산 스님의 마음은 분노로 가득 차 있었습니다. 그것은 남중국에서 일어나 융성하고 있던 새로운 불교의 흐름, 그러니까 선종 때문이었습니다. 남중국의 선사들이 여러 부처님들의 말과 글을 전면적으로 부정하며 교외별전敎外別傳을 주장하고 있었으니까요. 그러니까 '경전의 내용 이외에 별도의 가르침이 전해진다'는 것입니다. 그래서 덕산은 화가 난 것입니다. 경전을 무시하고도 부처가 될 수 있다는 오만한 생각을 부수고 싶었던 겁니다. 남중국으로 여행을 떠나는 덕산 스님의 자신감은 하늘을 찌를 듯했습니다. 자신의 품에는 모든 것을 자를 수 있는 다이아몬드처럼 날카롭고 견고한 무기, 그러니까 모든 희론을 논박할 수 있는 《금강경金剛經》이라는 경전이 있었으니까 말입니다.

2.

불행히도 중국 예주澧州로 내려가던 중 어느 노파를 만나면서 덕산 스님의 자신감은 땅에 떨어지게 됩니다. 길가에서 어느 노파가 간식을 팔고 있었습니다. 허기가 느껴진 덕산은 노파에게 먹을 것을 요청합니다. 음식을 준비하면서 노파는 덕산에게 지나가는 듯이 물었습니다. "스님! 수레 속에는 어떤 책이 있나요?" "《금강경》의 주석서입니다." 그러자 노파가 다시 물었습니다. "《금강경》에는 '과거의 마음도 잡을 수 없고, 현재의 마음도 잡을 수 없고, 미래의 마음도 잡을 수 없다'라는 말이 있습니다. 그렇다면 스님께서는 어느 마음으로 점심을 드시려고 하십니까?" 덕산 스님은 노파의 질문에 대답할 수 없었습니다. 당혹감과 낭패감 때문이지, 덕산 스님은 서둘러 말꼬리를 돌리게 됩니다. "이 근처에 어떤 선사가 계십니까?" 노파는 5리쯤 떨어진 곳에 용담 스님이 있다고 대답해 주게 됩니다.

이렇게 무엇인가에 쫓기듯 덕산 스님은 경황없이 용담 스님을 찾아가게 된 겁니다. 《금강경》을 달달 외웠을 정도로 덕산 스님은 경전 내용에 정통했습니다. 그렇지만 그의 이해는 단지 지적인 것에 그쳤을 뿐 자신의 삶에 조금도 적용할 수 없었던 겁니다. 어디가 잘못된 것이었을까요? 그는 노파의 말에 어떤 대답을 해야 했을까요? 노파는 덕산 스님에게 심각한 화두를 하나 던진 것입니다. 용담 스님과 만나서 이러저런 이야기를 나누었지만, 아마 덕산 스님의 뇌리에는 노파와의 만남이 지워지지 않았을 겁니다. 어느덧 해가 지게 됩니다. 숙소로 돌아가려고 용담 스님의 방을 나왔을 때, 바깥이 너무나 캄캄해서 덕산 스님은 등불을 부탁하게 됩니다. 그러자 용담 스님은 등불을 켜서 덕산 스님에게 건네줍니다. 캄캄한 주변이 순식간에 환해졌지요. 그런데 이것이 무슨 일입니까. 용담 스님은 덕산 스님에게 건네주었던 등불을 불어 꺼 버리는 것입니다.

바로 이 순간, 꺼진 등불을 허무하게 든 채 다시 암흑 속에

©신성식

특정한 앎의 노예가 될 것인가,
어떤 지식에도 의존하지 않고 스스로의 감각과 느낌에 의해
비지의 영역에 몸을 던질 것인가.

던져진 덕산 스님은 깨닫게 됩니다. 여기서 등불은 결정적으로 중요한 상징입니다. 우리는 그 등불을 바로 용담 스님이 만들어 주었다는 사실을 잊어서는 안 됩니다. 그렇습니다. 그 등불은 바로 앞서 깨달았던 사람들의 가르침, 그러니까《금강경》과 같은 경전들을 상징하는 것입니다. 용담 스님이 등불을 훅 불어 끄자마자 덕산은 깨닫게 됩니다. 그는 무엇을 깨달았던 것일까요? 덕산의 깨달음을 이해하려면, 등불이 켜지고 꺼지는 사태에 조금 더 주목할 필요가 있을 것 같습니다. 등불이 켜지면 등불로 환한 부분과 등불이 미치지 않아 어두운 부분이 구별되어 나타납니다. 반면 등불이 꺼지는 순간 그런 구분은 씻은 듯이 사라질 것입니다.

3.

마침내 용담 스님을 통해 덕산은 자신이 왜 노파에게 쩔쩔맸는지 그 이유를 깨닫게 됩니다.《금강경》에 집착하고 있었기 때문에, 덕산은 노파의 질문에 대응할 수 없었던 겁니다. 다시 말해 모든 것을《금강경》에 입각해서 바라보고 생각했기 때문에 덕산은《금강경》이라는 등불이 비추지 못하는 것을 볼 수도, 생각할 수도 없었던 것이지요. 노파의 질문은《금강경》의 맹점을 지적했던 겁니다. 사실 등불이란 것도 바로 그런 것이 아닌가요? 밝기의 정도나 비추는 방향에 따라 등불이 비출 수 있는 부분과 그럴 수 없는 부분이 발생할 수밖에 없으니까요. 그렇지만 우리는 등불이 비추는 특정한 부분에 연연해서 등불에는 한계가 있다는 사실을 쉽게 망각하곤 합니다. 이제야 분명해지지 않았나요? 용담 스님은 노파의 질문에 덕산이 쩔쩔맸던 이유를 가르쳐 주었던 겁니다.

그렇습니다. 모든 경전들은 각각 자기만의 고유한 한계를 갖고 있는 등불과도 같은 것입니다. 그래서 모든 경전들에는 자신이 비출 수 있는 측면과 그럴 수 없는 측면이 있을 수밖에 없지요. 바타이유Georges Bataille, 1897-1962는 《내적 체험L'expérience intérieure》에서 '비지非知, nonsavoir'에 대한 체험을 강조했던 적이 있습니다. 기존의 지식이 설명하지 못하는 맹점과도 같은 영역이 바로 비지의 영역입니다. 그러니까 바타이유가 강조했던 비지에 대한 체험이란 자신이 지금까지 배웠던 모든 지식이 무용해지는 경험에 다름 아니라고 할 수 있지요. 한마디로 말해 주어진 사태에 대해 자신의 무지를 토로할 수밖에 없는 경험이 바로 '비지에 대한 체험'이라고 할 수 있습니다. 중요한 것은 비지를 체험한 사람이 주체가 될 수밖에 없다는 점, 정확히 말해 주체가 되도록 강제된다는 점입니다. 이제 어떤 지식에도 의존하지 않고, 스스로의 감각과 느낌에 의해 알지 못하는 영역에 몸을 던져야 하니까 말입니다. 또 한 가지 잊지 말아야 할 것이 있습니다. 그건 비지를 체험한 순간, 주체는 자신이 지금까지 특정한 앎의 노예였다는 사실을 씁쓸하게 받아들일 수밖에 없다는 점입니다. 이제 《무문관》의 스물여덟 번째 관문이 명료해지지 않았나요? 점심을 팔던 노파가 덕산 스님을 비지의 영역으로 이끌었다면, 용담 스님은 등불을 끄면서 경전에 대한 맹신이 비지의 영역을 만들었다는 사실을 보여 주었던 셈입니다. 사실 《금강경》에 대한 맹신이 없었다면 덕산 스님이 《금강경》으로 해명되지 않는 비지의 영역과 마주칠 수도 없었을 겁니다.

이런 비지의 영역과 마주쳐서 이곳을 통과하려면 더 이상 덕산 스님은《금강경》이라는 경전에 의지할 수도, 의지해서도 안 됩니다. 비지의 영역은《금강경》의 외부에 있는 것이니까요. 이제 오직 자신만의 마음에 의지한 채 사자처럼 홀로 앞으로 나갈 수밖에 없습니다. 덕산 스님이 보물처럼 가슴에 품고 있었던《금강경》의 주석서를 태우고, 심지어 자신에게 깨달음을 주었던 용담 스님마저 버리고 무소의 뿔처럼 홀로 떠났던 이유도 바로 여기에 있습니다.

한 가지 궁금한 것이 있습니다. 비지의 영역을 통과했을 때, 덕산 스님은 문자나 언어로부터 완전히 벗어나게 되었을까요? 그렇지 않습니다. 덕산은 말도 하고 글도 쓸 것입니다. 그렇지만 이제 그것은 앵무새처럼 흉내 내는 타인의 말이나 글이 아니라, 자신이니까 할 수 있는 말이나 글일 것입니다. 불립문자라는 슬로건의 목적은 바로 여기에 있습니다. 남의 말을 흉내 내는 것이 아니라 자기의 말을 하는 것, 그러니까 잃어버린 자신의 목소리를 되찾는 것 말입니다.

카르페 디엠!

어느 스님이 "무엇이 달마 대사가 서쪽에서 온 뜻인가요?"라고 묻자, 조주 스님이 대답했다. "뜰 앞의 잣나무!"

《무문관》 37칙, '정전백수(庭前柏樹)'

1.

히말라야Himalaya를 아시나요? 에베레스트를 정점으로 해발고도 8,000미터가 넘는 수많은 고봉들을 품고 있는 장대한 산맥입니다. 만년설을 가득 품고 있는 장관을 보다 보면, 철학자 칸트가 말한 숭고미가 무엇인지를 제대로 경험하게 됩니다. 거대한 폭포나 폭풍우가 몰아치는 해변에서 느끼는 압도감이 바로 숭고das Erhabene의 느낌이지요. 히말라야라는 단어는 불교에 관심을 가진 사람에게는 특별한 추억을 안겨 줄 겁니다. 산스크리트어로 생각해 보면, 히말라야는 '힘him'이라는 어근과 '알라야ālaya'라는 어근으로 구성되어 있습니다. 힘이 눈[雪]을 의미한다면, 알라야는 저장[藏]을 의미합니다. 그래서 인도로 구법 여행을 떠났던 중국 승려들은 히말라야산맥을 한자로 설장산雪藏山이라고 표현했던 겁니다. 그러니까 눈을 가득 저장하고 있는 산, 즉 만년설을 가득 품고 있는 산이라는 뜻이지요.

중관학파中觀學派, Mādhyamakā와 함께 대승불교에 이론적 기초를 제공했던 불교 학파를 아시나요? 바로 유식학파唯識學派, Yogācāra입니다. 중관학파는 세상의 모든 것은 분명 실재하지만 영원불변한 것이 아니라고 봅니다. 그러니까 중관학파는 일정 정도 지속의 폭을 지니는 현실적 존재를 부정하지는 않습니다. 예를 하나 들어 볼까요. 화려하게 봄을 수놓는 벚꽃은 잠시지만 분명 존재합니다. 그렇다고 해서 영원히 존재하는 것은 아닙니다. 모든 것을 일정 정도의 지속 시간을 가지고 존재하는 것으로 보아야, 모든 것이 불변한다는 극단적인 본질주의와 모든 것은 순간순간 변해서 덧없다는 극단적인 허무주의로부터 벗어날 수 있습니다. 중관학파에 '중관中觀'이란 이름이 붙은 것도 다 이유가 있었던 셈입니다. 이 학파는 극단적인 본질주의와 극단적인 허무주의를 넘어서는 자신들의 견해를 '중도中道, madhyamā-pratipad'라고 이야기했기 때문이지요. 중관학파의 생각에 따르면 벚꽃이 덧없이 진다는 이유로 신경 쓸 필요가 없다고 생각하는 허무주의적 생각도 집착이고, 벚꽃이 지더라도 벚꽃은 불변하는 영혼처럼 다른 세계에 영원히 살고 있다는 본질주의적인 생각도 집착일 수밖에 없습니다.

그렇다면 모든 것은 지금 사라져도 어딘가에 영원히 존재하고 있다는 맹신이나 모든 것은 순간순간 변해서 존재하는 것은 없다는 절망은 구체적으로 어떻게 발생하는 것일까요? 이 문제를 집요하게 파고들었던 것이 유식학파입니다. 유식학파에 따르면 불변하는 것에 대한 맹신이나 변화하는 것에 대한 절망은 모두 우리 마음이 세상과 자신을 잘못 이해하고 있기 때문에 벌어지는 겁니다. 이런 유식학파의 사유에서 '알라야'라는 개념은 아주 결정적인 역할을 합니다. 유식학파는 인간의 가장 심층에 있는 의식을 바로 '알라야 의식ālaya-vijñāna'이라고 부릅니다. 중국을 포함한 동아시아에서는 '알라야 의식'을 한자음으로 표기해서 '아뢰야식阿賴耶識'이라고 부르기도 합니다. 어쨌든 유식학파에서 알라야 의식을 강조하는 것은 우리 마음의 가장 심층부에는 과거 자신이 경험했던 모든 것이 일종의 무의식적인 기억으로 남아 있다고 생각했기 때문입니다. 비유를 하나 들어 볼까요? 고기를 구워 먹는 식당에서 식사를 하면 그 냄새가 옷에 배는 것과 마찬가지입니다. 아니면 짙은 향수를 뿌린 여성과 밀폐된 공간에서 환담을 나누다 보면, 자신도 모르게 그 향수 냄새가 자기 옷에 배는 경우도 생각해 볼 수 있습니다. 이처럼 우리가 어떻게 살아왔든지 간에 그 삶의 흔적은 몸에 밴 냄새처럼 우리 마음 깊은 곳에 그대로 저장되어 있기 마련입니다. 바로 이것이 알라야 의식입니다.

유식학파에서 알라야 의식을 중시하는 이유는 바로 이 심층 의식이 '나라는 집착', 그러니까 아집我執, ātma-graha을 만들어 내기 때문입니다. 하긴 보통 자신에게 지나치게 집착하는 사람은 사실 과거에 집착하는 사람이지 않던가요. 불행한 사고로 손을 잃은 사람이나, 혹은 정치적 사건으로 권력을 잃은 사람이 고통스러워하는 이유는 무엇일까요. 그것은 그가 손이 있었던 과거 자신의 모습을, 혹은 권좌에 있었을 때 존경받던 자신의 모습을 기억하고 있기 때문이지요. 바로 알라야 의식이 작동하는 겁니다. 그렇습니다. 과거에 연연하는 사람은 인연에 따라 일어나는 세상과 자신의 삶을 받아들이지 못하게 됩니다. 그는 현재가 아니라 과거에 살고 있는 사람이니까요. 당연히 그는 자신의 과거에 사로잡혀서 자신의 삶에 주어진 것에 '있는 그대로' 대응할 수 없을 겁니다. 유식학파가 알라야 의식을 끊어야 해탈할 수 있다고 강조했던 것도 다 이유가 있었던 셈입니다. 과거에서 자유로울 때에만 우리는 '여기 그리고 지금hic et nunc' 주어진 삶을 주인으로서 당당히 살아낼 수 있을 테니까 말입니다.

2.

유식학파에서는 말합니다. 과거와 단절해야 아집에서 벗어날 수 있고, 오직 그 순간 해탈이라는 대자유를 향유할 수 있다고 말입니다. 이제 드디어《무문관》의 서른일곱 번째 관문을 통과할 준비가 대충 갖추어진 것 같습니다. 서른일곱 번째 관문을 지키고 있는 스님은 바로 조주입니다. 제자 한 명이 스승 조주에게 물어봅니다. "무엇이 달마 대사가 서쪽에서 온 뜻인가요?" 여기서 달마는 중국에 선종의 기풍을 가져와 첫 번째 스승, 즉 초조初祖로 추앙되는 페르시아 출신의 서역승 보리 달마菩提達磨, Bodhidharma를 가리킵니다. 조주 스님의 제자는 얼마나 야심만만합니까. 달마 대사가 서쪽에서 온 뜻을 알면, 이미 스스로 조사가 된 것이니까요. 한 번에 깨달음을 얻겠다는 조바심도 보이는 대목입니다. 그렇지만 조주 스님은 너무나 쿨하게 말합니다. "뜰 앞의 잣나무!"

《무문관》의 능숙한 가이드인 무문 스님은 무슨 이유에서인지는 모르겠지만 여기서 화두를 마무리합니다. 그렇지만 조주 스님의 어록을 따로 정리해 놓은《조주록趙州錄》을 보면 조주 스님과 그의 제자 사이의 대화가 더 이어집니다. 한번 살펴볼까요? 어쩌면 무문 스님이 생략한 부분이 더 중요한 가르침을 제공할 수도 있을 테니까요. 이야기는 다음과 같이 진행됩니다. "뜰 앞의 잣나무"라는 대답을 듣자마자, 제자는 말합니다. "화상께서는 경境으로 보여 주지 마십시오." 그러자 조주 스님은 말합니다. "나는 경境으로 보여 주지 않는다." 스승으로부터 다짐을 받자 제자는 이제 제대로 대답을 들을 수 있으리라는 기대로 다시 물어봅니다. "무엇이 달마 대사가 서쪽에서 온 뜻인가요?" 조금도 주저하지 않고 조주 스님은 대답합니다. "뜰 앞의 잣나무!"

어떻습니까. 느낌이 조금 다르지요? 무문 스님이 생략한 대화에서 핵심은 아마 '경境'이라는 개념에 있을 겁니다. '경'은 인식 대상을 뜻하는 산스크리트어 '비사야viṣaya'의 번역어입니다. 바로 이 부분이 중요합니다. 스승과 제자 사이에 차이가 나는 결정적인 지점은 바로 이 '경'을 어떻게 이해하느냐에 달려 있기 때문이지요. 제자는 잣나무를 자신의 마음과는 무관하게 뜰 앞에 존재하는 객관적인 사물로 이해하고 있지만, 스승에게 잣나무는 자신의 마음이 없다면 존재할 수 없는 것이었습니다. 한마디로 조주 스님에게 잣나무는 후설의 용어를 빌리자면 마음과는 무관한 '사물 자체Ding an sich'가 아니라 마음이 향하고 있는 노에마였던 것입니다. 사실 잣나무가 마음에 들어온다는 것 자체가 마음의 활발발한 작용, 그러니까 노에시스noesis가 작동한다는 증거라고 할 수 있지요.

조금 어렵나요. 그럼 예를 들어 한번 생각해 보지요. 생물학 책이나 다른 매체를 통해 세포를 찍은 사진을 보신 적이 있을 겁니다. 그럴 때 우리는 쉽게 망각하곤 합니다. 그 세포 사진에는 이미 특정 배율의 현미경이 전제되어 있다는 사실을 말입니다. 능숙한 실험 생물학자는 아마 특정한 세포 사진만 보아도 그것을 찍은 현미경이 어떤 배율을 가진 것인지 쉽게 추정할 겁니다. 그렇지만 일반적인 사람이라면 세포가 자신이 본 사진 속 세포의 모양으로 객관적으로 존재한다고 믿기 쉽지요. 이제 이해가 되시나요. 제자는 자신의 마음으로 사물들을 보고 있다는 것을 망각하고 사물들이 자기 마음과 무관하게 객관적으로 존재한다고 믿고 있었던 겁니다. 반면 조주 스님은 계속 강조하고 있는 겁니다. '네 마음에 주목해라!' '네 마음이 없었다면, 사물도 존재할 수 없는 법이다.' 그렇습니다. 지금 "뜰 앞의 잣나무!"라고 거듭 말하면서 조주 스님은 살아 있는 마음을 가리키고 있습니다. 노에마를 지목한다는 것 자체가 노에시스를 암시하는 것이니까 말입니다.

3.

더 숙고해야 할 것이 하나 있습니다. 어떤 것에도 집착하지 않아야 뜰 앞에 펼쳐져 있는 잣나무들이 우리의 눈에 들어온다는 점입니다. 만일 어제 읽던 경전의 내용이나 아침에 제자와 나누었

여기 그리고 지금!

©구학성

던 대화에 마음이 가 있었다면, 조주 스님의 눈에 잣나무들이 들어왔을 리 없을 겁니다. 이 대목이 중요합니다. 조주 스님의 마음은 '지금 바로 여기'에 있었던 겁니다. 이것이 바로 일체의 집착에서 벗어나 깨달은 마음, 즉 자유로운 마음 아닌가요. 불행히도 제자의 눈에는 여전히 잣나무가 들어오지 않습니다. 그저 오랫동안 품고 있었던 의문만이 그의 마음을 채우고 있으니까 말입니다. 오히려 제자는 지금 자신의 스승이 선불교 특유의 '자다가 봉창 두드리는 식'의 대화법을 사용한다고 짜증까지 내고 있습니다. 그러니 조주 스님에게 제자는 "화상께서는 경으로 보여 주지 마십시오"라고 투정을 부릴 수 있었던 겁니다. 지금 자신이 듣고 싶은 이야기는 200여 년 전 '달마 대사가 서쪽에서 온 뜻'이기 때문입니다. 그런데 스승은 자꾸 "뜰 앞의 잣나무!"만을 외치고 있으니 어찌 짜증이 나지 않을 수 있겠습니까.

이제 《무문관》의 서른일곱 번째 관문이 생각보다 난해하지는 않은 것 같지요? 그렇습니다. 조주 스님의 마음이 지금 바로 여기에 있다면, 제자의 마음은 200여 년 전 달마 대사에게로 가 있습니다. '있는 그대로', 다시 말해 '여여'하게 사태를 보세요. 달마 대사는 단지 제자의 기억 속에만 존재할 뿐 아닌가요. 물론 제자가 달마 대사가 서쪽에서 온 뜻을 알려고 했던 이유는 분명합니다. 달마 대사가 서쪽에서 온 뜻을 안다면, 자신도 달마처럼 혹은 스승 조주처럼 깨달음을 얻을 수 있다고 확신했을 테지요. 그렇지만 제자는 지금 자신이 깨달음에 이를 수 없는 길에 접어들고 있습니다. 한마디로 지금 제자는 알라야 의식을 끊어 내기는커

넝 그것을 강화시키고 있을 뿐입니다. 스님이 되기 전, 아니면 스님이 된 후 책이나 스승으로부터 배웠던 달마 이야기가 어느 사이엔가 그의 내면에 지울 수 없는 기억, 즉 알라야 의식이 되어 버린 겁니다.

알라야 의식은 끊어야 합니다. 이것은 과거나 기억에 매몰되어 있는 마음을 극복한다는 것에 다름 아닙니다. 오직 그럴 때에만 우리의 마음은 지금 바로 여기에서 살아 있는 마음일 수 있을 테니까요. 싯다르타의 이야기가 아무리 훌륭해도, 혹은 달마 대사의 가르침이 아무리 절실하더라도, 그것에 집착하는 순간 우리는 자유로운 마음을 얻을 수 없습니다. 우리가 꿈꾸는 것은 제2의 싯다르타나 제2의 달마가 되는 것이 아니라, 바로 우리 자신이 주인공이 되는 것이기 때문이지요. 무문 스님이 "조주가 대답한 것을 자신에게 사무치게 알 수만 있다면, 과거에도 석가는 없고 미래에도 미륵은 없게 될 것"이라고 말했던 것도 이런 이유에서일 겁니다. 당연한 일이지요. 우리의 마음이 지금 바로 여기에 살아 있을 때, 그래서 "뜰 앞의 잣나무"가 확연히 드러날 때, 우리 자신이 이미 석가나 미륵彌勒처럼 깨달은 사람이 되어 있을 테니까 말입니다.

과거의 기억에 매몰되거나 미래의 염려에 사로잡혀 있으면 안 됩니다. 그 순간 잣나무뿐만 아니라 사랑하는 것, 사랑해야만 하는 것들도 우리 눈에 들어올 수 없을 테니까 말입니다. 어제 망친 시험이나 업무에 너무 마음을 둔다면, 영화를 봐도 영화를 볼 수 없고 음악을 들어도 음악을 들을 수 없을 겁니다. 그러니 어떻게 섬세하게 읽어야 할 사랑하는 것에 관심을 둘 수 있겠습니까.

내일이나 조만간에 해야 할 일을 지나치게 걱정하는 것도 마찬가지의 결과를 낳게 될 겁니다. 미래가 걱정되니, 현재도 그리고 현재에 펼쳐지는 많은 사람들과 사물들이 눈에 들어올 리 없을 테니까 말입니다. 후회나 염려의 마음이 강하면 우리의 마음은 현재에 열릴 수가 없습니다. 한마디로 우리는 현재라는 시제를 잃어버리게 된다는 겁니다. 이 점에서 불교가 지향하는 깨달음은 너무나 단순하다고 할 수 있지요. '잃어버린 현재를 찾아서!' 기억나시나요? 영화 〈죽은 시인의 사회Dead poets society〉에서 키팅 선생님이 학생들에게 역설했던 이야기 말입니다. "카르페 디엠carpe diem!" "현재를 잡아라!"

자의식이라는 질병

대매가 "어떤 것이 부처입니까?"라고 묻자, 마조 스님은 "마음에 이르면 부처다"라고 말했다.

《무문관》 30칙, '즉심즉불(卽心卽佛)'

1.

무아無我, anātman! '불변하는 실체[我, ātman]가 존재하지 않는다[無]'는 입장은 아마도 불교의 모든 가르침을 관통하는 근본적인 입장일 겁니다. 사실 산스크리트어 '아트만ātman'은 정확히는 불변하는 실체나 본질을 뜻합니다. 그러니까 사물에도 아트만이란 용어를 쓸 수도 있고, 아니면 우리와 같은 인간에게도 아트만이란 용어를 쓸 수도 있는 겁니다. '법무아法無我, dharma-nairātmya'와 '인무아人無我, pudgala-nairātmya'라는 구별이 생긴 것도 이런 이유에서지요. '법무아'가 사물에게는 불변하는 실체가 존재하지 않는다는 뜻이라면, '인무아'는 사람에게는 불변하는 실체가 존재하지 않는다는 뜻입니다. 법무아든 인무아든 무아 이론은 이론적인 측면에서뿐만 아니라 실천적으로도 매우 중요합니다. 불변하는 것에 대한 집착은 우리가 겪는 모든 고통과 불만족의 기원이기 때문입니다.

먼저 법무아의 경우를 살펴볼까요. 눈사람에게 불변하는 실체가 있다고 믿고 있는, 그래서 눈사람은 영원히 자기 곁에 있을 것이라고 믿고 있는 꼬마가 있다고 해 보지요. 꼬마는 자신이 만든 눈사람에게 자기의 장갑과 모자를 기꺼이 주었을 정도로 눈사람을 좋아했습니다. 그런데 밤사이에 눈사람이 허무하게 녹아 버렸다면, 꼬마는 무척 괴롭고 슬플 겁니다. 영원히 있으리라고 믿었던 것만큼 꼬마의 마음은 더 찢어질 듯 아팠을 겁니다. 법무아의 가르침을 알았더라면, 그래서 눈사람을 포함한 모든 것들은 영원하지도, 따라서 불변하지도 않다는 것을 알았더라면, 꼬마는 그렇게 고통스럽지는 않았을 겁니다. 바로 이겁니다. 모든 사물에게 불변하는 실체가 없다는 사실을 분명히 아는 순간, 우리는 사물에 대한 해묵은 집착에서 벗어날 수 있고, 동시에 그만큼 우리의 마음도 고통과 불만족의 상태에서 빠져나올 수 있는 겁니다.

다음으로 인무아의 경우를 살펴보도록 하지요. 사람에게는 불변하는 실체나 본질이란 말을 쓰는 것이 어색하니, 인무아는 '불변하는 자아는 존재하지 않는다'는 의미로 해석하는 것이 좋을 것 같습니다. 사물에 대한 집착과 마찬가지로 불변하는 자아에 대한 집착 역시 살아가면서 우리가 겪는 모든 고통과 불만족의 기원입니다. 당연한 일 아닌가요. 누구나 자신이 늙어가는 모습을 거울을 통해 확인하면 마음이 편치 않을 겁니다. 이것은 물론 우리가 지금보다 젊었을 때의 모습을 마음에 담아두고 집착하고 있기 때문이지요. 텅 빈 통장 잔고를 보았을 때도 우리의 마음은 우울해집니다. 예전의 그득했었던 통장 잔고에 집착하고 있으니까요. 참 아이러니한 일입니다. 우리에게는 인생에서 가장 좋은 때, 그러니까 가장 행복할 때의 모습을 진정한 자기의 모습이라고 믿는 경향이 있습니다. 위대한 현자들이 인간을 허영덩어리라고 지적했던 것도 이런 이유에서입니다. 하긴 충분히 이해가 가는 일이기도 합니다. 가장 불행하고 우울할 때의 모습이 진정한 자기의 모습이라고 믿는 것만큼 불쾌한 일도 없을 테니까요.

허영이든 무엇이든 진정한 자기의 모습, 그러니까 불변하는 자아가 있다고 믿고 그것에 집착하는 순간, 우리에게는 항상 고통과 불만족이라는 반갑지 않은 손님이 찾아오는 법입니다. 그렇지만 불교에서는 이런 고통과 불만족이 외부의 불청객이라기보다는 우리가 불러내는 유령과도 같은 것이라고 이야기합니다. 일체유심조, 즉 '모든 것이 내 마음이 지어낸 것일 뿐'이라는 가르침도 바로 이런 우리 마음의 메커니즘을 폭로한 것이라고 할 수 있습니다. 물론 실제와는 무관하게 우리 마음이 지어내는 가장 큰 유령은 바로 '자아', 혹은 '나'라는 관념입니다. 문제는 이 나에 대한 집착, 그러니까 강한 자의식이야말로 우리에게 겪지 않아도 될 고통과 불만족을 가져다준다는 점입니다. 그래서 불교에서는 무아를 가르치면서 자의식이라는 불꽃을 가라앉히라고 이야기하는 겁니다. 해탈이란 자아에 대한 집착, 그러니까 해묵은 자의식을 버려서 마침내 마음에 평화와 행복이 깃드는 상태를 말하는 것이니까요.

2.

무아를 의미하는 산스크리트어 '아나트만anātman'이라는 글자를 들여다보세요. 이 글자에는 부정을 뜻하는 접두사 '안an', 그리고 불변하는 자아를 뜻하는 '아트만atman'이 들어 있습니다. 여기서 아트만을 단순한 자아로 오해해서는 안 됩니다. 그것은 평생 동안 변하지 않는 자아, 심지어 이 세상을 떠나 육신이 썩어 없어져도 소멸하지 않는 불변하는 자아를 뜻하기 때문입니다. 이것이 바로 싯다르타가 살았던 당시 인도 브라만 사상가들의 생각이었습니다. 그러니까 기독교에서 말하는 불변하는 영혼과 비슷한 것이 바로 아트만인 셈입니다. 자아에 대한 집착 중 최고의 집착이 바로 이런 종교적인 자아에 대한 집착이라고 할 수 있습니다. 자신의 젊은 시절의 모습에 집착하는 마음은 살아 있을 때 극복될 수도 있지만, 불멸하는 영혼은 죽어서야 확인할 수 있는 것이기에 살아 있는 동안에는 결코 극복하기 힘들기 때문입니다. 광신도들의 집착을 치유하기가 힘든 이유도 바로 여기에 있습니다. 아직도 살아 있기 때문에 광신도는 죽은 뒤에 존재할 불변하는 영혼에 대한 집착에서 벗어나기 힘듭니다. 불변하는 자아나 그것을 만들었다는 신, 혹은 죽은 다음의 영원한 삶에 몰입하느라 친구와 가족들에게 최소한의 애정도 주지 않는 광신도를 생각해 보세요.

자아를 만들어 그것에 집착하는 것도 우리 마음이고, 동시에 집착을 끊는 것도 바로 우리 마음입니다. 2세기경 인도 중부에서 활동했던 이론가 마명馬鳴, Aśvaghoṣa이 지었다고 알려진 《대승기신론大乘起信論, Mahāyāna-śraddhotpāda-sāstra》에서 우리 마음에는 생멸

生滅의 측면과 아울러 진여眞如의 측면도 있다고 강조했던 것도 이런 이유에서입니다. 집착 때문에 마음이 희로애락으로 널뛰기하는 것이 생멸의 마음이라면, 집착을 끊어서 마음이 고요한 물처럼 안정된 것이 바로 진여의 마음이라는 겁니다. 결국 생멸의 마음이 자의식이 지배하는 마음이라면, 진여의 마음은 자의식을 극복한 마음이라고 할 수 있을 겁니다. 《무문관》의 서른 번째 관문에 등장하는 대매大梅, 752-839 스님과 마조馬祖, 709-788 스님 사이의 선문답도 바로 마음의 이런 측면을 다루고 있습니다. 대매 스님이 부처, 그러니까 진여의 마음을 갖춘 사람이 되려면 어떻게 해야 하느냐고 묻자, 마조 스님은 "마음에 이르면 부처卽心是佛"라고 대답합니다.

여기서 잠깐 사족 하나를 붙여야 할 것 같습니다. 보통 '즉심시불卽心是佛'은 '마음이 곧 부처'라고 번역됩니다. '즉卽'이라는 글자를 '곧'이나 '바로'를 의미하는 부사로 본 것입니다. 그렇지만 문법적으로 이런 해석이 가능하려면, '즉심시불'이 아니라 '심즉시불心卽是佛'이 되어야 합니다. 부사는 술어 앞에 와야 하는 것이니까요. 그래서 문법적으로 '즉심卽心'이라는 구절을 술어와 목적어의 관계로 독해하는 것이 더 타당할 겁니다. 즉위卽位라는 말처럼 말입니다. 즉위는 군주의 자리[位]에 '이른다', 혹은 '오른다'는 의미입니다. 이처럼 '즉심'도 '마음에 이른다'나 '마음에 오른다'는 의미로 독해하는 것이 어떨까요. 그렇다면 '즉심시불'은 '마음에 이르면 부처다'라는 뜻으로 번역될 수 있습니다. '마음에 이르면 부처다'라고 번역하면, 《무문관》 서른 번째 관문의 취지가 더 명료해질 수 있다는 이점이 있습니다.

3.

불교에서는 고통과 불만족을 낳는 자의식의 이면에는 그것을 극복한 깨달은 자의 마음이 있다고 이야기합니다. 그렇지만 이것은 불교만의 통찰이 아닙니다. 현대 프랑스 철학자 사르트르Jean-Paul Sartre, 1905-1980도 자의식의 이면에는 또 다른 의미에서의 의식, 그러니까 자의식보다 더 심층적인 의식이 있다는 것을 알았으니까요. 사르트르는 그것을 '무반성적인 의식conscience non réflexive'이라고 부릅니다. '무반성적'이라고 해서 멍청한 정신 상태나 흐리멍덩한 의식 상태를 가리키는 것은 아닙니다. 단지 자의식이 없는 마음, 그러니까 '나'라는 집착이 없는 마음, 그래서 모든 것에 열려 있고 깨어 있는 마음이 바로 무반성적인 마음이니까요. 흥미로운 일이지 않나요? 사르트르라는 프랑스의 철학자가 고요하고 잔잔하기에 모든 것을 비추고 있는 호수와 같은 마음, 즉 진여의 마음을 발견했다는 사실이 말이지요.

사르트르의 이야기가 조금 어렵게 느껴지신다면, 그의 책 《자아의 초월성La transcendence de l'Ego》을 조금 넘겨 볼 필요가 있을 것 같습니다. "무반성적인 의식에는 어떤 '나'도 존재하지 않는다. (…) 내가 시내전차를 잡으려고 따라갈 때, 내가 시간을 볼 때, 내가 그림을 응시하는 데 몰두할 때, 어떤 '나'도 존재하지 않는다." 사르트르의 말처럼 그림을 응시할 때, 우리의 마음은 깨어 있습니다. 이럴 때 만일 자의식이 있다면, 다시 말해 자신과 관련된 다른 일을 생각하거나 그것에 집착한다면, 우리는 그림에 마음을 둘 수도 없을 겁니다. 여기서 '나'라는 의식, 즉 자의식이 작동한다면 무반성적인 의식은 은폐될 수밖에 없다는 사실이 중요합니다. 이제 무반성적인 의식의 의미가 분명해진 것 같습니다. 이 의식은 결코 흐리멍덩한 의식 상태를 의미하지 않습니다. 오히려 그 반대라고 할 수 있습니다. 무반성적 의식은 삶의 세계에 열려 활발발하게 작동하고 있는 마음을 가리키는 것이니까요.

사르트르의 도움으로 우리는 자의식이 탄생하는 메커니즘을 이해하게 됩니다. 무반성적 의식이 자신을 의식하는 반성적인 의식이 될 때, 바로 이 순간 '나'라는 관념이 출현하게 됩니다. 여기서 심각한 문제가 벌어집니다. 이렇게 자의식의 지배를 받는 순간, 우리에게 무반성적 의식은 은폐될 수밖에 없으니까 말입니다. 당연히 있는 그대로의 세계가 우리 마음에 들어올 여지도 흔적도 없이 사라질 것입니다. 그러니 어떻게 자비의 마음이 출현할 수 있겠습니까. 자신에게만 몰입하는 마음이 타인을 품어 준다는 것은 있을 수도 없는 일이니까요. 자기만 아끼는 사람이 타인을 돌볼 수 없는 것도 이런 이유에서입니다. 그래서 선종에서는 '덕산방德山棒'이니 '임제할臨濟喝'과 같은 충격 요법이 있었던 겁니다. 제자들을 가르칠 때 덕산 스님이 '몽둥이[棒]'를, 그리고 임제臨濟, ?-866 스님이 '고함 소리[喝]'를 사용했던 것은 유명한 일입니다.

무엇 때문에 덕산과 임제는 이런 파격을 행했던 것일까요? 제자가 자의식이 강할 때, 그러니까 무엇인가를 고민하면서 내면에 빠져 있을 때, 두 스님은 갑자기 몽둥이를 내려치거나 갑자기 소리를 질러 제자의 마음을 깨우고자 했던 것입니다. 갑작스런 외부의 충격은 일순간이나마 자의식의 활동을 완화시키거나 중지시키기 때문이지요. 바로 이 순간 사라진 것처럼 보이던 무반성적인 의식, 그러니까 활발발한 마음이 다시 출현하게 될 것입니다. 무반성적인 의식 상태에서 자의식이 사라진다는 사실이 중요합니다. '무아'의 상태가 시작된 것이니까요. 이것이 바로 해탈 아닌가요. 그렇습니다. 즉심시불! 자의식을 떠나서 마음에 이르게 되었을 때, 우리는 나 자신에 사로잡힌 평범한 인간이 아니라 세계에 열려 있는 부처가 된다는 것입니다. '안으로 들어가지 말고 바깥으로 나가라!' 이것이 바로 무아와 해탈을 꿈꾸는 모든 수행자들의 실천적 슬로건이라고 할 수 있습니다. 놀라운 것은 이것이야말로 사르트르로 대표되는 실존주의existentialism의 정신이기도 하다는 점입니다. 실존existence이라는 말 자체가 우리 인간이란 '밖으로 ex' 향하는 '존재istence'라는 것을 의미하기 때문이지요.

안으로 들어가지 말고 바깥으로 나가라!

©김연태

내재로의 당당한 길

어느 스님이 "어떤 것이 부처입니까?"라고 묻자, 운문 스님은 "마른 똥 막대기"라고 말했다.

《무문관》 21칙, '운문시궐(雲門屎橛)'

1.

보통 한국사회의 종교는 불교와 기독교로 양분되어 있다고 합니다. 그렇지만 이것은 불교 입장에서는 기분이 좋을 리 없는 평가입니다. 근본적으로 불교는 신과 같은 절대자를 숭배하는 초월종교와 함께 분류될 수 없기 때문입니다. 그렇습니다. 절대적 존재로서 신을 숭배하는 초월종교인 기독교와 달리 불교는 내재적 사유 체계입니다. 초월transcendence이 우리의 삶과 세계를 넘어서는 곳을 지향한다면, 내재immanence는 우리가 하루하루 살아가는 세계와 그 속에서 펼쳐지는 인간의 삶을 긍정하는 입장입니다. 그러니까 내재적 사유에 따르면 우리 자신의 노력에 따라 세계가 극락도 될 수 있고 지옥도 될 수 있는 겁니다. 어떻게 살아야 하는지에 따라 삶 자체의 행복과 불행이 결정된다는 입장, 이것이 내재적 사유가 기독교와 같은 초월종교와 다른 지점입니다. 간단히 말해 기독교에서는 어떤 노력을 해도 인간이 절대로 신이 될 수 없다고 말한다면, 불교는 노력 여하에 따라 인간이 신처럼 될 수 있다고 말한다는 겁니다.

그렇습니다. 기독교에서 인간은 어떤 노력을 해도 신이나 예수가 될 수는 없습니다. 우리는 심판의 대상, 혹은 구원의 대상에 불과하기 때문입니다. 기독교에서 인간은 원죄를 가진 죄인으로서 이 세상을 살아갈 수밖에 없습니다. 아담과 이브에서 시작된 일종의 연좌제적 사유인 셈이지요. 부모가 죄인이니 자식도 죄인이라는 조금은 유치한 발상입니다. 어쨌든 만약 행복이 있다면, 그것은 사후에 심판을 거쳐야 간신히 허락된다는 겁니다. 그러니 살아 있을 때 기독교인들은 항상 경건하고 숙연하게 살아야 합니다. 재판을 앞둔 피고인처럼 말이지요. 그렇지만 불교에서는 사정이 다릅니다. 우리는 누구나 부처가 될 수 있으니까요. 이것은 바로 현재 살아가는 삶에서 우리가 행복을 만끽할 수 있다는 말입니다. 선사들의 장난기 가득한 웃음이 가능했던 것도 이런 이유에서지요. 돌아보세요. 사찰을 떠나 집으로 돌아가는 우리를 보고 스님들이 간곡히 기원하던 말이 무엇이었던가요. "성불하세요!" 성불! 그렇습니다. 완전히 자유로운 사람, 주인공처럼 당당한 사람, 그래서 모든 것을 사랑하는 사람이 될 수 있다는 겁니다. 바로 이런 사람이 부처니까 말입니다. 우리는 집착으로 고통과 불만족에 시름하는 평범한 사람으로 살 수도 있고, 아니면 모든 집착을 끊은 부처로서 살 수도 있는 겁니다.

초월종교에서는 신과 인간 사이에 건널 수 없는 차이가 존재합니다. 신이 완전·행복·전지전능·순수·고귀함·권력 등등의 가치를 상징한다면, 인간은 불완전·불행·무지·무능·타락·저열함 등을 상징하니까요. 그러니까 인간은 신에게 모든 것을 의탁할 수밖에 없습니다. 자신은 나약하고 오류를 범할 수밖에 없으니 신에게 의지한 채 살아가는 것이지요. 이 대목에서 불교도 초월종교가 아닌지 고개를 갸우뚱거리시는 분이 있을 겁니다. 108배를 바친다거나 불상에 기원하는 경배 행위를 불교에서도 하고 있기 때문입니다. 어쨌든 불상으로 상징된 수많은 부처들이 나와 다른 고귀한 존재라는 생각이 깔려 있지 않다면, 그런 경배 행위는 생각할 수도 없는 일이니까요. 바로 이런 모습 때문에 불교가 기독교와 함께 우리 사회를 양분하는 초월종교라는 오해가 발생한 것입니다.

2.

우리는 존경하는 사람에게 인사를 합니다. 그리고 그에게 우리 삶의 고민을 털어놓고 조언을 구합니다. 그렇지만 이 순간 우리는 속으로 다짐합니다. 언젠가 나도 저분처럼 스스로 삶을 냉철하게 볼 수 있는 성숙한 사람이 되어야 한다고 말입니다. 그렇습니다. 불상에게 예배하는 행위는 이런 의미가 아니면 어떤 가치도 없는 행위입니다. 성불할 때까지, 그러니까 자신이 부처가 될 때까지 부처가 되었던 사람에게 예의를 표하는 것입니다. 그래서인지 사찰에 가면 싯다르타 이외에도 너무나 많은 불상이 있습니다. 그 불상들은 모두 이 세상을 살아가면서 깨달음을 얻어 부처가 되었던 사람들을 기리는 것입니다. 미륵이라는 부처도 사실 치열한 노력으로 깨달음에 이른 인도 사람 마이트레야Maitreya, 270?-350?를 가리키는 것이지요. 그렇지만 너무 존경이 커서 그런지, 혹은 스스로 너무나 보잘 것 없다고 좌절해서 그런지 일반 불교 신도들은 미륵을 마치 신처럼 생각하고 의지하기도 합니다.

대부분의 불교 신도들은 불상에 대한 경배 행위를 통해 기독교 신도가 그렇듯이 마음의 평화를 얻기도 합니다. 이것은 숨길 수 없는 사실입니다. 그렇지만 이런 식으로 부처에게 의지한다면, 우리는 절대로 성불할 수 없습니다. 부처란 당당한 주인공으로 자신의 삶을 영위하는 사람이니까요. 그러나 부처가 되기 위한 치열한 노력을 감당하기 힘들다면, 그나마 깨달은 사람의 가르침에 의지하는 것도 행복한 삶을 영위하는 데 도움이 되는 것은 사실입니다. 불교에서의 경배 행위가 일종의 방편方便, upāya인 것도 이런 이유에서입니다. 하지만 스스로 부처가 되려고 결심한 스님이라면 무소의 뿔처럼 혼자 당당히 나아가려는 치열한 구도 정신을 버리고 과거의 부처에 의지할 수는 없는 법입니다. 이제야 《무문관》의 스물한 번째 관문을 통과할 준비를 모두 갖춘 것 같습니다.

부처가 무엇이냐는 제자의 질문에 대한 운문雲門, 864-949 스님의 대답은 차라리 충격적이기까지 합니다. "마른 똥 막대기乾屎橛!" 부처가 더럽고 추한 마른 똥 막대기라니, 운문 스님은 지금 미친 것일까요? 바로 이 대목이 여러분이 통과해야 할 관문입니다. 성스러운 부처에 모욕을 가하는 운문 스님의 속내는 무엇이었을까

"스스로 주인공이 되려고 결심한 놈이
다른 놈을 흉내 낸다니 말이 되는 소리인가!"

요. 지금 운문 스님은 사찰에 모신 황금 불상, 그러니까 도금한 불상을 염두에 두고 이야기를 한 것 같습니다. 황금만큼 똥색이 나는 것도 없으니까요. 아마 제자는 위엄이 넘치며 심지어 화려하기까지 한 황금 불상을 보면서, 어떻게 해야 자신도 저런 부처가 될 수 있는지 궁금했나 봅니다. 그렇지만 과거에 깨달았던 사람이 높아 보이면, 현재 수행하고 있는 자신이 낮아 보이는 법입니다. 그리고 이어서 부처가 되는 것이 너무나 먼 일로 보여 절망하게 되겠지요. "마른 똥 막대기!" 지금 운문 스님은 제자의 숭배 대상을 똥통에 던져 버린 것입니다. 숭배하는 것이 없을 때에만, 제자는 스스로 주인공이 될 수 있을 테니까 말입니다.

3.

운문 스님의 우상파괴는 과거의 부처들을 숭배하느라 자신이 부처가 될 수 있다는 사실을 망각한 제자를 깨우려는 사자후였던 셈입니다. "스스로 주인공이 되려고 결심한 놈이 다른 놈을 흉내 낸다니 말이 되는 소리인가!" 지금 운문의 제자는 주인공, 그러니까 주연의 자리를 버리고 조연을 선택하려고 했던 겁니다. 다른 것을 숭배한다는 것은 그것을 주인공으로 받아들인다는 것을 의미합니다. 바로 그 순간 우리의 삶은 조연의 삶으로 전락하게 될 겁니다. 그리고 그만큼 깨달음과 해탈에서 멀어질 수밖에 없겠지요. 깨달음은 자신이 주인공이라는 것을 절실하게 아는 것이고, 해탈은 조연의 삶에서 벗어나는 것을 의미하니까요. 바로 이것입니다. 운문 스님은 지금 자신의 제자가 초월과 내재 사이에서 갈등하고 있다는 사실을 직감했던 겁니다. 평범한 불교 신도가 되는 속박의 길과 스스로 부처가 되는 해탈의 길, 그 갈림길 사이에 제자는 서 있었던 겁니다.

"마른 똥 막대기!"라는 호통으로 운문 스님은 평범한 신도가 되는 길, 그러니까 초월종교로 가는 길 자체를 끊어 버린 것입니다. 운문이 얼마나 그의 제자를 사랑했는지 미루어 짐작이 가는 대목입니다. 이제 제자에게는 스스로 부처가 되는 해탈의 길, 즉 내재성의 길만이 남겨진 셈입니다. 이처럼 초월종교인 기독교와 달리 불교는 내재적 사유입니다. 기독교는 인간을 조연으로 만들지만, 불교는 인간을 주연으로 긍정하기 때문이지요. 그렇지만 이것이 과연 불교만의 생각일까요? 위대한 정치철학자 바쿠닌Mikhail Bakounin, 1814-1876도 자신의 주저 《신과 국가Dieu et l'État》에서 다음과 같이 말했던 적이 있으니까요. "신에 대해 생각하는 것은 인간적인 이성과 정의를 포기하는 것을 의미한다. 이는 인간의 자유를 가장 결정적으로 부정하는 것이며, 필연적으로 인간들을 명실상부한 노예 상태로 이끈다." 아마 바쿠닌이었다면 교회나 성당에 들어가서 십자가를 보고 녹슨 쇳덩어리라고 이야기했을지도 모릅니다. 숭배 대상이 파괴되어야, 우리는 자신의 삶을 긍정할 수 있을 테니까 말입니다.

만약 십자가를 두고 "녹슨 쇳덩어리!"라고 바쿠닌이 외쳤다면, 교회나 성당에서는 난리가 났을 것입니다. 바쿠닌은 이단이나 사탄 취급을 받고 화형에 처해졌을지도 모릅니다. 십자가는 인간이 결코 이를 수 없는 절대적인 초월자의 상징이기 때문입니다. 하지만 우리는 운문 스님이 파문을 당했다는 이야기를 들어본 적이 없습니다. 이것은 불교가 아무리 초월종교의 색채를 띠고 있다고 하더라도 근본적으로 내재적 사유일 수밖에 없다는 것을 보여주는 것 아닐까요. 스물한 번째 관문을 지나다 보니 젊은 시절 어느 사찰에서의 경험이 떠오릅니다. 당시 패기만만했던 저는 어느 스님에게 말했습니다. "불상에게 경배한다면, 불교가 어떻게 기독교와 달라지겠습니까?" 그러자 노스님은 미소를 띠면서 제게 말했습니다. "불상은 선생님이 되어야 할 모습이니, 경배한다는 것이 무슨 허물이 되겠습니까? 알아서 하십시오." 한 방 제대로 얻어맞은 셈입니다. 노스님이 살아 계신지 궁금해집니다. 이제 스님께도 제대로 경배하고 싶으니까요. 합장!

마주침과 헤어짐의 기로

월암 화상이 어느 스님에게 물었다. "해중은 100개의 바퀴살을 가진 수레를 만들었지만, 두 바퀴를 들어내고 축을 떼어 버렸다. 도대체 그는 무엇을 보여 주려고 한 것인가?"

《무문관》 8칙, '해중조거(奚仲造車)'

1.

불교에 관심을 가진 분이라면 '오온五蘊, pañca-skandha'이라는 말을 들어 보신 적이 있을 겁니다. 오온은 한자 의미 그대로 '다섯 가지 덩어리'라는 뜻을 가지고 있습니다. 싯다르타가 우리 인간을 분석할 때 사용했던 개념입니다. 싯다르타는 우리 인간이 다섯 가지 덩어리로 구성되어 있는 존재라고 보았습니다. 그 다섯 가지는 색色, rūpa, 수受, vedanā, 상想, samjñā, 행行, samskāra, 식識, vijñāna입니다. 여기서 색이 육체작용, 수는 감각작용, 상은 표상작용, 행은 의지작용, 그리고 마지막으로 식은 판단작용을 가리키는 말입니다. 그렇다면 오온설을 제안했던 싯다르타의 속내는 무엇이었을까요? 바로 인간에게는 고정 불변한 자아가 존재하지 않는다고 알려 주는 것입니다. 인간을 구성한다는 오온에 자아가 포함되지 않는 것도 바로 이런 이유에서입니다.

당연한 일 아닌가요? 스스로 자신을 돌아보세요. 육체작용, 감각작용, 표상작용, 의지작용, 그리고 판단작용을 제외하고 불변하는 자아를 내면에서 발견하실 수 있나요? 이렇게 오온을 제외하고 불변하는 자아를 결코 찾을 수 없다는 것, 이것이 바로 싯다르타가 오온설을 제안했던 근본적인 이유라고 할 수 있습니다. 흥미로운 것은 오온 중 어느 하나라도 사라지게 된다면, 우리의 삶은 파괴될 수밖에 없다는 점입니다. 예를 들어 항문이 막힌다거나 심장이 멈추는 등 육체작용이 그친다면 우리는 바로 사망에 이르게 될 겁니다. 감각작용의 경우를 생각해 볼까요? 만일 뜨거움을 느끼지 못하거나 물을 보지 못하거나 혹은 유독가스 냄새를 맡지 못하는 등 감각작용이 불가능해진다면, 생명의 불꽃은 얼마 지나지 않아 허망하게 꺼지게 되겠지요. 이것은 표상작용, 의지작용, 판단작용의 경우도 마찬가지일 겁니다.

오온 중 어느 하나가 극단적으로 사라지면, 우리의 삶도 존재할 수 없을 겁니다. 이런 극단적인 경우가 아니더라도 오온 중 하나가 과거와 다르게 작동하는 경우도 있을 수 있을 겁니다. 이런 경우라면 생명에는 별다른 지장은 없지만, 우리는 과거와 사뭇 다른 모습을 띠게 될 겁니다. 교통사고로 다리를 잃게 되어 육체작용이 과거와 다른 경우를 생각해 보세요. 이때 우리는 겉모습에서나 내면에서 과거와는 완전히 다른 사람이 될 것입니다. 과거에는 의지의 대상이 돈이었는데 지금은 깨달음이 의지의 대상인 경우를 생각해 보세요. 이때 우리는 탐욕스러운 사람에서 구도자로 변하게 될 겁니다. 이런 식으로 우리의 자아는 불변하는 것이라기보다 오온이 작동하는 방식과 강도에 따라 요동치는 것이라고 할 수 있습니다. 그러니 당연히 영원불변한 아트만과 같은 자아가 존재한다는 주장은 어불성설인 셈이지요.

2.

서양 클래식 음악의 다양한 장르 중 현악사중주가 있습니다. 네 대의 현악기, 그러니까 제1바이올린, 제2바이올린, 비올라, 첼로가 모여 아름다운 화음을 연출하는 것이 현악사중주이지요. 혹시 〈종달새Letchen〉라는 이름이 붙여진 현악사중주곡을 들어 보신 적이 있나요? 현악사중주의 연주 형식을 완성한 하이든Joseph Haydn, 1732-1809이 작곡한 아름다운 곡입니다. 〈종달새〉를 들어 본 사람이라면, 그 경쾌하고 익숙한 멜로디를 금방 어렵지 않게 흥얼거릴 수 있을 겁니다. 그렇지만 어느 현악사중주단이 연주하느냐에 따라 〈종달새〉는 전혀 다른 느낌을 줍니다. 또한 동일한 현악사중주단이라고 할지라도, 〈종달새〉는 미묘한 뉘앙스의 차이를 보일 수밖에 없습니다. 비올라 연주자가 감기에 걸렸거나 혹은 어떤 이유로 상심하고 있다면, 동일한 현악사중주단의 연주도 그만큼 달라질 수밖에 없을 테니까 말입니다.

현악사중주의 비유만큼 싯다르타의 오온설을 설명하는 데 좋은 것도 없을 것 같습니다. 〈종달새〉라는 곡은 우리의 일상적인 자아를, 그리고 네 대의 현악기는 오온을 상징할 수 있을 테니까 말입니다. 한번 생각해 보세요. 두 대의 바이올린, 비올라, 그리고 첼로라는 악기가 자신만의 파트를 연주하지 않는다면 〈종달새〉는 존재할 수도 없을 겁니다. 그렇습니다. 네 대의 현악기가 함께 연주되지 않는다면, 〈종달새〉는 존재할 수도 없는 법입니다. 연주가 이루어지지 않았는데도 〈종달새〉가 영원불변한 채로 있다고 믿을 수도 있을 겁니다. 그렇지만 이것은 사태를 있는 그대로의 모습으로, 즉 여여하게 직시한 것이라고 볼 수 없습니다. 연주가 없는데도 〈종달새〉를 떠올렸다면, 이것은 우리가 과거에 연주를 들었던 경험을 떠올리고 그것에 집착한다는 사실만을 보여 주는 셈입니다.

드디어 《무문관》의 여덟 번째 관문을 통과할 준비가 어느 정도 된 것 같습니다. 이 관문을 굳건히 지키고 있는 사람은 월암月庵, 1079-1152 스님입니다. 관문을 막고 서서 월암 스님은 화두 하나를 던지며 우리에게 겁을 줍니다. 자신이 던진 문제를 풀지 못하면, 여덟 번째 관문을 통과할 수 없다고 우리를 닦달하면서 말입니다. "해중奚仲은 100개의 바퀴살을 가진 수레를 만들었지만, 두 바퀴를 들어내고 축을 떼어 버렸다. 도대체 그는 무엇을 보여 주려고 한 것인가?" 중국의 전설적인 장인 해중奚仲은 수레 제조의 천재였습니다. 현재 좋은 자전거도 바퀴살이 40개를 넘지 않습니다. 그런데 바퀴살이 100개나 되는 바퀴를 만들었다는 것은 해중이라는 장인이 얼마나 실력이 탁월한지, 그리고 그가 만든 수레가 얼마나 고가의 것인지를 어렵지 않게 짐작하도록 합니다. 그런 고

©오영섭

인연의 마주침을 만끽해야 하지만 동시에
인연이 끝날 때 집착하지 말 것!

가의 수레를 천연덕스럽게 해중은 해체해 버린 겁니다. 도대체 해중은 무엇 때문에 수레를 해체했던 것일까요?

3.

해중이 수레를 해체했을 때, 그 고가의 수레는 어디로 갔을까요? 바퀴에 갔을까요? 아니면 축에 갔을까요? 아니면 기독교에서 말하는 천국이나 플라톤Platōn, BC427-BC347이 말하는 이데아의 세계에 갔을까요? 수레는 아무 데도 가지 않았습니다! 만일 어딘가로 갔다면, 단지 그것은 해체되기 전 고가의 수레를 탐내며 보았던 사람의 마음속에만 있는 겁니다. 그런 사람에게 고가로 팔 수 있었지만 불행히도 잔해로 변해 버린 수레는 안타까움과 슬픔을 자아낼 겁니다. 집착은 바로 이런 식으로 발생하는 것이지요. 해체되는 순간, 수레는 존재하지 않는 겁니다. 불행히도 이런 통찰은 있는 그대로 사태를 보는 사람에게만 가능한 일일 겁니다. 평범한 사람이라면 고가의 수레가 마음에서 떠나지 않을 겁니다. '그렇게 부수어 버릴 것이라면, 내게 주면 얼마나 좋아.' 이런 마음을 가진 사람이 어떻게 해중이 수레를 과감하게 해체한 이유를 깨달을 수 있겠습니까. 이제야 월암 스님이 여덟 번째 관문을 지키면서 해중이라는 장인과 관련된 화두를 던진 이유가 분명해집니다.

월암 스님은 우리들에게 무아의 가르침을 깨달아 불변하는 것에 대한 집착에서 벗어나라고 촉구하고 있었던 겁니다. 유식학파를 체계화했던 바수반두Vasubandhu, 320?-400?가 《구사론俱舍論, Abhidharmakośa》에서 말한 것처럼 이 세상의 모든 것들은 '인연화합因緣和合, saṃniveśa'의 결과물이라고 할 수 있습니다. 그러니까 우리 자신이나 우리가 보고 있는 사물·사건들은 다양한 원인[因, hetu]과 조건[緣, pratyaya]들이 조화롭게 결합되어 만들어진 것에 지나지 않는다는 겁니다. 마치 하이든의 〈종달새〉가 네 대의 현악기가 조화롭게 결합되어 하나의 선율을 만들어 내는 것처럼 말입니다. 만일 월암 스님이 현악사중주를 알았다면, 이것을 비유로 채택했을지도 모릅니다. 그렇지만 해중의 비유도 현악사중주 못지않게 절묘하기만 합니다. 아니, 더 탁월한 비유라고 할 수 있을 겁니다. 고가의 수레는 다양한 부속품들의 하모니로 출현한 것에 지나지 않는다는 가르침뿐만 아니라, 동시에 고가의 수레에 대한 집착이 어떻게 발생하는지도 동시에 설명해 줄 수 있기 때문입니다.

고가의 수레는 바퀴나 축을 포함한 다양한 부속품들이 모여서 발생한 표면적인 효과에 지나지 않는 것입니다. 하지만 그 수레가 고가이기 때문에, 즉 너무나 희귀하고 소중한 것이기 때문에 집착의 대상이 될 수도 있는 법입니다. 월암 스님이 해중이 만든 귀한 수레를 화두의 소재로 삼은 것도 이런 이유에서일 겁니다. 고가의 수레는 우리가 소중하다고 여기는 것들, 그러니까 자아·생명·건강·사랑 등등을 상징할 수 있을 테니까 말입니다. 이런 것들은 모두 해중의 수레나 하이든의 〈종달새〉처럼 영원불변한 것이 아닙니다. 단지 여러 원인과 조건들이 모여 함께 하나의 하모니로 울릴 때 간신히 존재하는 것들에 지나지 않으니까요. 당연히 인연이 다 끝난다면, 신기루처럼 사라질 수밖에 없는 것들입니다. 물론 그렇다고 해서 허무주의에 빠져서는 안 됩니다. 어쨌든 〈종달새〉는 지금도 어느 순간 멋진 현악사중주단을 만나 사람들을 감동시킬 것이고, 기후나 일조량 등 다양한 조건들과 만난 어느 멋진 꽃도 어디에선가 자신의 아름다운 자태를 뽐낼 테니까 말입니다. 인연의 마주침을 만끽해야 하지만 동시에 인연이 끝날 때 집착하지 말 것! 이것이 바로 '중도'의 진정한 의미가 아닐까요. 중도란 세상의 이면에 불변하는 무언가가 있다는 극단적인 본질주의와 세상은 덧없이 변한다는 극단적인 허무주의, 어느 한쪽에도 기울어지지 않는 것이니까요.

이르는 곳마다 편안한 여행

동산 스님이 설법하려고 할 때, 운문 스님이 물었다. "최근에 어느 곳을 떠나 왔는가?" 동산은 "사도査渡입니다"라고 대답했다. 이어서 운문 스님이 "여름에는 어디에 있었는가?"라고 묻자, 동산은 "호남의 보자사報慈寺에 있었습니다"라고 대답했다. 바로 운문 스님이 "언제 그곳을 떠났는가?"라고 묻자, 동산은 "8월 25일에 떠났습니다"라고 대답했다. 그러자 운문 스님은 말했다. "세 차례 후려쳐야겠지만 너를 용서하마."

동산은 다음 날 다시 운문 스님의 처소로 올라와 물었다. "어저께 스님께서는 세 차례의 몽둥이질을 용서하셨지만, 저는 제 잘못이 어디에 있었는지 모르겠습니다." 그러자 운문 스님이 말했다. "이 밥통아! 강서로 그리고 호남으로 그런 식으로 돌아다녔던 것이냐!" 이 대목에서 동산은 크게 깨달았다.

《무문관》 15칙, '동산삼돈(洞山三頓)'

1.

전등사傳燈寺라는 사찰이 있습니다. 381년 고구려 소수림왕小

獸林王, ?-384 때 창건되었다고 하는 강화도에 있는 사찰이지요. 그리고 선불교에 조금이라도 관심이 있는 사람이라면 누구나 아는 《전등록》이라는 책도 있습니다. 중국 송宋나라 때, 정확히는 1004년에 도원이라는 스님이 지은 일종의 선불교 사상사지요. '전등傳燈'이라는 말에 주목할 필요가 있습니다. 그것은 이 단어만큼 선불교의 정신을 잘 보여 주는 개념도 없기 때문입니다 '전등'은 '전달한다'는 의미를 가진 '전傳'이라는 글자와 '등불'을 뜻하는 '등燈'이라는 글자로 구성되어 있습니다. 그러니까 등불을 전달한다는 것입니다. 언어나 문자가 아니라 깨달은 마음을 전달해 주는 것이 선불교의 정신입니다. 결국 이심전심을 은유적으로 표현한 것이 바로 '전등'이라고 할 수 있지요. 물론 그렇다고 해서 켜지지 않은 등잔에 불을 붙이는 것처럼 외부의 힘으로 깨달음이 인위적으로 이루어지는 것은 아닙니다. 깨달음을 얻은 스승이 할 수 있는 유일한 역할은 제자가 스스로 깨달음의 등불을 발화시키도록 격려하고 자극하는 것뿐입니다.

어느 사이엔가 제자의 마음속에도 자신과 타인을 모두 비추는 환한 등불이 켜지게 될 겁니다. 아마 마음이 마음으로 전해지는 바로 이 순간만큼 아름다운 순간도 없을 것 같습니다. 아무리 스스로 등불을 켠 것이라고 하더라도, 좋은 스승을 만나지 못했다면 깨달음을 얻지 못했거나 얻었다고 하더라도 아주 늦게 얻을 가능성이 있습니다. 그만큼 미리 깨달은 사람, 그러니까 선각자先覺者의 역할은 매우 중요한 것이라고 할 수 있습니다. 그래서인지 선불교에서는 깨달음이 깨달음으로 이어지는 계보가 무척 중요한 것일 수밖에 없습니다. 깨달음을 얻은 어느 선사를 이해하기 위해 학자들이 그가 어느 스승 밑에서 공부했는지 확인해 보려는 것도 다 이유가 있었던 셈입니다. 《무문관》을 편찬했던 무문 스님은 그럼 어떤 계보에 속하는 스님일까요?

무문 스님의 스승, 그 스승의 스승, 또 그 스승의 스승을 쭉 따라 올라가다 보면, 우리는 선불교의 역사에서 가장 강력한 카리스마를 뿜어냈던 스님 한 분을 만나게 됩니다. 바로 임제 스님입니다. 그렇습니다. 무문 스님은 임제의 정신을 잇고 있는 선사입니다. 아이러니한 것은 《무문관》의 48개의 관문에는 임제 스님을 눈을 씻고 찾아보려고 해도 흔적도 없다는 점입니다. 무슨 이유에서일까요? 무문 스님은 위대한 스승 임제를 부정했던 것일까요? 결코 그렇지 않습니다. 《무문관》을 읽다 보면 사정은 그 반대라는 것을 쉽게 확인할 수 있기 때문이지요. 임제가 너무나 위대했기에 무문 스님은 《무문관》이 만들어 놓은 48개의 관문 중 어느 하나를 지키는 역할을 부여할 수 없었던 것입니다. 공자孔子, BC551-BC479의 말을 빌리자면 "어떻게 닭을 잡는 데 소를 잡는 칼을 쓸 수 있겠습니까割鷄焉用牛刀?"

2.

사자처럼 단호하고 맹렬했던 임제 스님의 정신은 지금도 《임제록臨濟錄》에 남아 전해지고 있습니다. 임제의 속내를 가장 분명히 보여 주는 것은 "수처작주隨處作主, 입처개진立處皆眞"이라는 그의 사자후가 아닐까 싶습니다. '수처작주, 입처개진'이란 '이르는 곳마다 주인이 된다면, 서 있는 곳마다 모두 참되다'는 뜻입니다. 사실 이 여덟 글자의 가르침은 다음과 같은 임제의 도전적인 가르침을 요약한 것이라고 할 수 있습니다. "안이건 밖이건 만나는 것은 무엇이든지 바로 죽여 버려라. 부처를 만나면 부처를 죽이고, 조사를 만나면 조사를 죽이고, 나한을 만나면 나한을 죽이고, 부모를 만나면 부모를 죽이고, 친척을 만나면 친척을 죽여라. 그렇게 한다면 비로소 해탈할 수 있을 것이다." 잊지 말아야 합니다. 해탈한다는 것, 그래서 부처가 된다는 것은 일체의 외적인 권위에 좌지우지되는 것이 아니라 자신의 삶에 당당한 주인공이 된다는 것, 그 이상도 그 이하도 아니라는 사실을 말입니다.

그래서 임제 스님도 말했던 겁니다. 부처나 조사를 염두에 두고 그들을 존경하고 있다면, 혹은 부모나 친척을 염두에 두고 그들을 잊지 못한다면, 그 수행자는 아직 성불하지 못한 것이라고 말입니다. 여기서 흥미로운 것은 부모나 친척이 수행자에게 과거라면, 부처나 조사는 그에게 미래라는 사실입니다. 당연한 일이지요. 수행자는 미래에 부처나 조사가 되려는 사람이자 동시에 출가하기 전 과거에는 누군가의 아들이나 조카였을 테니 말입니다. 결국 미래를 끊고 과거를 끊어야 해탈할 수 있다는 것, 이것이 임제 스님이 말하고자 했던 겁니다. 미래와 과거를 끊었을 때, 우리는 어디에 있게 될까요. 당연히 그것은 현재라는 시제일 겁니다. 이제 "이르는 곳마다 주인이 된다면, 서 있는 곳마다 모두 참되다"라고 말한 임제 스님의 속내가 분명해지지 않나요.

결국 미래를 끊고 과거를 끊어야 해탈할 수 있다는 것,
이것이 임제 스님이 말하고자 했던 겁니다.
미래와 과거를 끊었을 때, 우리는 어디에 있게 될까요.
당연히 그것은 현재라는 시제일 겁니다.

이르는 곳마다 주인이 된다는 것은 현재의 삶에서 주인이 된다는 것을, 그리고 서 있는 곳마다 참되다는 것은 현재의 삶에서 주인이 되면 자신 앞에 펼쳐져 있는 모든 것과 허위가 아니라 있는 그대로 관계할 수 있다는 것을 말합니다. 그렇습니다. 출발했던 곳과 도달해야 할 곳, 과거와 미래를 모두 끊어야 합니다. 그럴 때 우리는 현재를 영위하는 주인이 될 수 있으니까 말입니다. 《무문관》의 열다섯 번째 관문에서 운문 스님이 동산洞山, 910-990 스님에게 몽둥이질을 하려고 했던 것도 바로 이런 이유에서입니다. "이 밥통아! 강서로 그리고 호남으로 그런 식으로 돌아다녔던 것이냐!" 어느 곳에서나 삶의 주인이 된다면, 바로 그것이 해탈이고 성불입니다. 그런데 동산 스님은 깨달음을 얻기 위해 이곳저곳을 돌아다닌 겁니다. 그러니 불호령을 내릴 수밖에요.

3.

여행에는 두 종류가 있습니다. 하나는 가짜 여행이고, 다른 하나는 진짜 여행입니다. 눈치가 빠르신 분은 무슨 말인지 금방 짐작하실 겁니다. 가짜 여행은 출발지도 있고 목적지도 있습니다. 그래서 가짜 여행을 하는 사람은 여행 도중에서도 항상 출발지와 목적지에 집착하느라 여행 자체를 즐길 수가 없을 겁니다. 서둘러 목적지에 도착해야 하고, 그리고 서둘러 출발지로 되돌아와야만 하니까요. 당연히 여행 도중에서 만나게 되는 코를 유혹하는 수많은 꽃 내음들, 뺨을 애무하는 바람들, 실개천의 속삭임들, 지나가는 마을에서 열리는 로맨틱한 축제조차도 그는 향유할 수도 없을 겁니다. 아니, 그는 우리의 삶을 풍성하게 하는 이런 사건과 사물들을 저주하기까지 할 것입니다. 이런 것들은 모두 목적지에 가는데 장애가 되는 것들이기 때문이지요. 결국 그에게 여행의 주인공은 그 자신이라기보다는 출발지와 도착지라고 해야 할 겁니다.

장자莊子, BC369-BC289?는 진짜 여행을 '소요유逍遙遊'라고 표현했던 적이 있습니다. 여기서 '소요逍遙'라는 말은 '아무런 목적도 없이 한가하다'는 의미입니다. 장자도 진짜 여행이란 출발지와 목적지에 집착하지 않는 여행이라는 것을 알았던 셈입니다. 진짜 여행을 하는 사람은 항상 여행 도중에 자유롭게 행동합니다. 멋진 곳이면 며칠이고 머물지만, 그렇지 않은 곳이면 과감하게 떠납니다. 간혹 아름다운 새를 쫓다가 다른 곳으로 가기도 일쑤입니다. 그는 출발지와 목적지의 노예가 아니라, 매번 출발지와 목적지를 만드는 주인이기 때문이지요. 알튀세르Louis Althusser, 1918-1990는 〈유물론 철학자의 초상Portrait du philosophe matérialiste〉이라는 글에서 이런 사람을 '유물론 철학자'라고 부릅니다. "그는 아주 늙었을 수도 있고, 아주 젊었을 수도 있다. 핵심적인 것은 그가 자신이 어디에 있는지 모른다는 것, 그리고 어디론가 가고 싶어 한다는 것이다. 이 때문에 언제나 그는 미국 서부영화에서 그런 것처럼 달리는 기차를 탄다. 자기가 어디서 와서(기원), 어디로 가는지(목적) 전혀 모르면서."

인간의 삶을 여행에 비유하는 경우가 있습니다. 그러나 정확히 말하자면 인간의 삶 자체가 바로 여행이라고 할 수 있습니다. 한 번밖에 없는 소중한 삶을 제대로 영위하려면 우리는 기원과 목적, 과거와 미래, 출발지와 목적지에 집착하지 말아야 합니다. 출발지와 목적지를 염두에 두지 않으니, 우리가 내딛는 걸음걸음마다 자연스럽고 여유로울 수밖에 없습니다. 임제 스님의 말처럼 모든 것이 참될 수밖에 없지요. 당연히 만나는 것마다 따뜻한 시선으로 모두 품어 줄 수 있을 겁니다. 반면 목적지로 가느라, 혹은 출발지로 되돌아오느라 분주한 사람에게 어떻게 자신을 돌보고 타인을 돌보는 '자리自利, ātma-hitam'와 '이타利他, para-hitam'의 자비로운 마음을 기대할 수 있겠습니까. 그러니 《무문관》의 열다섯 번째 관문을 통과하면서 우리의 가슴에 임제의 가르침을 한 글자 한 글자 깊게 아로새길 필요가 있습니다. '이를 수隨', '곳 처處', '될 작作', '주인 주主', '설 입立', '곳 처處', '모두 개皆', '참될 진眞'. 수처작주, 입처개진!

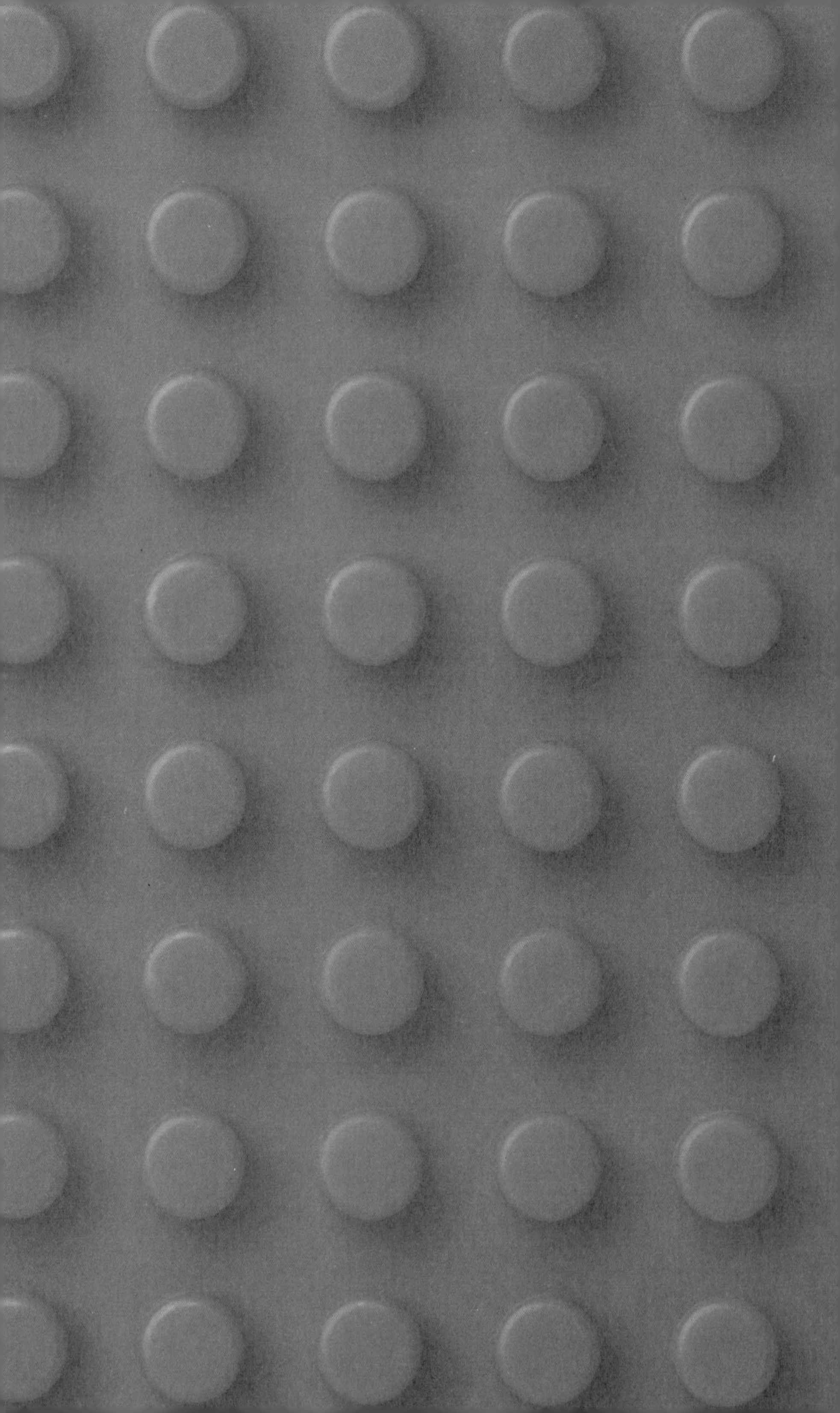

2부

바람처럼 자유롭게

높이 오르려고 할 때 그대들은 위를
올려다본다. 그러나 나는 이미 높은
곳에 있기 때문에 아래를 내려다본다.
가장 높은 산에 오르는 자는 모든
비극적 유희와 비극적 엄숙함을
비웃는다. 용기를 가져라, 개의치마라,
조롱하라, 난폭하게 행동하라!

니체

수많은 삶, 그만큼 많은 세계

옛날 석가모니가 영취산의 집회에서 꽃을 들어 대중들에게 보여 주었다. 이때 대중들은 모두 침묵했지만, 오직 위대한 가섭만이 환하게 미소를 지었다. 그러자 석가모니는 말했다. "내게는 올바른 법을 보는 안목, 즉 열반에 이른 미묘한 마음, 실상實相에는 상相이 없다는 미묘한 가르침이 있다. 그것은 문자로 표현할 수도 없어 가르침 이외에 별도로 전할 수밖에 없기에 위대한 가섭에게 맡기겠다."

《무문관》 6칙, '세존염화(世尊拈花)'

1.

불교의 창시자 싯다르타는 우리에게는 석가모니釋迦牟尼라는 이름으로 더 친근합니다. 사실 석가모니는 고유명사라기보다는 석가Śakya라는 부족의 성자muni를 뜻하는 말입니다. 과연 싯다르타는 성스러운 사람을 의미하는 석가모니라는 명칭을 탐탁하게 생각했을까요? 아마 그렇지 않았을 겁니다. 그는 제자나 다른 사람들이 자신을 일종의 '멘토'로 숭배하는 것을 바라지 않았습니다. 그가 진정으로 바란 것은 자신처럼 제자들도 그들 자신의 삶을 긍정하는 것이었습니다. '천상천하유아독존'이라는 깨달음은 자기 뿐만 아니라 모든 사람에게도 타당한 것이니까 말입니다. 다시 말해 싯다르타는 자신을 부처로 숭배하기보다는 제자들이 스스로 부처가 되는 것을 보고 싶었던 것입니다. 선생님을 계속 존경한다면 우리는 영원히 학생으로 남게 되고, 부모님의 말에 계속 복종한다면 우리는 영원히 자식으로 남을 수밖에 없는 일이니까요.

그래서 싯다르타의 가르침은 아이러니한 데가 있습니다. "내가 깨달은 것을 맹신하라!"라는 것이 아니기 때문이지요. 오히려 그의 가르침은 "나의 깨달음을 부정하라!"라는 역설적인 형식을 취할 수밖에 없습니다. 오직 그럴 때에만 제자들도 자신처럼 성불할 수 있을 테니까 말입니다. 모든 맹신은 맹신의 대상이 좋든 그렇지 않든 일종의 집착일 수밖에 없는 법입니다. 반대로 외적인 권위에 대한 부정은 모든 종류의 집착을 끊고 자유로 나아가는 지름길이라고 할 수 있습니다. 그렇습니다. 언젠가 자신만큼 자유로워져 무소의 뿔처럼 혼자서 걸어가는 제자들의 모습을 기다리며, 싯다르타는 제자들을 가르쳤던 겁니다. 전설에 따르면 싯다르타는 주로 인도 중부 영취산靈鷲山, Gṛdhrakutaparvata에서 자신의 깨달음을 제자들에게 나누어 주려고 했다고 합니다.

《무문관》의 여섯 번째 관문은 우리를 바로 2,500여 년 전 영취산의 설법 현장으로 데리고 갑니다. 지금 영취산에서 싯다르타는 제자들에게 자신의 깨달음을 이야기하고 있습니다. 위대한 선생님의 말씀을 한마디라도 놓치지 않으려고 제자들은 엄청난 집중력을 발휘하고 있습니다. 어쩌면 방금 스승 싯다르타가 했던 말을 받아 적거나 아니면 그 뜻이 무엇인지를 생각하느라 여념이 없었을 겁니다. 그렇지만 싯다르타로서는 너무나 못마땅한 광경이었을 겁니다. 집착을 끊어 해탈의 길로 나아가야 할 제자들이 반대로 말과 글, 혹은 그 의미에 집착하는 아이러니한 사태가 펼쳐졌으니까요. 그래서였을까요. 싯다르타는 갑자기 꽃 한 송이를 들어 올려 제자들에게 보여 줍니다. 스승의 말에 집중하고 있던 제자들로서는 당혹스러운 사건이었을 겁니다. 무엇인가 비밀스런 가르침을 전하는 것 같은데, 그것이 무엇인지 짐작도 가지 않았으니까요.

2.

당연히 제자들은 심각하게 고민하기 시작합니다. '도대체 무슨 뜻일까?' '스승님은 왜 꽃을 들어 우리에게 보여 주시는 것일까?' '꽃은 무엇을 상징하는 것일까?' 그렇습니다. 싯다르타가 손에 들고 있는 꽃 한 송이는 제자들에게는 일종의 화두로 기능했던 겁니다. 제자들 중에는 기억력과 이해력이 탁월해 동료들에게 신망이 두터웠던 아난阿難, Ānanda, ?-?도 있었습니다. 25년간 싯다르타를 따랐던 탓일까요. 아난은 '다문제일多聞第一'이라고 불릴 정도로 싯다르타의 가르침을 많이 들었고 그만큼 많은 것을 암기하고 있던 제자입니다. 여기서 '다문제일'이란 가장 많이 들었다는 뜻입니다. 뒤에 싯다르타가 이 세상을 떠난 뒤, 아난이 스승의 가르침을 경전으로 정리하는 데 혁혁한 공을 세운 것도 다 이유가 있었던 셈이지요. 그렇지만 스승이 들고 있는 아름다운 꽃 한 송이 앞에서 아난마저도 무기력할 수밖에 없었습니다.

제자들의 모습에 실망하려고 하는 순간, 싯다르타의 눈에는 제자 한 명이 빙그레 웃고 있는 모습이 들어옵니다. 아난과 함께 쌍벽을 이루던 제자 가섭迦葉, Kāśyapa, ?-?이었습니다. 평소 지적인 이해에 몰두했던 아난과 달리 가섭은 철저히 자신에 직면하는 수행으로 일찌감치 싯다르타의 눈에 들었던 제자였습니다. 아난을 '다문제일'로 부르는 것처럼 가섭을 '두타제일頭陀第一'이라고 부르는 것도 이런 이유에서입니다. 여기서 두타頭陀, dhūta란 집착과 번뇌를 제거하려는 일상생활에서의 치열한 수행을 의미하는 말입니다. 어쨌든 가섭의 미소를 보고서 싯다르타는 비로소 안심하게 됩니다. 어차피 유한한 생명이니 싯다르타도 언젠가 이 세상을 떠날 수밖에 없는 일입니다. 누군가 자신이 애써 불을 지핀 깨달음의 등불을 보존해야만 합니다. 그렇지만 이제 안심입니다. 가섭이라면 자신이 떠난 뒤 뒷일을 충분히 감당할 테니까 말입니다.

《무문관》의 여섯 번째 관문에서 싯다르타가 들고 있던 아름다운 꽃과 함께 가섭의 환한 미소도 우리를 유혹하고 있습니다. 설상가상입니다. 싯다르타가 왜 꽃을 들었는지도 아직 아리송하기만 한데, 이제 가섭의 미소까지 우리를 당혹스럽게 만들고 있으니까요. 어떻게 미소가 깨달았다는 징표가 될 수 있었던 것일까요? 도대체 싯다르타는 가섭의 미소에서 무엇을 보았던 것일까요? 의문이 꼬리에 꼬리를 물고 이어지기만 합니다. 다행스럽게도 이어지는 싯다르타의 말을 통해 우리는 여섯 번째 관문을 통

©안태영

평범한 사람에게도 그만의 세계가 있고,
깨달은 사람에게도 그만의 세계가 있는 법입니다.
문제는 우리가 자신의 세계를 부정하고 다른 진짜 세계,
혹은 초월적인 세계를 꿈꾸고 있다는 데 있습니다.
이것이 바로 집착입니다.

과할 수 있는 중요한 실마리를 하나 얻게 됩니다. 싯다르타는 자신에게는 '열반에 이른 미묘한 마음'과 '실상實相에는 상相이 없다는 미묘한 가르침'이 있다고 이야기합니다. 사실 미묘한 마음이나 미묘한 가르침은 같은 말이라고 할 수 있습니다. 열반에 이른 미묘한 마음이란 실상에는 상이 없다는 사실을 깨달은 마음일 테니까 말입니다.

3.

"실상에는 상이 없다實相無相"라는 싯다르타의 가르침을 이해하려면 프루스트Marcel Proust, 1871-1922에게서 도움을 받는 것이 좋을 것 같습니다. 이 영민한 프랑스 소설가만큼 우리의 삶과 마음을 민감하게 포착했던 작가도 없을 테니까 말입니다. 자신의 걸작 《잃어버린 시간을 찾아서La recherche du temps perdu》에서 프루스트는 말했던 적이 있습니다. "세계는 모든 인간에게 참되지만 동시에 모든 인간마다 다르다. (…) 사실은 단 하나의 세계가 아니라, 몇백만의 세계, 인간의 눈동자 및 지성과 거의 동수인 세계가 있고, 그것이 아침마다 깨어난다." 사람들의 수만큼 세계가 존재한다는 이야기입니다. 그렇다면 당연히 우리 각자에게는 자기만의 세계가 있다는 것이지요. 그렇지만 하나의 세계가 나와 무관하게 객관적으로 존재한다고 쉽게 믿고 있는 사람들에게 프루스트의 이야기는 받아들이기 힘들 정도로 충격적일 겁니다. 그렇지만 과연 이런 믿음은 타당한 것일까요? 이것은 혹시 집착에 지나지 않는 것은 아닐까요?

예를 하나 들어 보지요. 여기 안경을 쓰는 사람이 있습니다. 그에게 안경을 쓰고 보는 세계와 안경을 벗고 맨눈으로 보는 세계는 매우 다를 겁니다. 전자가 뚜렷하고 명료한 세계라면, 후자는 불명료하고 탁한 세계일 테니까 말입니다. 그렇다면 둘 중 어느 것이 진짜 세계일까요? 불교 용어로 표현하자면 안경의 세계와 맨눈의 세계 중 어느 것이 실상일까요? 일반 사람들은 쉽게 안경의 세계가 진짜 세계라고 믿을 겁니다. 당연히 이런 사람들에게 맨눈의 세계는 가짜로 보일 것입니다. 이럴 때 바로 우리를 고통으로 내모는 집착이 발생하는 것 아닐까요. 안경의 세계가 진짜 세계라고 믿는 순간, 우리는 안경이 없으면 전전긍긍하게 되고 그만큼 안경과 안경의 세계에 집착하게 될 테니까요. 이제 "실상에는 상이 없다"라는 가르침이 납득이 되시나요. 싯다르타의 가르침은 실상, 그러니까 '유일한 진짜 세계'와 같은 것은 존재하지 않는다는 충격적인 선언이었던 셈입니다. 흥미로운 일 아닌가요. 2,000여 년이란 시간 간극이 있음에도 싯다르타와 프루스트가 동일한 이야기를 하고 있다는 사실이 말입니다.

그렇습니다. 까마귀에게도 그만의 세계가 있고, 물고기에도 그만의 세계가 있습니다. 또한 눈이 좋은 사람에게도 그만의 세계가 있고, 눈이 나쁜 사람에게도 그만의 세계가 있습니다. 마찬가지로 평범한 사람에게도 그만의 세계가 있고, 깨달은 사람에게도 그만의 세계가 있는 법입니다. 문제는 우리가 자신의 세계를 부정하고 다른 진짜 세계, 혹은 초월적인 세계를 꿈꾸고 있다는 데 있습니다. 이것이 바로 집착입니다. 자신이 보는 세계는 가짜고 스승이 보는 세계가 진짜라고 믿는다면, 제자들은 과연 부처가 될 수 있을까요? 아마 불가능할 겁니다. 깨달은 사람은 자기의 세계를 긍정하며 주인공으로서 자신의 삶을 영위하는 사람이니까요. 이제야 싯다르타의 꽃과 가섭의 미소가 어떤 의미를 가지는지 분명해진 것 같습니다. 어떤 아이가 아름다운 꽃을 보여 준다면, 누구나 그 아름다움에 저절로 환한 미소가 떠오를 겁니다. 반면 자기보다 우월한 어떤 사람이 꽃을 보여 준다면, 우리는 왜 그분이 꽃을 들었는지 고민하게 될 겁니다. 바로 이것입니다. 가섭은 꽃을 보고 기뻐했지만, 다른 제자들은 고민하고 있었습니다. 그래서 가섭의 환한 미소는 그만이 스승 싯다르타와 같은 수준에 이르렀다는 증거가 될 수 있었던 겁니다. 스승이 안중에도 없어야 꽃을 보고 환하게 미소를 지을 수 있는 법이니까요.

횡설수설이 모두 진리가 될 때

어느 스님이 물었다. "광명이 조용히 모든 세계에 두루 비치니…." 한 구절이 다 끝나기도 전에 운문 스님은 갑자기 말했다. "이것은 장졸 수재의 말 아닌가!" 그 스님은 "예"라고 대답했다. 그러자 운문 스님은 "말에 떨어졌군"이라고 말했다.

뒤에 사심 스님은 말했다. "자, 말해 보라! 어디가 그 스님이 말에 떨어진 곳인가?"

《무문관》 39칙, '운문화타(雲門話墮)'

1.

깨달음을 얻으려면 사찰에 가서 머리를 깎고 스님이 되어야만 할까요. 그렇지 않습니다. 비록 스님이 아니더라도 누구나 부처가 되어서 주인공으로 자신의 삶을 충분히 영위할 수 있으니까요. 승적에 이름을 올려야만 부처가 될 수 있고 승적에 이름을 올리지 않은 사람은 부처가 될 수 없다고 한다면, 이것보다 더 큰 집착과 편견도 없을 겁니다. 만약 그렇다면 아무리 선하게 살아도 교회에 나가지 않으면 천국에는 갈 수 없다는 기독교와 불교에 무슨 차이가 있겠습니까? 그렇습니다. 제도나 관습에 의존한다는 것 자체가 이미 주인공이 아니라 무엇인가를 숭배하는 노예의 삶일 뿐이기에, 스님이 되어야만 부처가 된다는 것은 불교에서는 용인할 수 없는 일입니다. 물론 스님이 되어 삶을 단순화할 수 있다면 깨달음에 이를 가능성이 더 많다는 것도 숨길 수 없는 사실일 겁니다. 이러저러한 일들을 처리하느라 분주하다면, 진득하게 앉아 마음공부를 하는 것은 아무래도 힘들 수밖에 없을 테니까요.

비유가 적절한지는 모르겠지만, 스님이 된다는 것은 요리 자격증을 취득한 것과 같습니다. 그러나 누구나 알고 있지 않나요? 자격증을 취득해도 요리를 잘하지 못할 수 있고, 자격증이 없어도 요리를 훌륭하게 잘할 수 있다는 것을 말입니다. 그래서일까요. 선불교의 역사를 보면 굳이 머리를 깎지 않아도 깨달음에 이른 사람이 가끔 등장합니다. 중국 당나라 시절에 활동했던 이통현李通玄, 635-730이라는 사람이 그중 하나입니다. 그는 스님은 아니지만 스님들로부터 깨달은 사람으로 깊은 존경을 받았던 인물입니다. 그의 책《신화엄경론新華嚴經論》은 의천義天, 1055-1101이나 지눌知訥, 1158-1210 스님에게도 깊은 영향을 끼칠 정도였습니다.《무문관》의 서른아홉 번째 관문에서 우리는 이통현 이외에 또 한 사람의 걸출한 인물을 만나게 됩니다. 바로 장졸張拙, ?-?이라는 사람입니다.

생몰 연대는 정확하지는 않지만, 장졸은 중국의 석상石霜, 807-888 스님을 만나서 깨달음에 이르렀다고 합니다. 그러니까 대략 9세기에서 10세기 사이에 살았던 사람으로 보입니다. 과거에 급제해서인지 그에게는 수재秀才라는 호칭이 붙어 있습니다. 당나라

시절에 수재라는 호칭은 아직 벼슬을 부여받지 못해서 시험합격자의 신분만을 유지하고 있는 사람을 일컫는 말이었다고 합니다. 기다리던 벼슬이 내려지지 않아서였을까요. 장졸은 석상 스님을 만나게 되고, 이 만남으로 깨달음에 이르게 됩니다. 당연히 여기에 오도송悟道頌이 빠질 수가 없지요. 오도송이란 글자 그대로 있는 그대로를 보는 마음[道]를 자각한[悟] 사람이 부르는 노래[頌]라는 의미니까요. 과거 시험에 합격할 정도로 글재주에 능했던 장졸의 오도송은 그 후 스님들에게 하나의 모범 답안처럼 전해졌던 것 같습니다.

2.

서른아홉 번째 관문을 들여다보면 어느 스님이 장졸의 오도송을 암송하는 대목이 등장합니다. 아마도 스님은 자신이 외우고 있던 장졸의 오도송을 읽어 주며 스승이었던 운문 스님에게 자신의 경지를 은근히 보여 주려고 했던 것 같습니다. 아마 장졸의 오도송 정도는 가볍게 간파하고 있다는 자신의 지적 수준을 자랑하려는 의도에서였을 겁니다. 첫 구절이 끝나기도 전에, 운문 스님은 제자에게 지금 읊고 있는 오도송은 장졸이 지은 것 아니냐고 물어봅니다. 그러자 제자는 오도송을 암송하기는 멈추고 "그렇다"라고 대답합니다. 바로 이 순간 운문 스님은 "말에 떨어졌다"라는 사자후를 토합니다. 이 사제지간의 대화에서 황룡 사심黃龍死心, 1043-1114 스님은 화두 하나를 끌어냅니다. "어디가 그 스님이 말에 떨어진 곳인가?" 우선《오등회원五燈會元》에 기록되어 있는 장졸의 오도송을 음미해 보도록 할까요?

광명이 고요히 모든 세계에 두루 비추니光明寂照徧河沙
범부든 성인이든 생명을 가진 것들이 모두 나의 가족이네凡聖含靈共我家
어떤 잡념도 일어나지 않아야 온전한 모습이 그대로 드러나지만一念不生全體現
감각의 작용들이 일어나자마자 온전한 모습은 구름에 가려 버리네六根纔動被雲遮
번뇌를 끊으려는 것은 번뇌의 병만을 증가시키고斷除煩惱重增病
진여에 나아가려는 것도 또한 바르지 못한 일이네趣向眞如亦是邪
세상의 인연에 따라 어떤 장애도 없다면隨順世緣無罣碍
열반과 생사도 모두 헛된 꽃과 같을 뿐이네涅槃生死是空華

밝은 달빛을 깨달음의 마음으로 비유하면서, 자신에게는 과거 시험에 급제할 만한 글재주가 있다는 사실을 웅변적으로 보여주고 있는 멋진 오도송입니다. 그렇습니다. 번뇌를 끊으려고 하는 것도, 그리고 진여에 나아가려는 것도 집착일 뿐입니다. 당연히 열반과 생사도, 그리고 열반을 꿈꾸는 마음과 생사에 휘둘리는 마음도 모두 잡념일 수밖에 없지요. 물론 집착과 잡념을 제거하는 방법은 다른 데 있는 것이 아닙니다. 여기 그리고 지금, 바로 우리 앞에 있는 어떤 것이라도 좋습니다. 그것에 마음이 활발발하게 열

깨달은 삶을 살아가는 것과
깨달음에 대해 말하는 것 사이에는
엄청난 간극이 있습니다.

려 있다면, 그 순간 우리의 마음은 티끌처럼 작은 잡념이 아닌 세상을 품을 수 있는 너른 마음이 될 테니까요. 달빛에 매료된 마음에 어떻게 생사와 열반이란 관념이 들어설 여지가 있겠습니까. 놀라운 일 아닌가요. 스님도 아닌 장졸이 "이르는 곳마다 주인이 된다면, 서 있는 곳마다 모두 참되다"라는 임제 스님이 말했던 해탈의 경지를 멋지게 체화한 것입니다.

3.

깨달음에 이르려는 스님들이 장졸의 명쾌한 오도송을 어떻게 지나칠 수 있었겠습니까. 대부분 깨달은 스님들의 난해한 오도송보다 장졸의 그것은 더 이해하기 쉬우니까 말입니다. 운문 스님의 제자 역시 장졸의 오도송을 읽고 또 읽어 이제는 줄줄 암송할 정도에 이른 것입니다. 그렇지만 짧은 문답으로 운문 스님은 제자가 "말에 떨어졌다[話墮]"라고 진단합니다. 화타話墮! 어려운 말은 아니지요. 제자가 암송하는 장졸의 오도송은 단지 말뿐이라는 지적이니까요. 한마디로 말해 제자는 장졸과 같은 깨달음도 없으면서 앵무새처럼 오도송을 읊조리고 있다는 겁니다. 현대 영국의 철학자 라일Gilbert Ryle, 1900-1976도 자신의 논문 〈실천적 앎과 이론적 앎Knowing how and knowing that〉에서 말했던 적이 있습니다. "어떤 사람이 해당 상황에 대한 지적인 명제들을 안다고 해도 그 사람은 여전히 요리하거나 운전할 줄 모를 수도 있다." 구체적으로 무엇인가를 할 줄 아는 실천적 앎과 단지 이론적으로만 아는 이론적 앎을 명확히 구분한 이야기입니다.

라일의 지적은 매우 예리합니다. 어떤 사람이 자동차의 작동 메커니즘과 운전하는 방법을 아무리 명쾌하고 쉽게 말할 수 있다고 해도, 그가 진짜로 자동차를 잘 수리하고 잘 운전할 수 있는지는 모를 일이니까요. 당연한 일이지요. 이와 마찬가지로 깨달은 삶을 살아가는 것과 깨달음에 대해 말하는 것 사이에는 엄청난 간극이 있습니다. 이제 사심死心 스님이 우리에게 던진 화두를 음미해 볼 준비가 된 것 같습니다. 도대체 운문 스님은 어느 대목에서 제자가 단지 이론적 앎만 가지고 있는지 간파했던 것일까요? 바로 운문이 "이것은 장졸 수재張拙秀才의 말 아닌가!"라고 말하자 제자가 "그렇다"라고 대답한 대목입니다. 어디가 문제인지 명확히 알기 위해 비유 하나를 생각해 보도록 하지요. 우리가 사랑하는 사람에게 "사랑해"라고 말했다고 해 봅시다. 그러지 상대방이 "그건 너의 말이 아니라 다른 사람이 썼던 말 아니니?"라고 반문합니다. 이 경우 우리는 어떻게 대답해야 할까요? "그래. 어떻게 알았니?"라고 대답한다면, 이것은 어쨌든 진정으로 사랑에 빠진 사람이 할 수 있는 대답은 아닐 겁니다. 자신의 사랑 고백이 단지 말뿐이라는 것을 토로한 셈이니까요.

'사랑해'라는 표현을 과거 모든 연인들이 써 왔다고 해서 피할 이유는 없을 겁니다. 정말로 절절하게 사랑하는 마음이 있다면 '사랑해'라는 표현은 아무런 문제가 되지 않을 테니까요. 과거 수많은 사람들이, 그리고 앞으로 수많은 사람들이 떨리는 마음으로 이야기했고 또 이야기할 '사랑해'라는 말은 사람들의 수만큼 다른 색깔을 가지고 있다는 것, 이것은 누구나 알고 있는 사실 아닌가요? 바로 이것입니다. 어쨌든 운문 스님의 제자는 "그렇다"라고 대답해서는 안 되었던 겁니다. 만약에 그가 진실로 깨달았다면 말입니다. 그렇기에 운문은 제자가 "말에 떨어졌다"라고, 다시 말해 깨달음에 대한 지적인 이해만 가지고 있다고 지적했던 겁니다. 만일 제자가 말로만 아는 것이 아니라 진짜로 깨달았다면, 그는 자신의 오도송을 읊어도 되고 장졸의 오도송을 읊어도 상관이 없습니다. 사실 《무문관》의 편집자 무문 스님을 포함한 수많은 스님들이 과거 선사들의 오도송을 은근히 갖다 쓰고 있는 것은 잘 알려진 사실입니다. 하지만 말이 무엇이 중요합니까? 중요한 것은 진짜로 깨달았는지의 여부니까요. 진짜로 깨달은 사람이라면 그의 횡설수설이 모두 오도송입니다. 반대로 깨닫지도 않은 사람이라면 그가 경전이나 선사의 말에 부합되는 말을 아무리 잘해도 그것은 모두 횡설수설에 불과한 법입니다.

고통에 직면할 때 발생하는 기적

달마가 벽을 향해 참선하고 있을 때, 두 번째 스승이 되는 혜가가 사납게 내리는 눈 속에서 서서 자신의 팔을 자르고 말했다. "제 마음이 아직 편하지 않습니다. 부디 스승께서 제 마음을 편하게 해 주십시오." 그러자 달마는 "네 마음을 가지고 와라. 그러면 너를 위해 네 마음을 편하게 해 주겠다"라고 말했다. 혜가는 "마음을 찾으려고 했으나 찾을 수가 없습니다"라고 대답했다. 그 순간 달마는 말했다. "마침내 너를 위해 네 마음을 편안하게 해 주었다."

《무문관》 41칙, '달마안심(達磨安心)'

1.

12월 9일 낙양洛陽 근처 소림사少林寺의 풍경은 계속 내리는 눈으로 흐릿하기만 합니다. 폭설입니다. 어찌나 눈이 장엄하게 내리는지, 밤에도 어둡지 않을 정도였습니다. 흩날리는 눈 속에서 어느 사나이가 법당을 응시하며 서 있습니다. 법당 안에는 어느 스님 한 분이 벽을 마주보며 참선을 하고 있습니다. 눈 속에 우뚝 서 있는 젊은이와 그를 등지고 참선하고 있는 스님 사이에는 묘한 긴장마저 흐르고 있습니다. 무엇을 얻으려고 그 젊은이는 반겨주지도 않는 경내에 그렇게 고독하게 서 있었던 것일까요. 자비를 품고 있는 스님은 무슨 이유에서 그 젊은이에게는 일체의 마음도 허락하지 않는 것일까요. 그러는 사이 12월 9일의 밤은 깊어만 가고 어느 사이엔가 다음 날 새벽 무렵이 되었습니다. 새벽녘에 계속 내린 눈은 어느새 젊은이의 무릎 근처까지 차올랐습니다.

법당 안의 스님은 마침내 젊은이에게 굴복하고 맙니다. 벽을 향하던 몸을 돌려 경내에 바위처럼 눈을 맞고 서 있는 젊은이를 향하게 되었으니까요. "지금 그대는 눈 속에서 무엇을 구하는 것인가?" 젊은이는 자신을 자유로운 사람으로 이끌어 달라고 부탁합니다. 그렇지만 스님은 매몰차게 그를 대합니다. 자유를 얻는다는 것, 그러니까 깨달음을 얻는다는 것은 그렇게 쉽게 되는 일이 아니라고 말하면서 말입니다. 그러자 젊은이는 칼을 뽑아 들고 자신의 왼쪽 팔을 잘라서 스님에게 바칩니다. 눈밭에 흩날리는 핏자국처럼 깨달음을 얻으려는 젊은이의 의지는 그만큼 애절하고 절실했던 것입니다. 마침내 스님은 그 젊은이를 제자로 받아들이게 됩니다. 그 정도의 의지만 있다면 깨달음에 이르려는 노력을 중도에 포기하지 않으리라 확신했기 때문이지요. 선불교의 역사상 가장 극적인 장면입니다. 마침내 선종의 초조와 이조, 그러니까 첫 번째 스승과 두 번째 스승이 탄생하는 순간이기 때문입니다.

자, 이제 짐작이 가시나요. 법당 안에서 벽을 향해 참선하고 있던 스님이 바로 페르시아 출신으로 남인도에서 활동하다 중국으로 건너와 깨달음을 전하려고 했던 보리 달마고, 불퇴전의 기상으로 눈을 맞고 서 있던 젊은이가 신광神光이라는 사람이었습니다. 제자로 받아들이자마자, 달마는 신광에게 혜가慧可라는 이름을 내립니다. 충분히 깨달음, 즉 '지혜[慧]'를 얻을 수 있다고 달마가 '인정하고[可]' 있는 것을 표현한 법명이라고 할 수 있지요. 달마와 혜가! 그렇습니다. 선불교의 오래된 전통, 그러니까 이심전심으로 표현되는 사자상승師資相承의 전통은 바로 달마와 혜가라는 두 사람이 없었다면 불가능했을 겁니다. 기원은 항상 두 번째나 세 번째에 온다는 데리다Jacques Derrida, 1930-2004의 말처럼 혜가가 없었다면 달마도 결코 선종 초조의 지위를 얻지는 못했을 겁니다. 하긴 제자가 있어야 스승도 있을 수 있고, 두 번째나 세 번째 왕이 있어야 누군가가 태조라는 지위를 얻을 수 있는 법이니까요.

2.

선종의 역사는 글이 글을 낳는 과정이 아니라 깨달음이 깨달음을 촉발하는 과정이었습니다. 한마디로 등불이 다른 등불이 켜지도록 만드는 전등傳燈의 아름다운 과정이라고 할 수 있습니다. 그렇지만 깨달은 스승이 깨닫지 않은 제자를 강제로 깨달음에 이끌 수는 없습니다. 제자 스스로 깨닫도록 도울 수밖에 없습니다. 왜냐고요? 깨달음이란 스승의 말대로 살아가는 것이 아니라 스스로 주인이 되어 살아가는 것이니까요. 그러니까 선종에서 스승과 제자 사이에는 묘한 아이러니가 존재합니다. 가르치기는 하지만 가르치는 것이 없으니 스승이라고 하기도 뭐하고, 배우기는 하지만 배운 것이 없으니 제자라고 하기도 뭐하기 때문입니다. 그렇지만 이런 아이러니한 사제 관계에서 마침내 제자는 스승과는 다른 스타일의 깨달음, 그러니까 자신만의 깨달음에 이르게 되지요.

달마와 혜가 사이에 일어났던 드라마틱한 일화는 지금도《전등록》의 〈보리 달마전菩提達磨傳〉으로 전해져 1,500여 년 전 소림사 경내의 새하얀 눈밭에 흩뿌려진 선홍빛 핏자국을 우리에게 기억하게 합니다. 달마와 혜가 사이에서 처음으로 구체화되었던 사자 전승의 논리는 그 후 깨달은 사람과 깨달으려는 사람 사이의 관계에서 그대로 반복되기 때문이지요. 그러니까 홍인과 혜능, 황벽黃檗, ?-?과 임제 사이에도 여전히 달마와 혜가 사이의 핏빛 긴장이 흐르고 있었던 셈입니다.《무문관》의 마흔한 번째 관문이 중요한 이유도 바로 여기에 있습니다. 이 관문은 달마와 혜가 사이의 선문답을 통해 가장 소박하고 원형적인 형태로 깨달음이 무엇인지, 어떻게 깨달음에 이를 수 있는지 알려 주기 때문입니다.

제자가 되자마자 기다렸다는 듯이 혜가는 스승 달마에게 자신의 속병을 털어놓습니다. 마음이 편하지 않으니 마음을 편하게 해 달라고 말입니다. 스승이니까, 그리고 깨달음에 이른 사람이니 그가 깨달은 것을 조금만 일러 주면, 자신도 깨달음을 얻을 수 있으리라는 희망을 품고서 질문을 한 것이죠. 한마디로 혜가는 자신을 깨달음의 길로 인도해 달라고 스승에게 요구하고 있는 것입니다. 애초에 잘못된 속병이자, 해서는 안 될 요구라고 할 수밖에 없습니다. 스스로 주인이 되어야 할 터인데, 지금 그는 스스로 노예를 자처하고 있기 때문이지요. 그렇지만 이미 제자로 받아들였기

©장정례

결국 모든 부자유와 고통은
자신의 부자유와 고통에 직면하지 않는
비겁함 때문에 발생한다고 할 수 있습니다.

때문에 달마는 실망하지 않고 스스로 깨달음에 이르도록 혜가를 이끌려고 합니다. 마음이 편하지 않다는 말을 듣자마자 달마는 말합니다. "괴로워하는 네 마음을 가지고 와라. 그러면 네 마음을 편하게 해 주겠다."

3.

얼마나 고마운 일입니까. 이제 마음만 가지고 오면, 스승은 깨끗하게 자신의 마음이 겪고 있는 고통을 치유해 줄 수 있을 테니까 말입니다. 그렇지만 희망은 잠시뿐이었고 혜가는 다시 깊은 절망의 구렁텅이에 빠지고 맙니다. "마음을 찾으려고 했으나 찾을 수가 없습니다." 바로 이 대목이 중요합니다. 처음으로 진지하게 혜가는 자신의 마음을 응시했던 것입니다. 고통으로 일그러진 마음을 찾으려는 혜가가 되어 보셔야 합니다. 고통스런 마음을 응시하는 혜가의 용기를 가슴에 아로새겨야만 합니다. 오직 그럴 때에만 "마음을 찾으려고 했으나 찾을 수가 없습니다"라는 혜가의 말이 표면적으로는 절망에 빠진 절규로 들리지만, 사실 고통에서 벗어난 희열의 표현이기도 하다는 사실을 이해하게 될 테니까 말입니다. 이 대목에서 시인 이성복李晟馥, 1952-의 이야기가 우리의 이해에 새로운 빛을 줄 수도 있을 것 같습니다.

《네 고통은 나뭇잎 하나 푸르게 하지 못한다》라는 아포리즘 모음집에서 시인은 이야기합니다. "이야기된 불행은 불행이 아니다. 그러므로 행복이 설 자리가 생긴다"라고 말입니다. 불행에 빠진 사람이 있습니다. 그렇지만 친구나 스승에게 자신의 불행을 이야기하는 순간, 그는 아마 불행에서 벗어나 편안함을 느끼게 될 것입니다. 도대체 무슨 일이 있었던 것일까요? 불행을 이야기하는 순간, 우리는 불행에 거리를 두게 됩니다. 당연한 일이지요. 아름다운 꽃을 그리려면 그 꽃으로부터 거리를 두어야 하는 것처럼, 불행한 자신을 이야기하는 나는 순간적이나마 불행한 자신이 아니게 됩니다. 물론 이야기가 그치자마자 다시 불행한 자신으로 돌아갈 수도 있습니다. 그렇지만 우리는 알게 됩니다. 적어도 불행한 자신의 모습에 거리를 두고 직면하는 순간, 우리는 더 이상 불행하지 않을 수도 있다는 사실을 말입니다. 그래서 이성복 시인은 "행복이 설 자리가 생긴다"라고 이야기했던 것입니다.

그렇습니다. 혜가가 고통스런 마음을 찾으려고 했던 마음이 중요한 것입니다. 이 순간 그의 마음은 더 이상 고통스런 마음이 아닐 테고, 당연히 그의 마음도 고통에서 벗어나 있을 테니까 말입니다. 그래서 "마음을 찾으려고 했으나 찾을 수가 없습니다"라는 혜가의 말은 기묘한 데가 있습니다. 고통스런 마음은 고통으로 괴로워하는 마음이지만, 그것을 찾으려는 마음 자체는 결코 고통스러운 마음이 아닙니다. 고통스런 자신의 모습을 객관화하는 순간, 우리는 고통을 초월하게 되니까요. 혜가가 고통스런 마음을 찾을 수가 없었던 것은 어쩌면 당연한 일이라고 할 수 있습니다. 고통스런 마음에 제대로 직면하는 그 순간, 그의 마음은 더 이상 고통스러운 마음이 아닐 테니까 말입니다. 그러니 어떻게 고통에 빠진 마음을 찾을 수가 있었겠습니까. 불가능한 일이지요. 결국 모든 부자유와 고통은 자신의 부자유와 고통에 직면하지 않는 비겁함 때문에 발생한다고 할 수 있습니다. 바로 이것입니다. 아무리 무섭고 징그러워도 우리는 고름이 철철 흐르는 상처를 응시해야만 합니다. 오직 그럴 때에만 우리에게는 작으나마 치료의 전망이 생길 테니까 말입니다.

중도(中道)와 공(空)의 지혜

백장 화상이 설법하려고 할 때, 항상 대중들과 함께 설법을 듣고 있던 노인이 한 명 있었다. 설법이 끝나서 대중들이 모두 물러가면, 노인도 물러가곤 했다. 그런데 어느 날 노인은 설법이 끝나도 물러가지 않았다. 마침내 백장 화상이 물었다. “내 앞에 서 있는 사람은 도대체 누구인가?” 그러자 노인은 말했다. “예. 저는 사람이 아닙니다. 옛날 가섭 부처가 계실 때 저는 이 산에 주지로 있었습니다. 당시 어느 학인이 제게 물었습니다. ‘크게 수행한 사람도 인과因果에 떨어지는 경우는 없습니까?’ 저는 ‘인과에 떨어지지 않는다’라고 대답했다가 500번이나 여우의 몸으로 거듭 태어나게 되었습니다. 화상께서 제 대신 깨달음의 한마디 말을 하셔서 여우 몸에서 벗어나도록 해 주십시오.” 마침내 노인이 “크게 수행한 사람도 인과에 떨어지는 경우는 없습니까?”라고 묻자, 백장 화상은 대답했다. “인과에 어둡지 않다.” 백장의 말이 끝나자마자 노인은 크게 깨달으며 절을 올리면서 말했다. “저는 이미 여우 몸을 벗어서 그것을 산 뒤에 두었습니다. 화상께서 죽은 스님의 예로 저를 장사 지내 주시기를 바랍니다.”

백장 화상은 유나維那에게 나무판을 두들겨 다른 스님들에게 알리도록 했다. "공양을 마친 후 죽은 승려의 장례가 있다." 그러자 스님들은 서로 마주보며 쑥덕였다. "스님들이 모두 편안하고 열반당에도 병든 사람이 없는데, 무엇 때문에 이런 분부를 내리시는 것인지?" 공양을 마친 후 백장 화상은 스님들을 이끌고 산 뒤쪽 큰 바위 밑에 이르러 지팡이로 죽은 여우 한 마리를 끌어내어 화장火葬을 시행했다.

백장 화상은 저녁이 되어 법당에 올라가 앞서 있었던 사연을 이야기했다. 황벽 스님이 바로 물었다. "고인이 깨달음의 한마디 말을 잘못해서 500번이나 여우 몸으로 태어났습니다. 매번 하나하나 틀리지 않고 말한다면, 무엇이 되겠습니까?" 그러자 백장 화상은 말했다. "가까이 앞으로 와라. 네게 알려 주겠다." 가까이 다가오자마자 황벽 스님은 스승 백장의 뺨을 후려갈겼다. 백장 화상은 박수를 치면서 말했다. "달마의 수염이 붉다고는 이야기하지만, 여기에 붉은 수염의 달마가 있었구나!"

《무문관》 2칙, '백장야호(百丈野狐)'

1.

불교는 구체적으로 실행 가능한 실존적인 가르침입니다. 스스로 부처가 되려는 것, 그래서 죽어서 천국을 꿈꾸는 것이 아니라 살아서 인간이 살아 낼 수 있는 가장 자유로운 삶을 영위하려는 것, 이것이 바로 불교의 정신입니다. 흥미로운 것은 불교는 이론적으로 이미 2,000여 년 전 완전히 완성된다는 점입니다. 그것도 한 사람의 탁월한 사상가에 의해서 말입니다. 그가 누구일까요? 바로 나가르주나Nāgārjuna, 150?-250?입니다. '나가naga'가 '용龍'이라는 뜻을, 그리고 '아가르주나agarjuna'라는 말이 '나무'라는 뜻을 가지고 있기에, 흔히 용수龍樹라고 부르기도 하는 불교 역사상 가장 탁월한 이론가입니다. 그래서일까요. 나가르주나는 흔히 제2의 싯다르타이자 동시에 대승불교 여덟 종파의 시조라고 불리기도 합니다.

그렇습니다. 나가르주나는 튼튼한 이론적 토대를 제공해 싯다르타가 열었던 불교 사상을 반석에 올려놓은 중요한 이론가입니다. 그래서 후대의 대승불교 전통은 이론적으로 무언가 새로운 것을 추가한 것이 아니라, 나가르주나가 만들어 놓은 굳건한 대지 위에 다채롭게 피어난 꽃들이라고 할 수 있습니다. 동일한 장미 씨앗도 어느 곳에서 자라는지에 따라 상이한 모습의 장미로 피어나는 법입니다. 이와 마찬가지로 다양한 대승불교 종파들도 이론적인 차원이 아니라 실천적인 차원에서만 차이를 보였던 것입니다. 간단히 말해 후대의 다양한 종파들은 깨달음에 이르는 구체적인 실천 방법에서만 차이를 보일 뿐이라는 겁니다. 그렇다면 나가르주나 이후 발전한 모든 대승불교 전통이 공유하고 있던 그의 핵심 사상은 무엇인지 궁금해집니다. 나가르주나의 사상은 '공空, Śūnyatā'이라는 한 글자로 요약될 수 있습니다.

그의 주저 《중론中論, Madhyamaka-śāstra》에 보면 다음과 같은 구절이 등장합니다. "어떤 존재도 인연因緣으로 생겨나지 않는 것은 없다. 그러므로 어떠한 존재도 공空하지 않은 것이 없다." 매우 중요한 구절입니다. 나가르주나의 말대로 모든 것은 그 자체로 존재하는 것이 아닙니다. 자세히 분석해 보면 모든 것은 직접적인 원인[因]과 간접적인 조건[緣]이 만나서 생긴 것이고, 당연히 직접적인 원인과 간접적인 조건이 헤어지면 모든 것은 소멸하기 때문입니다. 예를 하나 들어 보지요. 겨울이 되면 유리창에는 성에꽃이 활짝 핍니다. 방 안의 습기, 그리고 당시의 온도가 결정적인 작용을 합니다. 방 내부를 떠돌던 습기는 술에 취한 아저씨의 탁한 호흡일 수도 있고, 아니면 실연의 아픔 때문에 흘린 아가씨의 서러운 눈물과 흐느낌의 결과일 수도 있습니다. 동일한 온도라고 해도 성에꽃의 모양은 달라질 수밖에 없습니다. 마찬가지로 동일한 습기라고 해도 온도가 달라지면 성에꽃의 모양은 달라지겠지요.

2.

지금 유리창 표면에 기묘한 모양으로 활짝 피어 있는 성에꽃은 특정한 습기와 특정한 온도가 만나서 발생한 것입니다. 당연히 성에꽃 자체에는 불변하는 실체란 있을 수 없지요. 특정한 습기나 특정한 온도가 다르게 변한다면, 지금 보고 있는 성에꽃은 얼마 지나지 않아 사라질 수밖에 없으니까요. 그렇습니다. 그저 인연이 맞아서, 혹은 인연이 서로 마주쳐서 무엇인가 생기는 것이고, 반대로 인연이 다해서, 혹은 인연이 서로 헤어져서 무엇인가가 소멸할 뿐입니다. 그러니 무엇인가 생겼다고 기뻐하거나 무엇이 허무하게 사라진다고 해도 슬퍼할 필요는 없는 겁니다. 이것이 바로 '공'이라는 개념으로 나가르주나가 우리에게 말하고자 했던 것입니다. 그래서 있는 그대로, 혹은 여여하게 보는 사람, 즉 깨달은 사람은 모든 것을 공하다고 보기에 그것들에 집착하지 않는 것입니다.

결국 싯다르타처럼 나가르주나의 가르침도 있는 그대로, 혹은 여여하게 사태를 보는 데 있었던 겁니다. 여기서 핵심은 '있는 그대로'라는 말로 표현되는 불교의 강력한 현실주의입니다. 이것은 우리 인간 대부분이 사태를 '있는 그대로'가 아니라 무엇인가 색안경을 끼고 본다는 것을 전제하는 겁니다. 나가르주나에 따르면 색안경으로 사태를 보는 생각에는 크게 두 종류가 있습니다. 하나는 상견常見, śāśvata-ḍṛṣti이고, 다른 하나는 단견斷見, ucchesadarṣana입니다. 글자 그대로 상견이 모든 것에는 '불변하는 것[常]'이 있다는 견해[見]라면, 단견은 모든 것이 순간적으로 변해 '연속성이 없다[斷]'는 견해[見]라고 할 수 있습니다. 상견에 따르면 이미 습기, 온도, 유리창 표면의 물성에는 성에꽃이라는 결과가 이미 씨앗처럼 존재하고 있었던 겁니다. 반면 단견에 따르면 성에꽃은 습기, 온도, 유리창 표면과는 아무런 상관이 없다는 겁니다. 그러니까 상견은 아주 강한 절대적인 인과론이고, 단견은 인과론에 대한 철저한 부정이라고 할 수 있습니다.

인도철학의 전통에서 상견을 인중유과론因中有果論, satkāryavāda으로, 그리고 단견을 인중무과론因中無果論, asatkāryavāda으로 연결하는 것도 이런 이유에서입니다. 인중유과론이 원인 속에 이미 결과가 존재한다는 주장이라면, 인중무과론은 원인 속에는 어떤 결과도 미리 존재하지 않는다는 주장이기 때문입니다. 우리는 상견도, 단견도 버려야만 합니다. 그래야 있는 그대로 사태를 볼 수 있을 테니까 말입니다. 그래서 싯다르타도 중도를 이야기했고, 나가르주나도 자신의 주저를 《중론》이라고 불렀던 겁니다. 원인과 결과는 절대적으로 연결되어 있는 것도, 그렇다고 절대적으로 무관한 것도 아니라는 겁니다. 당연한 것 아닐까요? 부부 사이의 사랑이 원인이 되어 아이가 태어날 수도 있지만, 부부가 아무리 사랑을 나누어도 아이가 태어나지 않을 수도 있으니까요. 물론 부부가 사랑을 나누지 않으면 아이가 태어난다는 것은 기대할 수도 없는 일입니다.

3.

《무문관》의 두 번째 관문을 통과할 준비가 완전히 갖추어졌습니다. 두 번째 관문에서 우리를 기다리고 있는 것은 제자에게 인과를 잘못 이야기해서 여우가 되어 버린 어떤 스님의 이야기입니다. "크게 수행한 사람도 인과因果에 떨어지는 경우는 없습니까?"라고 제자가 물었을 때, 당시 그 스님은 "인과에 떨어지지 않는다不落因果"라고 대답했던 겁니다. 한마디로 깨달은 사람은 인과관계를 초월한다는 겁니다. 그 벌로 스님은 500번이나 여우의 몸으로 거듭 태어나게 되었습니다. 여우가 되어 버린 스님의 잘못은 어디에 있었던 것일까요? 그는 모든 것이 인연으로 생겨난다는 것을 부정했던 것입니다. 결국 그는 상견과 단견 사이에 위태롭게

그저 인연이 맞아서, 혹은 인연이 서로 마주쳐서 무엇인가 생기는 것이고,
반대로 인연이 다해서, 혹은 인연이 서로 헤어져서 무엇인가가 소멸할 뿐입니다.
그러니 무엇인가 생겼다고 기뻐하거나 무엇이 허무하게 사라진다고 해도
슬퍼할 필요는 없는 겁니다.

©전형걸

펼쳐진 중도라는 길을 걷는 데 실패했던 겁니다. 중도란 인과관계를 절대화하는 것도, 그렇다고 부정하는 것도 아니기 때문입니다. 오해의 여지가 있지만 중도란 느슨한 인과관계를 긍정하는 것이라고 말할 수 있는 것도 이런 이유에서입니다.

열심히 수행했다고 해서 모두가 부처가 되는 것은 아닙니다. 그렇지만 열심히 수행하지 않는다면 부처가 될 수 있는 가망성 자체도 없어지는 겁니다. 만약 누군가가 부처가 되었다면, 그에게는 치열한 자기 수행이라는 원인과 좋은 스승이라는 조건이 갖추어져 있었을 겁니다. 동시에 치열한 자기 수행을 그치거나 스승과 같은 좋은 조건들이 사라진다면, 부처도 사실 소멸할 수밖에 없는 것 아닐까요. 마치 온도가 올라가거나 습기가 사라지게 된다면, 성에꽃도 허망하게 소멸되는 것처럼 말입니다. 바로 이 대목에서 백장百丈, 749-814 스님의 가르침, 그러니까 어느 불행한 스님이 여우의 몸을 벗어나서 마침내 자유를 되찾을 수 있도록 했던 백장 스님의 가르침이 빛을 발합니다. "불매인과不昧因果!" 그러니까 '인과에 어둡지 않다'는 것입니다.

인과에 떨어지지 않는다는, 그러니까 인과를 초월할 수 있다는 '불락인과'라는 생각과 인과에 어둡지 않다는 '불매인과'라는 생각 사이에는 이처럼 건널 수 없는 강이 흐르고 있었던 셈입니다. 전자가 싯다르타의 중도나 나가르주나의 공을 부정하고 있다면, 후자는 긍정하고 있기 때문입니다. 여기서 한 가지 더 중요한 것이 있습니다. 그것은 '불락인과'라는 생각에는 인과에 대한 강한 집착이 깔려 있는 반면, '불매인과'에는 그런 집착이 보이지 않는다는 점입니다. 그래서일까요. 황벽 스님이 인과에 아직 집착하는 것처럼 보이자, 백장 스님은 뺨을 후려갈기려고 제자를 가까이로 부릅니다. 집착에는 방棒이나 할喝처럼 강력한 충격 효과가 즉효약이니까 말입니다. 그렇지만 제자 황벽 스님은 자신이 결코 인과에 집착하지 않는다는 것을 보여 주기 위해, 달리 말해 스스로 주인이 되었다는 것을 보여 주기 위해 스승 백장의 뺨을 먼저 후려갈깁니다. 스승이 불렀다고 간다면, 스승이 주인이고 제자는 노예니까요. 그렇지만 황벽 스님은 스승과 마찬가지로 자신도 깨달았다는 걸 극적으로 보여 준 겁니다. 제자가 겉으로만 제자이지 이미 자신처럼 자신의 삶을 주인으로 영위하고 있다는 것을 알았을 때, 스승 백장 스님은 얼마나 후련하고 기뻤겠습니까. 그래서 백장 스님은 말했던 겁니다. "달마의 수염이 붉다고는 이야기하지만, 여기에 붉은 수염의 달마가 있었구나!"

선악을 넘어서

혜능 스님이 혜명 상좌가 대유령에까지 추적하여 자기 앞에 이른 것을 보고 가사와 발우를 돌 위에 놓고 말했다. "이것들은 불법을 물려받았다는 징표이니 힘으로 빼앗을 수 있는 것이겠는가? 그대가 가져갈 수 있다면 가져가도록 하라!" 혜명은 그것을 들려고 했으나 산처럼 움직이지 않자 당황하며 두려워했다. 혜명은 말했다. "제가 온 것은 불법을 구하기 위한 것이지, 가사 때문은 아닙니다. 제발 행자께서는 제게 불법을 보여 주십시오." 혜능 스님이 말했다. "선善도 생각하지 않고 악惡도 생각하지 않아야 한다. 바로 그러한 때 어떤 것이 혜명 상좌의 원래 맨얼굴인가?" 혜명은 바로 크게 깨달았는데, 온몸에 땀이 흥건했다. 혜명은 깨달았다는 감격에 눈물을 흘리며 혜능에게 절을 올리며 물었다. "방금 하신 비밀스런 말과 뜻 이외에 다른 가르침은 없으십니까?" 그러자 혜능은 말했다. "내가 그대에게 말한 것은 비밀이 아니네. 그대가 스스로 자신의 맨얼굴을 비출 수만 있다면, 비밀은 바로 그대에게 있을 것이네." 혜명은 말했다. "제가 비록 홍인 대사의 문하에서 수행을 하고 있었지만, 실제로는 제 자신의 맨얼굴을 깨닫지는 못했습니다. 오늘 스님에게서 가르침을 받은 것이 마치 사람이 직접 물을 먹으면 차가운지 따뜻한지 스스로 아는 것과 같았습니다. 지금부터 스님께서는 저의 스승이십니다." 그러자 혜능은 말했다. "그렇다면 나와 그대는 이제 홍인 대사를 함께 스승으로 모시는 사이가 된 셈이니, 스스로를 잘 지키시게."

《무문관》 23칙, '불사선악(不思善惡)'

1.

자신의 삶을 스스로 긍정하지 못하는 순간, 인간은 외적인 무엇인가를 통해서라도 자신의 가치를 인정받으려고 합니다. 권력과 지위를 추구하는 것도, 엄청난 부를 욕망하는 것도, 그리고 학위를 취득하려는 것도 다 이런 이유에서입니다. 인간의 고질적인 허영이라고 할 수도 있고, 그렇게라도 사랑받고 주목받고 싶은 애절함일 수도 있습니다. 깨달음이 스스로 주인이 되는 과정이라면, 수행자는 허영을 버려야 할 것입니다. 당연한 일이지요. 자신의 삶을 긍정하는 사람이 어떻게 권력, 지위, 부, 학위 같은 것에 연연할 수 있겠습니까. 아이러니한 것은 사찰이나 승가 조직에 허영을 버리기는커녕 오히려 일반인보다 더 허영에 빠져 있는 스님들도 있다는 점입니다. 사람이 사는 모양새는 사찰에서도 예외가 아닌 것 같아 씁쓸하기만 합니다.

1,400여 년 전 중국 북부 지역 황매산黃梅山에서도 볼썽사나운 일이 일어났던 적이 있었던 것 같습니다. 그것도 가장 치열하게 깨달음을 추구했던 선종 내부에서 말입니다. 선종의 오조였던 홍

인이 달마에서 시작된 깨달음의 등을 전하려고 할 때 마침내 일은 벌어지고 맙니다. 홍인은 깨달음의 징표인 가사袈裟와 발우鉢盂를 오랫동안 수제자의 자리를 차지하고 있던 신수神秀, 606?-706가 아니라 일자무식의 혜능에게 줍니다. 여기서 가사는 스님들이 격식을 차릴 때 입는 옷이고 발우는 스님들이 식사를 할 때 사용하는 그릇을 의미합니다. 선불교의 전통에서 어떤 제자에게 가사와 발우를 준다는 것은 그 제자가 깨달음을 얻었기에 앞으로 제자들을 이끌 스승이 되었다는 사실을 상징하는 사건입니다. 황제가 자신의 권좌를 누군가에게 물려줄 때 그 징표로 주었던 옥새와 비슷한 역할을 하는 것이 바로 가사와 발우인 셈이지요. 귀족 출신이었던 신수는 지성과 세련됨, 그리고 수제자라는 지위를 가지고 있었습니다. 그러니 그를 따르던 스님들이 얼마나 많았겠습니까. 신수가 홍인 스님을 이어 선종의 육조, 즉 여섯 번째 스승이 되는 날 그들의 지위와 신분도 그에 따라 상승할 것이라고 기대하면서 말입니다.

그런데 이런 권력 구조를 조롱하기라도 하듯, 홍인 스님은 황매산에 온 지 얼마 되지 않아 땔나무나 나르고 있던 중국 남부의 시골 출신인 혜능을 육조로 승인해 버린 겁니다. 아마 대부분의 스님들은 "홍인 스님이 노망이 들었다"라며 혀를 끌끌 찼을 겁니다. 이들 중 가장 분노한 것은 출가하기 전에 장군으로 있었던 혜명慧明, ?-?이라는 스님이었습니다. 뛰어난 신체를 갖춘 혜명이 신수의 지지자에게서 생명의 위협을 느끼고 달아나는 혜능을 쫓는 것은 그리 어려운 일도 아니었을 겁니다. 아니나 다를까 마침내 중국 남부에 이를 수 있는 마지막 관문인 대유령大庾嶺이라는 고개에서 혜명은 혜능을 따라잡는 데 성공합니다. 기력이 딸려서인지 혜능도 더 이상 도망가기를 포기한 것입니다. 혜능에게는 절체절명의 순간이지만, 혜명으로서는 육조의 징표인 홍인의 가사와 발우를 빼앗을 수 있는 승리의 순간이기도 했지요.

2.

바로 이 순간 위기를 모면하려는 혜능의 기지가 번쩍입니다. 혜능은 홍인에게서 받은 가사와 발우를 바위 위에 올려놓습니다. 어차피 혜명이 찾고자 하는 것은 육조의 징표인 가사와 발우일 테니까 말입니다. 혜명은 혜능을 버려두고 가사와 발우를 집어 들려고 했습니다. 그러나 웬걸요. 가사와 발우는 천근의 무게를 가진 듯 들래야 들 수가 없었습니다. 여기서 혜명은 황당한 상황에 당혹감과 아울러 경외감을 느끼게 됩니다. 아무리 홍인의 가사와 발우를 가진다고 해도, 자신은 그것을 감당할 수 없다는 사실에 직면했기 때문이지요. 마침내 스스로 육조라는 권력을 포기하고 혜명은 혜능에게 가르침을 구하려고 합니다. 그러자 혜능은 혜명에게 화두 하나를 던집니다. 그것이 바로《무문관》의 스물세 번째 관문입니다.

위기 상황에서 벌어진 일이라서 그런지 혜능의 화두는 다른 화두들과는 달리 직설적이고 분명합니다. 우리로서는 다행스러운 일이지요. "선善도 생각하지 않고 악惡도 생각하지 않아야 한다. 바로 그러한 때 어떤 것이 혜명 상좌上座의 원래 맨얼굴인가?" 여기서 선종의 유명한 표현이 등장합니다. 본래면목, 그러니까 '원래 맨얼굴'이 바로 그것입니다. 맨얼굴이라는 개념에는 가면, 그러니까 '페르소나persona'라는 생각이 전제되어 있습니다. 페르소나는 고대 그리스나 로마 시절 연극배우들이 연기할 때 사용하던 가면을 가리키는 말입니다. 가면이 전제되지 않는다면, 우리는 맨얼굴을 생각할 수도 혹은 이야기할 수도 없을 테니까요. 그러니까 지금 혜능은 혜명에게 페르소나를 벗고 너의 맨얼굴을 직시하라고 이야기하고 있는 겁니다.

사실 혜능은 별다른 새로운 가르침을 전하고 있는 것은 아닙니다. 그의 가르침은 사실 선종 특유의 가르침인 '직지인심直指人心, 견성성불見性成佛'을 반복하고 있는 것이기 때문이지요. 직지인심은 '자신의 마음을 바로 가리킨다'는 뜻이고, 견성성불은 '자신의 불성을 보면 부처가 된다'는 뜻입니다. 여기서 자신의 불성이란 어떤 페르소나도 착용하지 않는 마음을 가리킵니다. 그러니까 자신의 불성도 자신의 마음도 모두 본래면목, 즉 맨얼굴을 의미하는 것이지요. 당연히 맨얼굴을 가리키거나 본다는 것은 페르소나를 전제로 하는 겁니다. 그렇기에 '자신의 마음을 바로 가리킨다'거나 '자신의 본성을 본다'는 말에서 중요한 것은 '직지直指'나 '견見'이라고 할 수 있지요. 이 두 말은 자신의 마음이나 불성을 가리고 있는 두터운 페르소나를 제거하려는 치열한 노력을 강조하고 있기 때문입니다.

3.

앞에서 혜능의 화두가 다른 선사들의 화두와 달리 직설적이라고 이야기했습니다. 그것은 혜능이 바로 부처가 되기 위해 우리가 제거해야 할 페르소나가 어떤 성격을 갖고 있는지 분명하게 보여 주었기 때문입니다. "선도 생각하지 않고 악도 생각하지 않아야 한다." 바로 이 구절이 중요합니다. 페르소나는 바로 선악이라는 관념에 다름 아니었던 겁니다. 《무문관》의 스물세 번째 관문의 이름이 '불사선악不思善惡'인 것도 다 이유가 있었던 겁니다. '선악을 생각하지 말라'는 명령은 바로 페르소나를 버리라는 명령이었던 겁니다. 여기서 잠시 니체라는 철학자의 도움을 빌릴 필요가 있습니다. 그도 선악 관념이 페르소나의 본질이라는 것을 알고, 또한 그것을 넘어서려고 치열하게 노력했던 철학자이기 때문이지요.

"선과 악을 넘어. 이것은 적어도 좋음과 나쁨을 넘어선다는 것을 의미하지는 않는다." 니체의 주저 중 하나인 《도덕의 계보학 Zur Genealogie der Moral》에 등장하는 구절입니다. 이 구절을 이해하기 위해서는 '선과 악Good & Evil'과 '좋음과 나쁨good & bad'을 구별해야만 합니다. 핵심은 '선과 악'의 기준과 '좋음과 나쁨'의 기준이 다르다는 데 있습니다. '선과 악'의 기준은 외적인 권위에 의해 부가되지만, '좋음과 나쁨'은 우리 자신의 삶에서 판단하는 겁니다. 외적인 권위로는 종교적 명령이나 사회적 관습을 들 수 있을 겁니다. 결국 선악이라는 관념은 우리 자신의 삶에 기원을 두기보다는 외적인 권위에 굴복하고 적응할 때 발생하는 것이라고 할 수 있습니다.

예를 하나 들어 볼까요? 탐욕스럽고 이기적이어서 별로 마음에 들지 않는 사람임에도 어른이라는 이유로 공손하게 혹은 존경한다는 듯이 인사하는 경우가 있습니다. 별로 마음에 들지 않는다고 느끼는 것이 '좋음과 나쁨'의 차원이라면, 어른이기에 주변의 눈치를 보아 존경해야 한다는 것이 '선과 악'의 차원이지요. 어쨌든 마음에는 들지 않지만 어른이기에 존경하는 척할 때, 우리는 자신의 맨얼굴을 가리고 두터운 페르소나를 하나 쓰게 되는 셈이지요. 물론 이런 페르소나를 쓰는 것은 그것을 쓰지 않을 때 발생할 수 있는 피해를 걱정하기 때문입니다. 당연히 페르소나를 쓰는 사람은 삶의 당당한 주인이라기보다는 외적인 권위나 가치평가를 내면화한 노예일 수밖에 없습니다. 이렇게 심판관처럼 선악 관념이 우리를 지배할 때, 삶의 차원에서 좋음과 나쁨을 판단할 수 있는 우리의 맨얼굴은 가려지게 될 겁니다. 선악을 넘어서 좋음과 나쁨을 판단하는 맨얼굴을 회복한 사람, 그 사람이야말로 삶의 주인공입니다. 바로 이런 사람을 니체는 초인Übermensch이라고, 혜능은 부처라고 불렀던 겁니다.

선악을 넘어서 좋음과 나쁨을 판단하는 맨얼굴을 회복한 사람,
그 사람이야말로 삶의 주인공입니다.

©강수희

경전에서 마음으로

동산東山의 법연 스님이 말했다. "석가도 미륵도 오히려 그의 노예일 뿐이다. 자, 말해 보라! 그는 누구인가?"

《무문관》 45칙, '타시아수(他是阿誰)'

1.

철학자의 눈에 불교만큼 아이러니한 것도 없습니다. 제도라는 측면에서 불교는 신을 숭배하는 다른 종교와 마찬가지로 석가모니나 미륵 등 부처들이나 그들의 말을 절대적으로 숭배하고 있습니다. 그렇지만 동시에 불교는 일체의 초월적인 권위를 근본적으로 해체해 인간에게 해방과 자유의 가능성을 부여했던 가장 혁명적인 사유 형식이기도 합니다. 이런 아이러니, 아니 모순을 확인해 보려면 가까운 사찰에 한번 들러 보는 것으로 충분할 것 같습니다. 가족의 건강과 행복을 위해 공손하게 108배를 올리는 너무나도 평범한 이웃들을 쉽게 볼 수 있을 겁니다. 분명 이것은 초월자에게 자신의 절절한 소망을 바치는 행위입니다. 반면 이렇게 간절한 기도 행위를 마친 분들이 사찰을 떠나려고 할 때, 스님들은 합장하며 그들에게 이야기합니다. "보살님! 성불하세요." 정말 아이러니한 일 아닌가요?

마치 부처가 신이기라도 한 듯 숭배한다는 것과 스스로 부처가 된다는 것, 이 두 가지는 질적으로 다른 것입니다. 물론 불교의 핵심은 치열한 노력으로 스스로 부처가 되는 데 있습니다. 만약 부처를 숭배하는 것이 불교의 핵심이라면 불교는 기독교와 구조적으로 구별될 수도 없을 겁니다. 그러니까 부처 숭배는 잘해야 일종의 방편에 지나지 않는 겁니다. 다시 말해 스스로 부처가 되기에 역량이 부족한 사람들은 부처를 숭배함으로써 그나마 선하게 살 수 있다는 것이지요. 근기根機, indriya라는 개념이 불교에서 중요한 이유도 바로 여기에 있습니다. '근기'는 무엇인가를 할 수 있는 역량을 가리키는 말입니다. '끈기가 없다'거나 '끈기가 있다'는 상투적인 표현을 들어본 적이 있으실 겁니다. 여기에 등장하는 '끈기'라는 말은 바로 '근기'에서 유래된 것이지요.

불교에서는 상근기上根機니 하근기下根機라는 말을 자주 사용합니다. 상근기가 스스로 부처가 될 수 있는 자질을 갖춘 사람을 가리킨다면 하근기는 성불하기에 자질이 충분하지 않는 사람을 가리키는 말입니다. 그런데 여기서 심각한 문제가 벌어집니다. 하근기는 주어진 선천적인 한계 때문에 부처가 될 수 없다는 생각이 나올 수도 있기 때문입니다. 일천제一闡提, Icchantika와 관련된 해묵은 논쟁, 즉 일천제가 성불을 할 수 있는지의 여부를 둘러싼 논쟁이 대승불교 전통에서 빈번히 발생하는 것도 이런 이유에서입니다. 참고로 불교 전통에 따르면 일천제란 성불할 수 있는 역량이 없는 사람을 가리키는 말입니다. 한 가지 기억해야 할 것이 있습니다. 현실적으로 상근기가 귀족이나 적어도 평민 계층의 사람들을 가리키는 것이라면, 하근기는 일자무식의 천민 계층을 가리켰다는 사실을 말입니다. 그러니까 일천제는 성불할 수 없다는 주장은 하근기인 일반 민중들에게는 절망스런 선언일 수밖에 없을 것입니다. 직접 노동을 하느라 귀족처럼 수양을 할 여력이 없었던 민중들은 자신이 일천제라고 절망하고 있었기 때문이지요. 최악의 존재인 일천제마저 성불할 수 있다면, 민중들은 자신도 언젠가는 성불해서 주인으로서의 삶을 영위할 수 있다고 기대할 수 있게 되는 셈이지요.

2.

구조주의 인류학자 레비스트로스Claude Lévi-Strauss, 1908-2009는 1955년에 출간된 자신의 주저 《슬픈 열대Tristes tropiques》에서 말했던 적이 있습니다. 문자야말로 계급과 권력이 발생하는 기원이라고 말입니다. 다시 말해 문자가 출현하면서 문자를 독해할 수 있는 계층과 그렇지 않은 계층으로 사람들이 분화된다는 것입니다. 정신노동과 육체노동 사이의 오래된 위계적 분업 체계가 발생한 것도 사실 문자가 없었다면 불가능했을 겁니다. 사실 이것은 단지 과거만이 아니라 현재에도 적용되는 것 아닌가요? 부모들이 지금도 자신의 아이들을 더 많이 가르치려고 혈안이 되는 것도 같은 이유인지도 모를 일입니다. 많이 배운 사람들은 그렇지 않은 사람들 위에 군림한다는 사실을 우리가 너무나 잘 알고 있기 때문이지요. "아는 것이 힘이다"라고 베이컨Francis Bacon, 1561-1626이 역설했던 것도 다 이유가 있었던 셈입니다.

레비스트로스의 통찰은 우리에게 많은 시사점을 줍니다. 문자를 강조하는 순간 상근기와 하근기의 구분은 강화될 수밖에 없을 겁니다. 반면 문자의 중요성을 약화시키는 순간 상근기와 하근기 사이의 간극은 좁아지게 됩니다. 때문에 문자로 이루어진 이론을 강조하는 순간 하근기, 즉 민중은 절망에 빠지게 될 겁니다. 이래서야 어떻게 불교가 자비라는 이념을 표방할 수 있겠습니까. 바로 여기서 우리는 선종 전통이 가진 사상사적 중요성을 확인하게 됩니다. 선종은 절망에 빠진 민중 계층에 대한 자비에서 출현한 것입니다. '불립문자'라는 선종의 슬로건이 중요한 것도 다 이유가 있었던 겁니다. 문자와 언어, 그러니까 지적 이론의 가치를 억누르지 않고서 어떻게 하근기, 즉 민중들에게 성불할 수 있다는 희망을 줄 수 있겠습니까. 바로 이것입니다. 불립문자라는 깃발 아래 선종은 하근기나 일천제를 포함한 누구나 부처가 될 수 있다고 주장했던 것입니다. 일자무식의 혜능이 선종의 여섯 번째 스승, 그러니까 육조가 되었다는 전설은 이런 선종의 정신을 가장 상징적으로 나타낸 것이지요.

문자와 이론을 강조한 만큼, 교종은 귀족적일 수밖에 없습니다. 반면 문자를 강조하지 않았고 심지어 문자에 대한 집착이 성불의 가장 큰 장애라고 기염을 토했던 만큼, 선종은 민중적일 수 있었던 것입니다. 아니나 다를까 역사적으로 살펴보아도 교종의 대표적인 스님들은 대개가 왕족이나 귀족 출신입니다. 우리나라의 경우만 보아도 신라시대의 의상 스님이나 고려시대의 의천 스님은 모두 왕족이었습니다. 어려서부터 좋은 환경 속에서 질 높은 교육을 받았기에 그들은 불교 경전을 읽고 이해하는 데 훨씬 더 탁월한 능력을 보일 수밖에 없었던 것이지요. 당연히 그들은 교종 내부에서 헤게모니를 쉽게 장악할 수 있었던 것입니다. 여기서 잊지 말아야 할 것이 하나 더 있습니다. 문자와 이론을 강조하는 순간, 교종 내부에서는 구조적인 위계질서가 발생할 수밖에 없다는 점입니다. '부처-경전-경전 독해자'라는 위계질서입니다. 물론 경전 독해자의 내부에서도 작은 위계질서, 그러니까 '경전에 능통한 사람'과 '경전에 무지한 사람'이라는 위계질서가 생길 겁니다.

3.

'불립문자'를 외치는 순간, 선종은 성불의 새로운 패러다임을 제안합니다. 그것이 바로 '직지인심, 견성성불'이라는 수행 방법입니다. 어려운 경전과 이론서를 공부하지 않아도 자신의 마음을 바로 응시해서 자신이 갖추고 있는 불성을 자각한다면, 누구나 부처가 될 수 있다는 겁니다. '문자'에서 '마음'으로 패러다임을 이동한 선종의 독특한 전통이 시작되는 것입니다. 이런 근본적인 변화는 교종 내부에 잠복해 있던 위계질서, 그러니까 '부처-경전-경전 독해자'라는 위계질서를 전복시킬 수밖에 없습니다. 기억나시나요? 운문 스님은 교종에 속한 스님들이 들었다면 경천동지할 사자후를 토했던 적이 있습니다. "마른 똥 막대기!" 부처의 말인 경전이 부정되려면, 부처를 가만히 두어야 되겠습니까. 쓰레기통에 후련하게 던져 넣어야지요. 그래야 살아 있는 우리의 마음 하나하나가 활발발하게 살아날 수 있을 테니까 말입니다. 이제 드디어 법연法演, ?-1104 스님이 주장자를 들고 굳건히 지키고 있는《무문관》의 마흔다섯 번째 관문을 뚫고 들어갈 수 있게 된 것 같습니다.

주장자를 위협적으로 휘두르며 법연 스님은 우리의 대답을 재촉합니다. "석가도 미륵도 오히려 그의 노예일 뿐이다. 자! 말해 보라. 그는 누구인가?" 잘 알다시피 석가는 불교의 창시자 싯다르타를, 그리고 미륵은 싯다르타의 사유를 가장 잘 이해하고 있다는 불교 이론가 마이트레야를 가리킵니다. 싯다르타뿐만 아니라 미륵도 부처로 추앙되는 사람입니다. 아니, 정확히 말해 미륵은 싯다르타보다 종교적으로 더 중요한 가치를 가지고 있다고 할 수 있습니다. 언젠가 이 세상에 극락정토가 이루어지면, 인간 세계에 다시 내려온다고 믿어졌던 부처였으니까요. 그래서일까요. 과거로부터 지금까지 수많은 불교 신자들은 삶이 고단해지면 미륵불을 울부짖으며 불렀던 겁니다. 지상에 고통이 사라지고 행복이 찾아오기를 기원하면서 말입니다. 싯다르타와 미륵이 그만큼 중요하니, 그들의 남긴 경전과 논서는 또 얼마나 중요한 것이겠습니까. 그들의 글은 깨달은 마음으로 들어가는 열쇠로 생각되었을 테니까 말입니다.

깨달았다는 것, 그래서 마침내 부처가 되었다는 것은 스스로 자신의 삶을 주인공으로 살아 낼 수 있게 되었다는 것을 말합

"석가도 미륵도 오히려 그의 노예일 뿐이다.
자, 말해 보라! 그는 누구인가?"

©이상을

니다. 당연히 석가모니나 미륵, 혹은 그들이 남긴 글에 의존한다는 것은 역설적이게도 우리가 깨닫지 못했다는 증거일 수밖에 없습니다. 이제 법연 스님의 화두가 풀리시나요? 석가와 미륵마저도 노예로 거느리고 있는 '그'는 누구입니까? 법연 스님의 질문에 "나다"라고 대답할 수 있는지요. 지금 법연 스님은 우리에게 묻고 있는 겁니다. "석가모니나 미륵의 노예가 될 것인가, 그들의 주인이 될 것인가?" "그들에게 소원을 기구하는 서글픈 하근기로 살 것인가, 누구에게도 원하는 것이 없는 당당한 상근기로 살 것인가?" 석가모니나 미륵이 우리의 노예가 되는 순간이 바로 우리도 그들과 마찬가지로 부처가 되는 찬란한 순간인 것입니다. 석가모니나 미륵이 우리에게 절을 하는 광경을 떠올려 보세요. 얼마나 멋지고 통쾌한 순간이겠습니까. 사찰에 올라가시면, 이제 석가모니불이나 미륵불에게 절을 하세요. 물론 그 절은 일방적인 숭배의 절이 아닙니다. 그것은 멋진 맞절일 수밖에 없기 때문이지요. 쇳덩어리나 나무토막이기에 석가모니불이나 미륵불은 이미 당당한 주인이 되어 버린 우리에게 절을 할 수 없을 테지만, 너무 무례하다고 탓하지는 마십시오. 자비의 마음을 품고서 말입니다.

유머, 농담, 혹은 경쾌한 깨달음의 세계

수산 화상이 죽비를 들고 여러 스님들에게 보이며 말했다. "너희들이 만일 이것을 죽비라고 부른다면 이름에 집착하는[觸] 것이고, 그렇다고 죽비라고 부르지 않는다면 사실에 위배되는[背] 것이다. 이제 바로 너희들이 말해 보라! 이것을 무엇이라고 부르겠는가!"

《무문관》 43칙, '수산죽비(首山竹篦)'

1.

베이트슨Gregory Bateson, 1904-1980과 그의 주저 《마음의 생태학Steps to an ecology of mind》은 우리의 마음이나 선불교의 정신을 이해하는 데 커다란 도움을 줍니다. 특히 중요한 것은 그가 전개했던 '이중 구속the double bind'이라는 이론입니다. 어떤 어머니가 아이에게 명령을 내립니다. "내 말을 듣지 마라!" 아이는 당혹스러울 겁니다. 어머니의 말을 들어야 하는 것인지, 듣지 않아야 하는 것인지 헛갈리기 때문이지요. 만일 앞으로 어머니가 하는 말을 일체 따르지 않는다면, 아이는 "내 말을 듣지 마라!"라는 어머니의 말을 따르는 것이 됩니다. 그렇지만 역설적이게도 아이는 "내 말을 듣지 마라!"라는 어머니의 말을 어긴 것이 됩니다. 당연히 아이는 헛갈릴 수밖에 없지요. 어머니의 말을 들으면 어머니의 말을 어긴 것이 되고, 어머니의 말을 어기면 어머니의 말을 듣는 꼴이 되니까 말입니다. 바로 이것이 이중 구속의 상황입니다.

베이트슨은 이중 구속 상태에 빠질 때 우리는 정신 분열증에 빠지게 된다고 이야기합니다. 당연합니다. 어머니의 말을 들어야 할지 아니면 어겨야 할지 결정하지 못하면, 정신이 분열될 수밖에요. 그렇지만 사실 이중 구속 이론은 베이트슨만이 이야기했던 것은 아닙니다. 서양 철학사에 조금이라도 관심이 있는 분이라면, '거짓말쟁이의 역설Liar paradox'을 아실 겁니다. 어떤 크레타 사람이 "모든 크레타 사람은 거짓말쟁이다"라고 말했다고 합니다. 문제는 그도 바로 거짓말쟁이로 유명한 크레타 사람들 중 한 사람이라는 데 있습니다. 그러니까 "모든 크레타 사람은 거짓말쟁이다"라는 말이 참이라면 그는 거짓말을 하는 셈입니다. 지금 크레타 사람인 그는 진실을 말하고 있으니까요. 반대로 "모든 크레타 사람은 거짓말쟁이다"라는 말이 거짓이라면 그는 참말을 하고 있는 셈입니다. 이 경우 그는 뻔뻔스럽게 다시 거짓말을 하고 있으니까 말입니다. 도대체 어느 것이 참인지 거짓인지 헛갈리기만 합니다.

20세기 서양의 지성인들은 거짓말쟁이의 역설을 풀기 위해서, 아니 정확히 말해 '역설'이 발생하지 않도록 무던히도 애를 썼습니다. 철학자 러셀Bertrand Russell, 1872-1970도 그렇고 수학자 괴델Kurt Gödel, 1906-1978도 그랬습니다. 과연 그들은 거짓말쟁이의 역설을 없애는 데 성공했던 것일까요? 불행히도 그렇지 못한 것 같습니다. 그들은 거짓말쟁이의 역설을 잠시 동안 억누르고 있었을 뿐이니까요. 이런 평가가 가능한 이유는 그들이 언어와 논리에 지나치게 집착하고 있는 것으로 보이기 때문입니다. 크레타 사람 이야기로 되돌아가 보지요. "모든 크레타 사람은 거짓말쟁이다"라는 주장을 어느 크레타 사람이 말하는 순간, 역설이 발생합니다. 그렇지만 이것이 역설로 보이는 이유는 그 크레타 사람이 '모든 크레타 사람'이라고 이야기했기 때문입니다. 만일 그가 "대부분의 크레타 사람은 거짓말쟁이다"라고 이야기했다면, 역설은 발생하지 않았을 겁니다. 그 자신은 거짓말쟁이가 아닐 수도 있으니까 말입니다.

2.

러셀이나 괴델은 모두 '모든'이라는 말에 지나치게 집착하고 있었던 것입니다. 그러니 역설이 불가피한 것 아닐까요? 예를 하나 들어 보지요. 친구한테 배신을 당한 사람이 있다고 해 봅시다. 지금까지 본인은 한 번도 자신의 친구들을 배신한 적이 없었습니다. 때문에 그의 분노와 비탄을 미루어 짐작해 볼 수 있습니다. 그는 절규합니다. "모든 인간은 배신자야!" 과연 여기서 '모든 인간'은 절규하고 있는 이 사람, 그리고 뿐만 아니라 앞으로 그가 만날 미지의 모든 친구들을 가리키는 것일까요? 그렇지 않습니다. 그가 말한 '모든 인간'은 자신을 배신한 그 친구에게만 통용되는 것이기 때문이지요. 그렇지만 이제 신뢰할 만한 친구가 없다는 자괴

감 때문에 그는 '모든 인간'이라는 말을 썼던 겁니다. 배신감을 극적으로 표현하려는 일종의 과장법인 셈입니다. 바로 이것입니다. 역설은 언어를 엄격하고 엄밀하게 논리적으로 사용하려는 집착 때문에 발생하는 것입니다.

베이트슨이 말한 이중 구속도 마찬가지 아닐까요. "내 말을 듣지 마라!"라는 어머니의 명령에 글자 그대로 집착했을 때, 아이는 이중 구속에 빠지고 심하면 정신 분열증에 걸리게 될 겁니다. 그런데 어머니는 정말 아이가 자신의 말을 듣지 않기를 원했던 것일까요? 물론 아닐 겁니다. 아이가 자신의 말을 너무나 듣지 않아 화가 나서 했을 수 있는 말이기 때문입니다. 그러니까 "내 말을 듣지 마라!"라는 어머니의 말은 다른 뜻을 가지고 있을 수 있다는 겁니다. "제발 내 말 좀 들어라!"이거나 아니면 "왜 이렇게 말을 듣지 않는 거니!", 바로 이것이 어머니가 아이에게 하고 싶었던 말일 수도 있다는 것이지요.

이제 《무문관》의 마흔세 번째 관문을 지키고 있는 수산首山, 926-993 스님을 만날 든든한 채비가 갖추어진 것 같습니다. 이 마흔세 번째 관문에서 수산 스님은 제자들을 이중 구속의 함정에 빠뜨리고 있습니다. 죽비를 들고서 죽비라고 말해서도 안 되고, 죽비라고 말하지 않아도 안 된다는 겁니다. 그리고는 물어봅니다. 자신이 들고 있는 죽비를 가리키며 "이것을 무엇이라고 부르겠는가!" 작은 죽비 하나가 제자들에게는 넘을 수 없는 은산철벽銀山鐵壁처럼 견고하고 높아만 보였을 겁니다. 스승이 던진 화두가 은과 철로 만든 절벽처럼 견고하고 높으니 얼마나 통과하기 힘들겠습니까. 지금 제자들은 정신 분열증까지는 아니더라도 아마 온몸을 땀으로 적시고 있었을 겁니다. 무슨 억하심정인지 논리적으로 말도 안 되는 화두, 역설에 지나지 않는 화두를 던지면서 스승이 자신들을 괴롭히니 말입니다. 아마 제자들의 뇌리에는 '죽비, 죽비, 죽비'라는 글자가 떠나지 않았을 겁니다.

3.

제자들은 스승 수산 스님이 막고 있는 관문을 통과하지 못하고 있습니다. 그렇지만 관문은 수산 스님이 막고 있는 것이 아니라 그들 자신이 막고 있다는 사실을 그들은 조금도 생각하지 못하고 있습니다. 제자들은 너무나 논리적이었던 겁니다. 논리적으로 죽비는 죽비라고 부르거나 아니면 죽비가 아닌 다른 것이라고 부를 수도 있습니다. 물론 제자들은 전자는 참이고 후자는 거짓이라고 생각할 겁니다. 논리적으로 아무런 하자가 없는 추론입니다. 그런데 지금 스승은 죽비라고 말해서도 안 되고, 다른 것이라고 말해서도 안 된다고 요구하고 있습니다. '죽비'라는 말과 그와 관련된 논리적 추론에 집착한다면, 그들이 빠져나갈 수 있는 길은 없을 겁니다. 마치 '모든'이라는 말에 집착했던 러셀이나 괴델, 혹은 "내 말을 듣지 마라!"라는 어머니의 말에 집착했던 아이처럼 말입니다. 간단한 화두로 제자들을 이중 구속에 빠뜨린 수산 스님의 능력은 탁월한 데가 있습니다. 이를 통해 수산 스님은 제자들이 얼마나 부자유스러운 마음 상태에 있는지 보여 주었으니까 말

©김태성

집착은 우리의 마음을 너무나 무겁게 만들고
그만큼 우리를 부자유스럽게 만듭니다.
그렇지만 유머는 언어와 논리에 집착하지 않는 가벼운 마음,
그러니까 자유로운 마음에서만 가능한 것입니다.

입니다.

여기서 잠시 베이트슨의 주저《마음의 생태학》을 다시 넘겨볼까요? 베이트슨은 흥미로운 사례 하나를 우리에게 들려줍니다. "어느 날 어떤 직장인이 근무 시간에 집으로 돌아갔다. 직장의 다른 동료가 집에 있는 그에게 전화를 걸었다. 그리고 가볍게 그에게 묻는다. '어, 거기에 어떻게 갔니?' 그러자 그 직장인은 대답했다. '자동차로.' 그는 글자 뜻 그대로 대답한 것이다." 웃음이 터져 나올 만한 재미있는 사례입니다. 그렇다면 어느 부분에서 우리의 웃음이 터져 나왔던 것일까요? 아마도 "거기에 어떻게 갔니?"라는 동료의 질문에 사례의 주인공이 "자동차로" 갔다고 말하는 대목일 겁니다. 주인공은 동료가 질문한 말을 표현한 그대로 집착하고 있습니다. '어떻게'라는 말을 집에 돌아간 방법으로 들었으니까요. 그렇지만 우리는 알고 있지요. 주인공의 동료가 말하려고 했던 것은 "도대체 일은 하지 않고 왜 집에 갔니?"라는 물음이었다는 사실을 말입니다.

자, 이제 여러분의 차례입니다. "만일 이것을 죽비라고 부른다면 이름에 집착하는 것이고, 그렇다고 죽비라고 부르지 않는다면 사실에 위배되는 것이다. 이것을 무엇이라고 부르겠는가!" 대답은 수천수만 가지가 될 수 있을 겁니다. 죽비에 집착하지 않고 대답했다면 어떤 말이라도 정답일 테니까요. 아마 방귀를 우렁차게 내뿜는 것도 한 가지 방법이 될 수도 있을 것 같습니다. 그렇지만 잊지 말아야 할 것은 우리의 대답에는 웃음기가 깔려 있어야 한다는 점입니다. "거기에 어떻게 갔니?"라는 질문에 "자동차로"라고 대답했던 어떤 사람의 이야기를 듣고서 터뜨렸던 것과 같은 웃음 말입니다. 웃음, 혹은 유머는 언어에 집착하지 않아야 가능한 법이니까요. 집착은 우리의 마음을 너무나 무겁게 만들고 그만큼 우리를 부자유스럽게 만듭니다. 그렇지만 유머는 언어와 논리에 집착하지 않는 가벼운 마음, 그러니까 자유로운 마음에서만 가능한 것입니다. 저라면 이렇게 말했을 겁니다. "스님, 농담도 잘하시네요." 아마 수산 스님도 빙그레 미소를 지으며 말씀하실지 모릅니다. "자식, 지랄을 하네. 아주 지랄을 해."

인정투쟁이 사라진 자리에서

조주가 어느 암자 주인이 살고 있는 곳에 이르러 물었다. "계십니까? 계십니까?" 암자 주인은 주먹을 들었다. 그러자 조주는 "물이 얕아서 배를 정박시킬 만한 곳이 아니구나"라고 말하고는 바로 그곳을 떠났다. 다시 조주가 어느 암자 주인이 살고 있는 곳에 이르러 물었다. "계십니까? 계십니까?" 그곳 암자 주인도 역시 주먹을 들었다. 그러자 조주는 "줄 수도 있고 뺏을 수도 있으며 죽일 수도 있고 살릴 수도 있구나"라고 말하고는 그에게 절을 했다.

《무문관》 11칙, '주감암주(州勘庵主)'

1.

사람이 사는 일에 어떻게 동양과 서양이 다르겠습니까만, 동양과 서양은 다르기는 다릅니다. 상이한 언어와 생활환경, 그리고 오랜 전통은 많은 차이점을 만들기 때문입니다. 마치 동일한 꽃이라도 환경에 따라 전혀 다른 모양과 색, 그리고 향내를 가지게 되는 것처럼 말입니다. 그래서인지 흔히 동양의 사유는 직관적이고 감성적이며, 서양의 사유는 논리적이고 이성적이라는 주장들을 합니다. 그러나 이것은 피상적인 인상일 뿐입니다. 서양의 사유 전통에도 감성적이고 직관적인 특성이 있는 것처럼 동양의 사유 전통도 서양에 못지않게 논리적이고 이성적인 특성을 가지고 있기 때문입니다. 불교만 하더라도 인명因明, hetu-vidya이라는 논리학의 전통이 있습니다. 인명이라는 말은 '이유나 근거[因]'를 '해명한다[明]'는 뜻을 가지고 있는 말입니다. 물론 서양 논리학의 내용과 자세한 부분에서는 차이를 보이지만, 불교의 인명학은 동양의 사유에서도 논리적이고 이성적인 사유가 가능했다는 것을 분명히 보여 줍니다. 어쨌든 이유나 근거를 따지면서 어떤 주장의 타당성을 숙고한다는 것은 논리학적 사유이니까요.

그렇다면 동양과 서양의 사유가 구별되는 가장 극적인 지점은 어디일까요? 이런 의문에 제대로 대답하기 위해서 우리는 불교 사유와 기독교 사유의 차이에 주목해야만 합니다. 불교와 기독교에 주목하는 이유는 단순히 두 전통이 각각 상이한 사유 형식을 대표하기 때문만은 아닙니다. 오히려 중요한 것은 두 전통이 인간의 가능성과 한계에 대한 전혀 다른, 때로는 이질적이기까지한 이해 방식을 보여 준다는 점 때문입니다. 기독교의 가르침에 따르면 인간은 생전에 완전한 삶을 영위할 수 없습니다. 인간은 원죄를 갖고 있는 죄인이기 때문입니다. 그래서 인간에게 남겨진 일은 자신의 삶을 검열하며 사후의 심판을 대비하는 것뿐입니다. 결국 기독교의 인간은 항상 절대자의 시선을 의식하며 전전긍긍하는 삶을 영위할 수밖에 없는 것입니다. 피고인의 죄를 심판하는 것은 피고인 자신이 아니라 재판관인 것처럼, 삶의 가치를 평가하는 것은 자신이 아니라 절대자이기 때문이지요. 절대자의 시선을 의식한다는 것, 혹은 절대자의 인정을 받으려 갈망한다는 것, 이 것이 바로 기독교적 인간의 내면을 규정하는 핵심입니다.

헤겔이나 그의 추종자 호네트Axel Honneth, 1949-는 '인정Anerkennung'의 논리를 통해 기독교적 인간을 세속화시킵니다. "나는 당연히 인정 행위 속에서 존재하며, 더 이상 매개 없는 현존재가 아니다."《예나 시대의 실재철학Jenaer Realphilosophie》이라는 책에 실려 있는 헤겔의 말입니다. 그러니까 인간은 자신 아닌 무엇인가의 인정이 없다면 아무것도 아니라는 이야기입니다. 바로 이것입니다. 기독교적 인간이 신이 자신을 인정할 때에만 스스로 자신을 인정할 수 있었다면, 헤겔이나 호네트의 인간은 타인이 자신을 인정할 때에만 자신을 인정할 수 있게 된 것입니다. 신이 타인으로 바뀌었을 뿐, 인정의 논리에는 변한 것이 하나도 없지요.

2.

헤겔은 단호하게 이야기합니다. "인간은 매개 없는 현존재가 아니다." 여기서 '매개mediation'라는 말은 사다리와 같은 것이라고 생각하시면 됩니다. 그러니까 땅에서 옥상으로 올라가려면 반드시 사다리를 통해야 하는 것처럼, 인간이 자신을 이해하려면 반드시 거쳐야 하는 것이 있다는 겁니다. 이것이 바로 매개이지요. 눈치가 빠르신 분은 여기서 '매개'가 절대자나 타인, 아니면 그들의 인정이라는 것을 쉽게 알아차리셨을 겁니다. 하긴 일상적인 경험을 되돌아보면 헤겔의 말은 나름대로 일리가 있기는 합니다. 누군가가 아름답다고 인정할 때, 우리는 자신이 아름답다는 사실에 기쁨을 느끼게 됩니다. 혹은 학교에서 상장을 받거나 회사에서 포상을 받았을 때, 우리는 자신이 능력이 있다는 사실에 흡족함을 느낍니다. 그렇습니다. 분명 인간은 무엇인가로부터 인정받으려는 욕망을 가지고 있습니다.

그렇지만 과연 이것이 전부일까요? 인정을 받을 때만 우리가 존재할 수 있다는 헤겔이나 호네트의 말이 옳다면, 불행히도 인정이 철회되는 순간 우리에게는 존재의 이유가 사라지게 될 겁니다. 못생겼다고 누군가 나에게 손가락질을 하거나 무능력하다고 누군가 나를 비하한다면, 존재 이유가 사라진 우리는 자살해야 하는 것일까요? 물론 헤겔이나 호네트가 인간을 죽음으로 몰고 가려고 한 것은 아닐 겁니다. 단지 그들은 인간의 삶에서 타인에게서 받는 인정이 얼마나 중요한지 강조하고 싶었을 겁니다. 그렇지만 인정을 두고 벌이는 치열한 생존 경쟁을 정당화하는 그들의 논리가 아이러니하게도 인간을 파괴시킬 수도 있다는 건 분명한 사실입니다. 그래서 1992년 출간되어 세계적인 반향을 불러일으킨 호네트의 저서 제목, 《인정투쟁Kampf um Anerkennung》은 매우 의미심장하다고 할 수 있습니다. 인정을 두고 벌이는 인간의 투쟁이 당연하다는 듯한 제목이 섬뜩하기까지 합니다. 인정을 받을 때야 상관이 없지만, 인정을 받지 못할 때는 자살하는 것이 당연하다는 논지를 함축하니까요.

역설적으로 타인의 인정에 연연하지 않는다면, 우리는 결코 자살과 같은 극단적인 선택을 하지 않을 겁니다. 당연한 일이지요. 타인의 인정에 목마르지 않게 되었을 때, 우리는 폭풍우 속에서도 굳건히 자리를 지키고 있는 당당한 산과 같을 테니까 말입니다. 사실 타인의 평가에 일희일비하는 순간, 우리는 바람에 날리는 나뭇잎처럼 수동적인 삶을 살아 낼 수밖에 없습니다. 칭찬을 들으면 사는 맛이 나고, 비난을 들으면 죽을 것만 같을 테니까 말입니다. 바로 이것이 불교의 사유를 기독교로 대표되는 서양 사유로부터 구별하도록 만드는 대목이 아닐까요? 그렇습니다. 기독교, 혹은 헤겔과 호네트와는 달리 불교는 '인간은 매개 없이도 당당한 삶의 주체가 될 수 있다'는 것을 긍정합니다. '천상천하유아독존'을 외쳤던 싯다르타나 매일 아침마다 스스로를 '주인공'이라고 불렀던 서암 스님이 이 점을 웅변적으로 보여 주는 것 아닐까요?

3.

이제《무문관》의 열한번 째 관문으로 들어가 보지요. 이 관문에는 조주 스님이 당혹감을 던져 주며 우리를 깨달음으로 이끌려고 하고 있습니다. 열한 번째 관문에는 조주 이외에 무명의 스님 두 명이 등장합니다. 조주가 첫 번째 스님의 암자를 찾았을 때, 그 스님은 주먹을 들어 조주에게 보여 줍니다. 여기서 주먹을 든다는 것은 무슨 의미일까요? 바로 '주먹감자'입니다. 타인을 비하할 때 동서양 구별 없이 쓰는 일종의 욕이라고 할 수 있습니다. 나름 깨달음에 이르렀다고 자부하던 조주로서는 당혹스러운 일이었을 겁

타인의 평가에 일희일비하는 순간,
우리는 바람에 날리는 나뭇잎처럼
수동적인 삶을 살아 낼 수밖에 없습니다.

니다. 암자에서 수행하고 있던 무명의 스님이 주먹감자를 날렸으니, 어떻게 기분이 좋을 수 있었겠습니까? 그러니 조주도 그 스님을 바로 비하했던 겁니다. "물이 얕아서 배를 정박시킬 만한 곳이 아니구나!" 한마디로 말해 자신처럼 큰 사람이 상대할 가치도 없는 작은 사람이라는 것이지요.

여기서 우리는 타인이 가하는 모욕에도 당당한 조주의 면모를 볼 수 있습니다. 그렇지만 조주의 당당함에도 불구하고 동시에 조그만 아쉬운 점이 흰 눈밭에 떨어진 나뭇잎처럼 선연하기만 합니다. 조주는 자신을 인정하지 않았던 사람을 자신도 인정하지 않는 통쾌한 복수를 수행하고 있기 때문입니다. 이것은 그의 내면에 나름 인정받고자 했던 욕망이 있었다는 것을 말해 주는 것은 아닐까요? '아차!' 하는 순간, 조주는 인정의 욕망에 떨어져 버리고 만 것입니다. 《서경書經》에도 나오지 않던가요. "성인도 망념을 가지면 광인이 되고, 광인도 망념을 이기면 성인이 된다惟聖罔念作狂, 惟狂克念作聖"라고 말입니다. 다행스럽게도 조주는 깨달은 사람답게 금방 실수를 깨닫습니다. 그것은 두 번째 무명 스님을 만날 때 분명히 드러납니다.

두 번째 스님도 첫 번째 스님과 미리 짠 것처럼 조주에게 주먹감자를 날립니다. 이미 자신의 실수를 자각한 조주입니다. 두 번째 스님의 모욕에 맞서 조주는 자신이 상대방보다 크다는 허영을 부리기보다 상대방이 정말로 자신보다 크다고 긍정해 버리고 맙니다. "줄 수도 있고 뺏을 수도 있으며 죽일 수도 있고 살릴 수도 있구나!" 한마디로 말해 상대방 스님이 자유자재한 깨달음을 얻었다는 것입니다. 여기서 조주는 원래 자신의 모습으로 되돌아갑니다. 타인의 인정에 연연하지 않는 주인공의 마음으로 말입니다. 타인에게 모욕당했을 때의 불쾌감이 없다면, 이것은 타인에게 인정받으려는 욕망도 사라졌다는 것을 말하는 것이지요. 그렇다면 이제 궁금해집니다. 조주가 두 번째 스님에게 절을 했을 때, 그 스님은 어떻게 했을까요? 아니, 어떻게 해야만 했을까요? 이제 패는 두 번째 스님에게 던져진 것입니다. 자신을 인정해 주었다고 기뻐하는 순간, 두 번째 스님도 천 길 나락으로 떨어지게 될 것입니다. 그러니 이전보다 더 험상궂은 얼굴로 주먹감자를 다시 날리거나, 아니면 자신을 시험하려는 조주의 뺨을 후려갈겼을지도 모를 일입니다.

결여의식을 결여할 때 찾아드는 충만감

어떤 스님이 "어떤 것이 부처입니까?"라고 묻자, 마조는 말했다. "마음도 아니고, 부처도 아니다."

《무문관》 33칙, '비심비불(非心非佛)'

1.

중국 역사를 보면, 아니 허름한 중국 무협 영화를 보더라도 빈번히 등장하는 용어가 있습니다. '강호江湖'라는 말이 그것입니다. 아직도 나이든 저자들의 서문에는 "강호제현江湖諸賢에게 질정叱正을 바랍니다"라는 구절이 등장하기도 합니다. 그러니까 '강호의 여러 현명한 사람들이 자신의 글을 꾸짖어 바로 잡아 주기를 바란다'는 뜻입니다. '강호'라는 말은 무슨 뜻일까요? 중국 불교의 역사에 조금이라도 관심이 있는 분이라면 강호라는 말이 강서江西와 호남湖南을 줄인 말이라는 것을 알고 계실 겁니다. 다섯 번째 조사인 홍인 스님에게는 걸출한 두 명의 제자가 있었지요. 신수와 혜능이 바로 그들입니다. 선불교의 역사에서 신수는 북종선北宗禪을, 그리고 혜능은 남종선南宗禪을 상징합니다. 바로 강서와 호남,

그러니까 강호라는 시골이 바로 남종선의 본거지라고 할 수 있습니다. 반면 북종선은 장안長安과 낙양이라는 대도시를 본거지로 두고 있었습니다. 북종선과 남종선은 도시와 시골이라는 지역적인 차이 이상의 것을 함축합니다. 세련됨과 소박함, 이론과 실천, 문자와 삶, 복잡함과 단순함, 지식인과 민중 등등.

선불교 역사에서 처음에 주도적이었던 입장은 북종선이었지만, 842년부터 4년간 지속된 권력의 불교 탄압으로 권력의 직접 사정권에 들었던 북종선은 거의 와해되어 버립니다. 역사가들이 회창법난會昌法難이라고 부르는 사건이었지요. 반면 지리적으로 권력의 감시로부터 자유로웠던 남종선은 자신의 명맥을 유지할 수 있었던 겁니다. 이제 남종선의 전통을 좀 더 살펴보도록 하지요. 당시 강서를 대표했던 스님이 바로 마조馬祖, 709-788이고, 호남을 대표했던 스님은 석두石頭, 700-791였습니다. 두 스님이 없었나면 혜능이 시작했다고 하는 남종선이 번창해서 뒤에 중국, 나아가 동아시아 선불교의 주류가 되는 일도 없었을 겁니다. 여기서 석두도 중요하지만 특히 우리가 기억해야 할 것은 바로 마조입니다. 그 유명한 백장도, 임제도, 조주도, 그리고 《무문관》을 편찬했던 무문마저도 모두 마조의 영향 아래 있기 때문입니다. 그렇다면 마조의 어떤 면이 남종선이라는 도도한 강물을 만들게 되었던 것일까요?

마조의 개성을 이해하려면, 그가 자신의 스승 남악南岳, 677-744에게서 무엇을 배웠는지 알아야만 합니다. 남악 스님은 바로 육조 혜능六祖慧能의 직제자이지요. 마조와 남악 사이에는 다음과 같은 에피소드가 전해옵니다. 어느 날 남악이 마조에게 물었다고 합니다. “그대는 좌선하여 무엇을 도모하는가?” 그러자 마조가 말했습니다. “부처가 되기를 도모합니다.” 그러나 남악은 벽돌 한 개를 가져와 암자 앞에서 갈기 시작했다고 합니다. 기이한 풍경에 마조는 스승에게 물었다고 합니다. “벽돌을 갈아서 어찌하려고 하십니까?” “갈아서 거울을 만들려고 하네.” 당황스런 얼굴로 마조는 물었다고 합니다. “벽돌을 간다고 어떻게 거울이 되겠습니까?” 그러자 남악은 퉁명스럽게 대답합니다. “벽돌을 갈아 거울이 되지 못한다면, 좌선하여 어떻게 부처가 되겠는가?” 마조의 이야기를 담은 《마조록馬祖錄》에 실려 있는 에피소드입니다. 남종선에서 가장 막강한 영향을 끼쳤던 마조의 깨달음은 바로 여기서 시작되었던 것입니다.

2.

싯다르타는 싯다르타일 뿐이고, 나는 나일뿐입니다. 그런데 왜 나를 갈고 다듬어서 싯다르타와 같은 사람으로 만들려고 할까요. 물론 이것은 되려고 해도 될 수 없는 일일 겁니다. 더군다나 이런 노력이야말로 ‘천상천하유아독존’이라는 싯다르타의 가르침을 배신하는 것 아닐까요. 벽돌은 있는 그대로 벽돌일 뿐이고, 거울은 있는 그대로 거울일 뿐입니다. 여기에는 일체의 가치평가가 있어서는 안 됩니다. 벽돌이 거울이 되지 못했다고 좌절하거나 거울은 벽돌과 달리 귀하다고 해서 빼기는 상황, 그러니까 가치평가가 탄생하는 순간 우리의 마음은 해묵은 집착에 빠지기 때문이지요. 더 좋다는 것을 추구하고 더 나쁘다는 것을 피한다는 것, 이것은 우리가 외적 가치의 노예라는 것을 보여 줍니다. 그러니 중요한 것은 이런 일체의 가치평가로부터 자유로워지는 것 아닐까요. 이럴 때 우리는 세상을 주인으로 살아가는 부처가 될 수 있을 테니까 말입니다. 남악이 마조에게 '좌선한다고 해서 부처가 될 수 없다!'는 메시지를 전한 것도 이런 이유에서인지도 모를 일입니다. 평생 남의 꽁무니만 쫓아다녀서야 어떻게 자신의 의지대로 한 걸음이라도 걸어 보는 경험을 할 수가 있겠습니까.

부처란 무엇인가요. 어떤 것에도 집착하지 않는 자유로운 마음을 가지고 있는 사람입니다. 집착은 무엇인가에 집중해 마음을 빼앗기는 것입니다. 집착할 때 우리의 마음은 활발발하게 생동하는 것이 아니라 무엇인가에 사로잡혀 아교처럼 굳어 있는 상태라고 할 수 있을 겁니다. 이런 상대에서 어떻게 주인공으로서의 삶, 다시 말해 부처의 삶을 영위할 수 있겠습니까. 또한 이런 상태에서 어떻게 우리가 자비의 마음을 가질 수 있겠습니까. 그러니까 부처가 되려고 집착하는 것, 나아가 부처가 되려는 방법으로 좌선에 몰입한다면, 이것은 스스로 부처가 되지 않았다는 증거일 뿐만 아니라 될 수 없다는 징표라고 할 수밖에 없는 법입니다. 그래서일까요. 《마조록》을 보면 마조는 자신의 가르침을 다음과 같이 명료화합니다. "무릇 불법을 구하려는 사람은 마땅히 구하는 것이 없어야 한다. 마음 바깥에는 별도로 부처가 있지도 않고, 부처 바깥에는 별도의 마음이 있는 것이 아니기 때문이다."

《무문관》의 서른세 번째 관문은 "마음 바깥에는 별도로 부처가 있지도 않고, 부처 바깥에는 별도의 마음이 있는 것은 아니다" 라는 마조의 가르침과 깊이 연관되어 있습니다. 마조의 제자 중 한 사람은 스승의 가르침을 미루어 짐작하고 있었나 봅니다. "어떤 것이 부처입니까?"라고 물으며 아마도 '너의 마음에서 부처를 찾아라!'라는 스승의 말을 기대했던 것 같습니다. 그렇지만 마조의 대답은 제자의 기대를 좌절시키고 맙니다. "마음도 아니고, 부처도 아니다." 또 일이 벌어진 겁니다. 마음과 부처를 자꾸 외부에서 구하려는 제자가 등장했으니 말입니다. 그러니 마조의 정말로 중요한 가르침은 "무릇 불법을 구하려는 사람은 마땅히 구하는 것이 없어야 한다"라는 사자후에 담겨 있다고 해야 하지 않을까요? 어떤 것도 구하는 것이 없다는 것, 그것이야말로 어떤 집착도 없다는 것을 상징하는 것이니까 말입니다. 이제 더 막연하기만 합니다. 그렇다면 도대체 우리는 어떻게 부처가 될 수 있다는 것일까요?

3.

'동안거冬安居'나 '하안거夏安居'라는 말을 들어 보셨나요? 근기가 탁월한 스님들이 부처가 되려는 뜻을 품고 치열하게 참선하는 기간을 말합니다. 그래서 동안거는 겨울에 뜨거운 땀이 솟구치도록 만드는 열기를 자랑하고, 하안거에는 여름의 뜨거운 태양마저 얼려 버릴 냉기가 고요한 사찰 마당을 휘감는 것입니다. 부처가 될 수 있다는데, 겨울의 추위나 여름의 더위쯤이 대수이겠습니까.

ⓒ전영숙

이제 부처는 선방에서 탄생하는 것이 아닙니다.
오히려 일상생활의 도처에서,
육조 혜능이 몸소 보여 주었던 것처럼
물을 긷고 땔나무를 나르는 운수반시의 과정에서,
우리는 부처가 될 수 있다는 겁니다.

너무나 아름답고 장엄한 광경이지요. 그런데 지금 마조의 스승 남악은 이런 노력 자체를 철저하게 부정하고 있습니다. 벽돌을 갈아서 거울이 될 수 있다면 참선해서 부처가 될 수도 있겠다는 조롱과 함께 말입니다. 마조가 반문했던 것처럼 벽돌을 아무리 정성스레 치열하게 다듬는다고 해도 거울이 될 수는 없는 법입니다. 마조의 말처럼 좌선으로 부처가 될 수 없다면 우리는 어떻게 해야 삶의 당당한 주인공, 혹은 활발발한 마음을 가진 주체가 될 수 있을까요?

마조를 상징하는 명제, "평상심시도平常心是道"라는 구절을 어디선가 들어 보신 적이 있을 겁니다. 평상시의 마음이 바로 부처가 되는 길이라는 의미입니다. 바로 이것입니다. 교종이 자랑하는 불경에 대한 지적인 이해도 아니고, 그렇다고 선종 전통에서 강조하는 좌선도 부처가 될 수 있는 길이 아니라는 겁니다. 다시 말해 그저 평상시의 마음만 유지할 수만 있다면, 바로 그 순간 누구나 부처가 될 수 있다는 것이지요. '불립문자'를 통해 부처가 될 수 있는 길을 민중에게도 열어 놓았던 것처럼, 선종은 마조를 통해 몇 명 근기가 탁월한 스님들의 치열한 참선으로 축소되었던 부처가 되는 길을 진짜로 모든 사람들에게 활짝 열어젖힌 것입니다. 이제 부처는 선방禪房에서 탄생하는 것이 아닙니다. 오히려 일상생활의 도처에서, 육조 혜능이 몸소 보여 주었던 것처럼 물을 긷고 땔나무를 나르는 운수반시運水搬柴의 과정에서, 우리는 부처가 될 수 있다는 겁니다.

사실 평상平常이란 말은 '일상생활'이라고 번역하기에는 너무나 무겁고 중요한 단어입니다. '평平'이라는 글자는 저울이 균형을 잡는 순간, 혹은 물의 표면이 동요되지 않고 잔잔한 순간을 묘사하는 개념입니다. 그러니까 '평'이라는 글자는 흔들리는 저울이나 요동치는 물과는 대조적인 마음 상태를 가리킵니다. 누구나 일희일비하는 분주한 일상생활에서 이런 고요하고 안정적인 마음 상태를 작으나마 갖게 될 겁니다. 그러니까 누구든지 어느 한순간에는 싯다르타와 같은 마음을 갖게 된다고 할 수 있습니다. 문제는 이런 마음 상태가 지속적이지 않다는 데 있습니다. 이것이 바로 평범한 우리들과 깨달음에 이른 부처들 사이의 차이입니다. '평상'이라는 단어의 두 번째 글자 '상常'이 우리의 눈에 강하게 들어오는 것도 이런 이유에서인지도 모릅니다. '상'은 '항상恒常'이란 말이나 '상례常例'라는 말에서처럼 '지속'을 의미하는 말이니까요. 물을 긷고 땔나무를 나를 때도, 제자들에게 몽둥이질을 할 때도, 최고 권력자를 만날 때도, 어느 경우나 '평'의 마음이 '지속'될 때 마침내 우리는 부처가 되는 것입니다. 그러니까 "평상시의 마음이 부처가 되는 길"이라고 마조가 말했을 때, 진정으로 공부해야 할 곳은 바로 '상'이라는 한 글자에 있었던 것이라고 할 수 있습니다.

언어의 그물에 걸리지 않는 방법

앙산 화상이 미륵 부처가 있는 곳에 가서 세 번째 자리에 앉는 꿈을 꾸었다. 그곳에 있던 어느 부처가 나무망치로 받침대를 치며 말했다. "오늘은 세 번째 자리에 있는 분이 법을 하겠습니다." 앙산 화상은 일어나 나무망치로 받침대를 치며 말했다. "대승의 불법은 네 구절을 떠나서 백 가지의 잘못을 끊는다. 분명히 들으시오. 분명히 들으시오."

《무문관》 25칙, '삼좌설법(三座說法)'

1.

많은 학자들은 선종이 인도에서 유래한 불교 사상이 동아시아, 특히 중국화된 것이라고 생각하고 있습니다. 심지어 몇몇 학자들은 이미 선종은 불교의 외양만 갖고 있는 노장老莊 사상에 지나지 않는다고 비판하기까지 합니다. 극단적으로 말하자면 선종은 이단 불교일 뿐이라는 것이지요. 이런 입장이 옳은지 한번 생각해 볼까요? 불교에 조금만 관심이 있는 분이라면 팔정도八正道, āryāṣṭāṅgomārgḥ라는 말을 들어 보셨을 겁니다. '올바른 견해[正見]',

'올바른 사유[正思]', '올바른 말[正語]', '올바른 행동[正業]', '올바른 생활[正命]', '올바른 노력[正精進]', '올바른 집중[正念]', '올바른 참선[正定]' 등이 바로 그것입니다. 부처가 되려는 사람들에게 싯다르타가 제안했던 여덟 가지 방법입니다. 불교학자들은 팔정도의 가르침을 충실히 따르는 불교를 근본불교fundamental buddhism라고 이야기하기도 합니다.

이런 정의에 따르면 선종은 근본불교이기보다는 지엽적인 불교, 혹은 이단적인 불교일 수밖에 없을 겁니다. 선종을 상징하는 선사들의 행동거지를 한번 생각해 보세요. 그들은 제자의 손가락을 자르고, 심지어는 고양이를 칼로 죽입니다. 올바른 행동으로 보일 리가 없습니다. 어떤 때는 부처를 '마른 똥 막대기'라고 부르면서 거친 말과 역설적인 표현을 즐기는 것 같으니, 올바른 사유나 올바른 말에도 거리가 있는 것처럼 보입니다. 심지어는 좌선을 한다고 해서 부처가 될 수 없다고도 역설하기도 하니, 이것은 올바른 집중과 올바른 참선마저도 패키지로 부정하는 것으로 보입니다. 그러니 팔정도의 가치를 맹신하고 있는 사람들 눈에는 선사들이 노자老子나 장자와 같은 사람으로 보였을 겁니다. 아무리 머리를 깎고 승복을 입고 있다고 할지라도 말입니다.

《도덕경道德經》 1장을 보면 "도가도비상도道可道非常道"라는 유명한 구절이 등장합니다. '지금 통용되는 도가 영구불변한 도는 아니다'라는 뜻입니다. 또한 《장자》에도 "도행지이성道行之而成"이라는 구절이 등장하기도 합니다. '도는 걸어 다녀야 만들어지는 것'이라는 의미이지요. 노자나 장자는 모두 현재 눈앞에 존재하는 길,

혹은 방법을 부정하고 있습니다. 이것이 바로 노장 사상의 정신이지요. 그런데 선사들도 거침없이 싯다르타의 도, 즉 팔정도를 짓밟아 버립니다. 그래서 불교학자들은 싯다르타가 제안했던 도가 영구불변한 도가 아니라고 주장하는 선종의 언행에서 근본불교가 아니라 자꾸 노장 사상의 냄새를 맡을 수밖에 없었던 겁니다. 정말 선종은 삭발하고 승복을 입고 있는 노장 사상일까요?

2.

선사들의 정신을 담고 있는 다양한 선어록禪語錄을 살펴보면, 우리는 어렵지 않게 알게 됩니다. 선종은 대승불교 전통의 적장자였기에 싯다르타의 팔정도마저도 부정할 수밖에 없었던 사실을 말입니다. 불교 철학사에 따르면 싯다르타 사후에 그의 제자들은 스승의 가르침을 경전으로 만들게 됩니다. 여기까지는 별다른 문제가 발생하지 않았습니다. 그런데 그들의 제자들, 그리고 그 제자들의 다음 제자들에 이르러서는 심각한 딜레마가 발생하게 됩니다. 그것은 바로 경전에 기록된 싯다르타의 말 자체를 신성시하는 경향이 벌어지게 되었기 때문이지요. 바로 이 시기가 소승불교의 시대입니다. 나가르주나로 대표되는 대승불교가 출현한 것도 바로 이런 이유에서입니다. 팔정도만이 아닙니다. 경전에 기록된 모든 언어에 과도하게 집착하는 아이러니한 기풍이 불교 내부에 팽배했던 겁니다.

집착이라는 질병을 고치려고 싯다르타가 고안한 약이 남용

되는 사태가 발생한 셈입니다. 이렇게 정리해도 좋을 것 같네요. 집착을 고치기 위해 싯다르타는 다양한 약을 만들었습니다. 그런데 그의 먼 제자들은 싯다르타의 약이 몸에 좋다는 것을 알고 그것을 아무런 거리낌 없이, 심지어는 습관적으로 먹기 시작했던 겁니다. 한마디로 약에 광적으로 집착하기 시작한 것이지요. 두통이 있을 때 두통약을 먹는 것은 좋은 일이지만, 두통이 사라진 뒤에도 계속 두통약을 먹는 것은 더 심각한 사태 아닌가요. 두통에 고통스러워하는 것보다 두통약에 중독되는 것이 더 심각하기 때문이지요. 나가르주나가 중도라는 싯다르타의 개념을 자신의 슬로건으로 삼은 것도 다 이유가 있었던 셈입니다. 약은 병이 있을 때에만 적절하게, 그러니까 모자라지도 과하지도 않게 먹어야 한다는 것이지요.

나가르주나의 주저 《중론》은 제목이 나타내는 것처럼 '중도'에 입각해 모든 개념적 집착을 치료하려는 이론서, 혹은 일종의 약물중독 치료서라고 할 수 있습니다. 그런데 그의 책이 단순히 불교 전통을 넘어서 야스퍼스Karl Jaspers, 1883-1969에게마저 인류 최고의 이론서라고 극찬을 받았던 이유는 무엇일까요? 서양 지성인들이 20세기에 들어서 본격적으로 고민하게 된 언어나 개념과 관련된 철학적 문제를 나가르주나는 이미 충분히 숙고했고, 심지어는 앞으로 서양 철학자들이 고민해야 할 문제들마저 미리 정리해 놓았기 때문입니다. 그들로서는 경악할 일이었지요. 어쨌든 《무문관》의 스물다섯 번째 관문에 이르기 위해서 우리는 지금까지 이렇게 힘든 길을 숨 가쁘게 달려온 것입니다. 하지만 이제 분명해지지 않았나요. 선종은 승복을 입은 노장 사상이 아니라, 나가르주나로부터 시작된 대승불교의 정점에 서 있는 전통이었던 겁니다. 사실 선종의 슬로건 '불립문자'도 언어나 문자에 집착하지 말아야 한다는 나가르주나의 생각을 배경으로 하지 않고는 이해될 수 없는 것입니다.

3.

꿈이나마 미륵 부처의 처소에서 이루어진 앙산仰山, 807-883 스님의 설법만큼 분명한 증거도 없을 것 같습니다. 앙산도 말하지 않던가요. "대승의 불법은 네 구절을 떠나서離四句 백 가지의 잘못을 끊는다絶百非." 여기서 '네 구절', 즉 '사구四句'란 집착을 발생시키는 언어가 가진 네 가지 언어형식을 가리키는 나가르주나의 전문 용어입니다. 네 가지 언어형식은 '같음[一]', '다름[異]', '있음[有]', 그리고 '없음[無]'라는 이름으로 불립니다. 그렇지만 사실 중요한 것은 '같음'과 '다름'이라는 두 가지 언어형식입니다. '있음'의 언어형식과 '없음'의 언어형식은 모두 '같음'과 '다름'에서 파생되어 나오는 것이니까요. 인도철학이나 소승불교 전통에서는 '같음'의 언어형식이 인중유과론에, 그리고 '다름'의 언어형식은 인중무과론에 연결됩니다. 인중유과론이 원인 속에 이미 결과가 존재한다는 주장이라면, 인중무과론은 원인 속에는 어떤 결과도 미리 존재하지 않는다는 주장이기 때문입니다.

인중유과론과 인중무과론을 알기 쉽게 설명하려면, 칸트의

언어로 세상을 보지 말고,
있는 그대로 세상을 보아야만 합니다.

도움을 받는 것이 좋을 것 같습니다. 《순수이성 비판Kritik der reinen Vernunft》에서 그는 분석명제analytic proposition와 종합명제synthetic proposition를 구분했던 적이 있지요. 분석명제는 주어의 뜻만 알면 주어진 문장이 참인지 거짓인지를 알 수 있는 명제입니다. '총각은 결혼하지 않은 남자다'라는 문장이 좋은 예일 겁니다. 이와 달리 종합명제는 주어의 뜻만으로는 주어진 문장의 참과 거짓을 결정할 수 없고 오직 경험을 통해서만 참인지 거짓인지 알 수 있는 명제를 말합니다. '강신주는 베케트를 좋아한다'라는 문장이 그 예일 것 같습니다. 직접 강신주의 서재를 들여다보거나 아니면 강신주가 베케트의 소설을 읽고 있는 장면을 목격해야, '강신주는 베케트를 좋아한다'는 문장이 참인지 거짓인지 판단할 수 있으니까요.

여러모로 인중유과론은 분석명제의 논리와 같고, 인중무과론은 종합명제의 논리와 유사합니다. '비가 내린다'는 사태를 생각해 볼까요? 인중유과론으로 읽으면 '내리다'는 사태는 '비'라는 사태가 이미 가지고 있는 셈이 됩니다. 그러니까 '비'와 '내린다'라는 두 가지 사태는 '같다'고 할 수 있습니다. 반대로 인중무과론으로 읽으면 '내린다'는 것은 '비'라는 것과 아무런 관계가 없다는 겁니다. 이 경우 '비'와 '내린다'는 '다르다'고 말할 수 있습니다. 만일 말뿐이 아니라 진짜로 비가 내린다면, 인중유과론으로 읽은 비는 '있다'고 할 수 있지요. 비는 내리는 것이니까 말입니다. 반대로 진짜로 비가 내린다면, 인중무과론으로 읽은 비는 '없다'고 말해야 할 겁니다. 이 경우 비는 내리는 것과 무관하기 때문에 비는 존재하지 않아야 하기 때문입니다. 복잡하시지요. 그렇지만 어쨌든 이렇게 네 가지 근본적인 언어 형식은 매우 중요합니다. 내리는 비일 수도 있고, 내리지 않는 비일 수도 있습니다. 아니면 있는 비일 수도 있고, 없는 비일 수도 있습니다. 어느 경우이든 언어에 깊게 빠져드는 순간 우리는 비에 집착하게 되어 있는 법이니까요.

'같음', '다름', '있음', '없음'이라는 근본적인 언어형식이 각각 다시 이 네 가지 언어형식과 결합될 수 있습니다. 그러면 4×4=16이 되지요. 이어서 과거, 미래, 현재라는 세 시제가 가능하니까 16×3=48이 됩니다. 여기에 다시 미래 완료와 과거 완료라는 두 가지 시제도 가능하기에 48×2=96이 됩니다. 이렇게 만들어진 것에 원형이 되는 네 가지 언어형식을 합하면 마침내 백 가지 가능한 언어형식들이 만들어질 수 있습니다. 그러니까 일상생활에서 우리를 집착으로 몰고 가는 구체적인 언어형식들은 백 가지인 셈입니다. 이제 "네 구절을 떠나서 백 가지의 잘못을 끊는다"라는 앙산의 말이 이해가 되시나요. 그러나 사실 '같음'의 언어형식과 '다름'의 언어형식, 이 두 가지만 끊어 내면 우리는 언어의 함정에서 빠져나올 수 있습니다. 언어로 세상을 보지 말고, 있는 그대로 세상을 보아야만 합니다. 그냥 비가 내릴 뿐입니다. 비라는 주어 때문에 비라는 실체가 별도로 존재한다고 생각해서도 안 되고, 내린다는 동사 때문에 내림이라는 어떤 작용이 별도로 존재한다고 착각해서도 안 됩니다. 잘못하면 언어형식 때문에 '내리지 않는 비'라는 말도 안 되는 관념을 가질 수도 있기 때문이지요.

흐르는 강물처럼

어느 스님이 말했다. "저는 최근 이 사찰에 들어왔습니다. 스승께 가르침을 구합니다." 그러자 조주는 말했다. "아침 죽은 먹었는가?" 그 스님은 말했다. "아침 죽은 먹었습니다." 조주가 말했다. "그럼 발우나 씻게." 그 순간 그 스님에게 깨달음이 찾아왔다.

《무문관》 7칙, '조주세발(趙州洗鉢)'

1.

우연한 기회에 바이올리니스트 최예은1988-을 만난 적이 있습니다. 흔히 바이올린의 여제라고 불리는 안네 소피 무터Anne Sophie Mutter, 1963-로부터 능력을 인정받은 바이올리니스트입니다. 무터는 그녀를 "가장 애착이 가는 연주자"라고 부를 정도로 애정과 관심을 기울이고 있다고 하더군요. 최예은은 저와 집필실을 함께 쓰고 있는 선생님과 인터뷰를 하기 위해서 저의 집필실에 들른 겁니다. 그녀는 통통 튀는 듯 자신감 있는 목소리로 인터뷰에 응하고 있었습니다. 제 방에서도 도란도란 인터뷰 소리가 들리더군요. 소파에 편히 누워 책을 보고 있던 저의 귀에는 최예은이 들려준 흥미로운 에피소드가 들어왔습니다. 뮌헨 대학에 있는 그녀의 스승과 관련된 이야기였습니다. 어느 날 최예은이 연주를 하고 있는데, 그의 스승이 말했다고 합니다. "연주가 잘못된 부분이 있는 것 아니니?"

갑작스런 스승의 지적에 그녀는 당혹했다고 합니다. 그녀는 속으로 고개를 갸우뚱거릴 수밖에 없었기 때문이지요. 아무리 생각해도 잘못 연주된 부분이 없었으니까요. 그렇지만 어떻게 합니까? 스승이 잘못된 부분이 있다고 하니, 그런가 보다 하고 수긍했다고 합니다. 다시 연주가 진행되자, 스승은 다시 물어보았다고 합니다. "예은아, 정말 네 연주에 잘못된 부분이 있었다고 생각하니?" 이렇게 간곡하게 물어보니, 어떻게 제자가 자신의 속내를 계속 스승에게 감출 수가 있었겠습니까. "선생님, 사실 저는 잘못 연주했다고는 생각이 들지 않았어요." 바로 이것입니다. 스승은 제자를 떠본 것입니다. 스승은 음악에서 정말로 중요한 것은 음악을 대하는 진지한 자세와 당당한 태도라는 것을 가르쳐 주고 싶었던 겁니다. 그러니까 스승은 "선생님, 저는 제대로 연주했는데요"라는 대답을 기다렸던 겁니다.

젊은 바이올리니스트를 아끼는 스승의 마음이 감동적으로 다가옵니다. 자신이 연주하던 음악에 제대로 직면했다면, 연주자는 그 누구 앞에서도 당당할 수가 있습니다. 그것이 스승이라도 말입니다. 이럴 때 젊은 바이올리니스트는 한 사람의 당당한 연주자로 성장하게 됩니다. 그래서 스승의 시험은 애잔한 느낌을 줍니다. 이제 자신의 품에서 벗어날 때가 되었다는 생각이 없다면, 그러니까 이제 자신처럼 독립적인 연주자로 성장했다는 판단이 들지 않았다면, 스승은 자신의 제자를 떠보려고도 하지 않았을 겁니다. 그래서 애잔하다는 겁니다. 제자가 성장해서 더 이상이 자신이 필요하지 않다는 느낌이 드는 순간, 스승은 뿌듯하기도 하고 동시에 서글프기도 할 테니까요.

2.

《무문관》의 일곱 번째 관문은 자기 삶의 주인공이 되려고 조주를 찾아온 어느 스님이 깨달음을 얻는 과정을 보여 주고 있습니다. 《무문관》을 보면 그 스님은 조주에게 묻습니다. "저는 최근 이 사찰에 들어왔습니다. 스승께 가르침을 구합니다." 그렇지만 조주의 가르침과 에피소드를 담고 있는 《조주록》을 보면 조주에게 던진 스님의 질문은 조금 다릅니다. 아니 정확히 말해 《무문관》의 일곱 번째 관문을 통과하는 데 더 분명한 도움을 준다고 할 수 있습니다. 무명 스님은 조주에게 다음과 같이 물어봅니다. "어떤 것이 배우는 사람의 자기입니까?如何是學人自己" 여기서 '배우는 사람', 즉 학인學人은 무명 스님 자신을 가리키는 말입니다. 스스로 주인에 이른 스승처럼 스스로 주인이 되는 방법을 배우려고 하는 것이기에, 스님은 스스로를 학인이라고 부른 것입니다.

무명 스님의 질문은 이 스님이 깨달음에 나아가는 데 단지 한 걸음이 부족하다는 사실이 분명해집니다. 무명 스님의 질문을 천천히 음미해 보면, 이 스님은 이미 알고 있었던 겁니다. 자기,

그러니까 자신의 본래면목을 찾는다면, 그래서 그 맨얼굴을 잃지 않고 당당하게 삶을 영위한다면, 그 순간 자신이 부처라는 사실을 말입니다. 여기서 우리의 눈에는 무명 스님의 치열한 노력이 선연하게 들어옵니다. 양파 껍질을 벗기는 것처럼 스님은 자신의 가면을 하나하나 벗겨갔던 겁니다. 한 장의 껍질을 벗기는 순간, 스님은 기대했을 겁니다. 이제 자신의 맨얼굴, 누구와도 바꿀 수 없는 오직 자신만의 얼굴에 이를 수 있다고 말입니다. 그렇지만 이게 웬일입니까? 양파 껍질 한 장을 벗기자 새로운 양파 껍질을 만나는 것처럼, 가면을 벗자마자 맨얼굴이 아니라 또 다른 가면에 직면했던 겁니다. 시인 이성복의 〈그 해 가을〉이라는 시 말미에 나오는 구절과도 같은 절망감이었을 겁니다. "가면 뒤의 얼굴은 가면이었다."

우리는 무명 스님이 경험했던 자기의 맨얼굴을 찾으려는 집요한 노력과 반복되는 절망감에 주목해야만 합니다. 아니, 정확히 말해 여러분 자신을 이 스님이 느끼고 있는 절망감 속에 던져 넣어야만 합니다. 오직 그럴 때에만 "어떤 것이 배우는 사람의 자기입니까?"라는 질문의 절실함이 우리 가슴에 들어올 테니까 말입니다. 조주의 대답이 무명 스님뿐만 아니라 우리에게도 구원의 밧줄이 될 수 있는 것도 바로 이런 절실함에서만 가능할 겁니다. 자신의 맨얼굴을 찾으려고 내면을 파고드는 치열한 노력을 비웃듯이, 혹은 우리의 절실함을 조롱하기라도 하는 것처럼 조주는 말합니다. "아침 죽은 먹었는가?" 바로 이것입니다. 내면에 빠져 허우적거리고 있는 무명 스님을 조주는 한마디의 말로 바깥으로 이끌고 있습니다. "아침 죽은 먹었습니다"라고 대답하는 순간, 스님은 맨얼굴을 찾으려는 오래된 집착에서 벗어나서 바깥으로 나올 수 있었으니까요.

3.

바로 이것입니다. 조주는 간파하고 있었던 겁니다. 지금 무명 스님이 본래면목에 집착하고 있다는 사실을 말입니다. 이미 혜능도 말하지 않았던가요. "모든 것들을 마음에 두지 않으려면 생각을 끊어야 한다고 하지 마라. 이것은 곧 불법에 속박된 것이다." 혜능의 에피소드와 가르침이 기록되어 있는 《육조단경六祖壇經》에 등장하는 말입니다. 그러니까 혜능도 자유를 찾으려는 제자들에게 경고하고 있었던 겁니다. 마음을 양파 껍질처럼 벗겨서 제거하려는 것 자체가 일종의 집착이라고 말입니다. 불교의 가르침, 즉 불법은 집착을 제거하는 방법입니다. 그렇지만 불법에 집착하는 것 자체도 집착일 수밖에 없습니다. 질병을 고치는 약에 집착하다가 약물중독에 빠질 수도 있는 것과 같은 이치라고 할 수 있습니다. 중요한 것은 내면이냐 외면이냐가 아닙니다. 핵심은 집착이 있느냐 없느냐의 문제이기 때문입니다. 외부의 사물이나 사건에 집착하지 말아야 합니다. 그렇지만 동시에 우리는 자신의 내면에도 집착하지 않아야 합니다. 이것이 바로 혜능뿐만 아니라 조주 역시 품고 있었던 속내였던 겁니다.

"아침 죽은 먹었는가?"라는 조주의 질문으로 무의식적이나마

©진봉철

죽을 먹든 발우를 씻든,
프로코피에프를 연주하든 슈베르트를 연주하든
중요한 것은 어느 것에도 집착하지 않고
깨어 있는 마음으로 수행하는 것입니다.

무명 스님은 맨얼굴에 집착하지 않게 된 겁니다. 당연하지요. "아침 죽은 먹었습니다"라고 대답하는 순간, 어떻게 그가 자신의 맨얼굴에 집착할 수가 있겠습니까. 그저 그의 뇌리에는 조주의 질문과 아침에 먹었던 죽만이 있을 테니까요. 그렇지만 아직 위험은 그대로 남아 있습니다. 집착은 그대로이고 단지 집착의 대상만이 바뀐 것일 수도 있으니까 말입니다. 당연히 무명 스님도 '평상심시도'라는 마조의 가르침을 알고 있었을 겁니다. 아마 그는 조주가 말한 '아침 죽'에서 마조의 가르침을 연결했을 겁니다. 영민한 조주가 이것을 놓칠 리가 없지요. 다시 마조의 가르침에 집착한다고 느꼈을 때, 조주는 무명 스님의 새로운 집착마저 끊어 버리려고 합니다. "그럼 발우나 씻게." 이미 먹었기에 머릿속에만 존재하는 아침 죽이나 혹은 이미 죽은 마조의 가르침에 집착하는 마음마저 날려 버리려고 한 것입니다. 내면에 몰입하는 것도, 외면에 빠져드는 것도 막으려는 것입니다. 내면이든 외면이든 집착하지 않아야 우리 마음은 '여기 그리고 지금' 활발발하게 깨어 있을 수 있기 때문이지요.

훌륭한 연주자는 관중의 시선과 평가 때문에 연주를 망치지 않아야 합니다. 그저 자신이 연주하는 음악에 당당하게 직면할 뿐입니다. 바이올리니스트 최예은의 스승이 젊은 제자에게 알려 주고 싶었던 것도 바로 이것이 아니었을까요? 그녀를 스승이나 관중의 노예가 아니라 자신이 연주하는 음악의 당당한 주인공으로 만들려고 했던 것이지요. 무엇인가에 집착하는 순간, 아니면 무엇인가를 지나치게 의식하는 순간, 우리는 주인공이 될 수 없습니다. 본래면목이라는 가르침에 집착해서 내면에 침잠하는 것이나, 평상심平常心이라는 가르침에 집착해 외부로 치닫는 것 모두 우리를 주인공으로 만드는 데 장애만 될 뿐입니다. 외부의 노예도 되지 말고 내면의 노예도 되지 말라는 조주의 애정이 최예은의 스승에게서도 그대로 반복되고 있는 셈입니다. 죽을 먹든 발우를 씻든, 프로코피에프를 연주하든 슈베르트를 연주하든 중요한 것은 어느 것에도 집착하지 않고 깨어 있는 마음으로 수행하는 것입니다. 바로 이럴 때 무명 스님이든 최예은이든 아니면 우리든 누구나 부처가 되는 것은 아닐까요?

관념의 자유와 진정한 자유

운문 화상이 말했다. "세계는 이처럼 넓은데, 무엇 때문에 종이 울리면 칠조七條의 가사를 입는 것인가?"

《무문관》 16칙, '종성칠조(種聲七條)'

1.

우리 시대 가장 탁월한 인문정신이라고 할 수 있는 벤야민Walter Benjamin, 1892-1940이라는 철학자의 이름을 들어 보신 적이 있나요? 벤야민의 탁월함은 그의 영향력만을 살펴보아도 분명해집니다. 처음 우리는 그를 미학자라고 알았던 적이 있습니다. 〈기술복제시대의 예술작품Das Kunstwerk im Zeitalter seiner technischen Reproduzierbarkeit〉이라는 논문으로 매체 미학이라는 새로운 연구 분야를 만들었으니까요. 카메라, 영화, 그리고 지금 우리를 지배하고 있는 스마트폰 등 매체가 변하면 예술의 성격이 변할 수밖에 없습니다. 매체 미학은 매체의 변화에 따라 변하는 예술의 성격을 다루는 연구 영역입니다. 그렇지만 21세기에 들어선 지금 그는 가장 탁월한 사회철학자 혹은 정치철학자로 주목받고 있습니다. 만일 그가 없다면 아감벤Giorgio Agamben, 1942-과 같은 우리 시대의 탁월한 정치철학자도 나올 수 없었을 정도니까요.

《무문관》에 마련된 48개의 관문을 통과하면서 갑자기 벤야민을 꺼낸 이유가 궁금하지 않으신가요? 바로 벤야민의 주저《아케이드 프로젝트Arcades Project》에 등장하는 다음 구절 때문입니다. "역사의 진보와 마찬가지로 학문의 진보도 항상 그때그때의 1보만이 진보이며 2보도 3보도 n+1보도 결코 진보가 아니다." 망치가 머리를 강타하는 느낌입니다. 누구나 지금보다 나은 미래를 꿈꿉니다. 현재 자신이나 사회의 모습을 보존하려는 사람을 보수적conservative이라고 부르고, 반면 개인의 삶이든 사회든 더 좋아질 수 있다는 미래에의 희망을 품고 있는 사람을 진보적progressive이라고 부릅니다. 그런데 지금 벤야민은 "2보도 3보도 n+1보도 결코 진보가 아니"라는 충격적인 이야기를 합니다. 벤야민은 왜 그렇게 생각했을까요? 그것은 1보를 걷지 않으면 2보도, 3보도, n+1보도 우리는 걸을 수 없기 때문입니다.

바로 이것입니다. 1보는 걷지 않고서 꿈꾸는 2보도, 3보도, 그리고 n+1보도 단지 백일몽에 불과할 수밖에 없습니다. 아니 현실적으로 말해 2보보다는 3보를, 3보다는 4보를, 아니 100보를 꿈꾸는 순간, 우리는 1보 내딛는 것의 중요성을 망각하게 됩니다. 학창시절 누구나 경험했던 적이 있을 겁니다. 시험을 앞두고 자그마치 교과서 100쪽을 벼락치기로 공부해야 하는 상황입니다. 이럴 때 1쪽부터 천천히 공부하면 될 것을, 우리는 자꾸 30쪽을 넘겨 보고 50쪽을 넘겨 보고, 98쪽을 넘겨 봅니다. 이러다가 무의미한 시간만 흘러가고 공부는 되지 않는 경험을 해 보았을 겁니다. 새벽녘이 되어서야 우리는 후회하게 됩니다. 그냥 1쪽부터 한 장 한 장 넘겼다면, 그래도 50쪽이나 60쪽 정도까지는 공부를 했을 텐데 하는 때늦은 후회 말입니다.

2.

벤야민의 통찰은 우리를 서늘하게 합니다. 결국 중요한 것은 한 걸음이었으니까 말입니다. 그러니까 한 걸음을 내딛지 않고 논의되는 2보나 3보는 단지 백일몽에 지나지 않는다는 겁니다. 당연한 일 아닌가요. 한 걸음을 걷지 않으면서 우리 뇌리에 떠오르는 2보나 3보는 구체적인 것처럼 보이지만 단지 덧없는 관념에 불과합니다. 아니, 오히려 우리가 2보나 3보, 혹은 n+1보만을 집요하게 생각하는 이유는 사실 우리가 1보 내딛기가 무섭거나 1보 내딛는 것을 회피하려는 무의식 때문은 아닐까요. 공부를 하려고 하지만 성적이 잘 나오지 않는 학생들이 종종 상급학교로 진학했을 때의 자신의 모습을 꿈꾸며 헛되게 시간을 보내는 것처럼 말입니다. 이제 드디어 운문 스님이 우리에게 던진 화두를 음미할 준비를 어느 정도 갖춘 것 같습니다. "세계는 이처럼 넓은데, 무엇 때문에 종이 울리면 칠조七條의 가사를 입는 것인가?"

가사는 승복을 입은 뒤 겉에 걸치는 일종의 망토 같은 것입니다. 보통 가사는 오조 가사, 칠조 가사, 구조 가사가 있습니다. 불교에서 말하는 삼의三衣가 바로 이 세 가지 가사를 말하는 것입니다. 오조니 칠조니 구조니 할 때 조條라는 글자는 가사에 붙인 직사각형 베 조각의 수를 가리키는 단위입니다. 그러니까 칠조 가사는 가사 위에 일곱 개의 베 조각을 덧대서 기운 가사를 말하는 것입니다. 예불이나 혹은 공식 행사가 있을 때 주로 입는 것이지요. 스님들이 칠조 가사를 포함한 가사를 걸친다는 것은 일반 사람들이 공식적인 행사에 정장을 갖추어 입는 것과 같은 맥락입니다. 이런 공식적 행사를 알리는 종이 울리면 스님들은 누구나 가사를 걸칩니다. 여기서 무엇인가 찜찜한 느낌이 들지 않나요. 일체의 것에 집착하지 않는 자유인이 되겠다는 투철한 소망을 품고 있는 스님들이 종이 울리면 자동적으로 가사를 걸치고 공식 행사에 참여한다는 것은 무척 아이러니한 일이니까요.

운문 스님의 사자후는 선방에서 수행하는 스님들의 매너리즘을 질타하는 것처럼 보입니다. "세계는 이렇게 넓고 그만큼 가야 할 곳도 많고 해야 할 것도 많은데, 너희들은 어떻게 선방에 틀어박혀 이다지도 매너리즘에 빠져 마치 파블로프의 개처럼 조건반사적으로 살아가고 있는가! 그러고도 너희가 주인의 삶을 살려는 소망을 품을 수 있겠는가!" 그렇지만 이 정도의 가르침이라면 《무문관》의 열여섯 번째 관문을 너무 쉽게 통과하는 것 같다는 불길한 예감이 드실 것 같습니다. 《무문관》의 다른 관문을 통과하기가 얼마나 어려웠는지 우리는 잘 기억하고 있기 때문입니다. 그렇습니다. "세계는 이처럼 넓다世界恁麽廣闊"라는 운문의 이야기를 쉽게 읽어서는 안 됩니다. 이것은 자유인이 살아가는 세계를 가리키는 것이 아니라, 오히려 백일몽의 세계를 가리킬 수도 있기 때문이지요. 마치 1보도 내딛지 않는 사람이 꿈꾸고 있는 2보, 3보, 그리고 n+1보의 걸음처럼 말입니다.

3.

설악산 등반에 비유를 해 볼까요? 해발고도가 1,708미터인 대청봉을 정상으로 하는 웅장한 산 설악산에 오르는 등산로는 무한히 많습니다. 오색약수터로 올라도 되고 천불동 계곡을, 아니면 가야동 계곡을 따라 오를 수도 있습니다. 아직 개척되지 않은 수많은 등산로도 이론적으로는 가능하지요. 등산 지도를 보거나 혹은 직접 속초나 인제로 가서 설악산을 올려다보면, 정말로 대청봉에 이르는 길은 다양하고 많아서 우리가 자유롭게 오르는 길을 고르면 될 것처럼 보입니다. 그렇지만 잊지 마십시오. 다양한 등산로 중 어느 길이 좋을까를 자유롭게 생각하는 순간, 사실 우리는 대청봉에 이르는 1보를 내딛지 않고 있다는 사실을 말입니다. 만일 오색약수터에서 출발하는 길을 잡았다면, 우리는 천불동 계곡에서 출발할 수는 없는 법입니다. 제대로 오색약수터를 박차고 1보를 내딛는 순간, 우리의 뇌리에는 수많은 등산로가 봄눈 녹듯이 사라질 것입니다. 도대체 왜 이런 기묘한 일이 벌어지는 것일까요? 우리는 몸을 가진 존재이기 때문입니다.

생각으로야 천불동 계곡으로도 오색약수터 길로도 가야동 계곡으로도 설악산에 오를 수가 있습니다. 그렇지만 우리가 오색약수터 길로 한 걸음을 내딛는 순간, 우리는 몸을 가진 존재이

하루하루, 한 걸음 한 걸음

©홍성웅

기 때문에 천불동 계곡 길도 가야동 계곡 길도 모두 포기할 수밖에 없습니다. 만일 오색약수터에서 정상을 향해 한 걸음을 내딛었으면서도 다른 등산로들을 떠올리며 번뇌하고 있다면, 우리는 제대로 당당하게 한 걸음 한 걸음 정상으로 걸어가지 못하게 될 겁니다. 우리는 오색약수터 길로 출발했는데, 마음은 다른 등산로에 사로잡혀 있기 때문이지요. 이것이 바로 집착 아닌가요. 이런 집착 때문에 우리는 오색약수터 길에 들어서 있는 자신의 모습을 있는 그대로 긍정하지 못하는 것 아닐까요. 어느 길이든 상관이 없습니다. 칠조의 가사를 입은 스님이어도 되고, 아니면 직장에 다니는 회사원이어도 되고, 집안일을 돌보는 전업주부여도 좋습니다. 당당하게 자신이 한 걸음 내딛은 길을 한 걸음 한 걸음 제대로 이어간다면 우리는 정상에, 혹은 주인의 삶에 이르게 될 테니까 말입니다.

덤으로 해발고도가 1,500미터 이상 되는 높은 산에 올라가는 방법을 하나 가르쳐 드릴까요? 대개 다섯 시간 이상 걸리는 힘든 산행일 겁니다. 그렇지만 우선 자신이 한 걸음을 내던진 그 등산로를 긍정해야만 합니다. 그것이 어떤 길이든 말입니다. 그러니까 아무리 힘들어도 '다른 등산로로 갔으면 좋았겠다'는 후회를 해서는 안 됩니다. 이런 후회가 항상 우리를 더 지치게 하니까요. 물론 그렇다고 해도 몇 번이나 산에 올라가는 것이 힘들 때가 올 것입니다. 가슴이 터질 듯이 호흡이 가쁘거나 다리가 뻣뻣해져 쥐가 나기도 합니다. 이때 저 멀리 도달해야 할 정상을 보는 것은 자제해야만 합니다. 여기까지 온 것도 이렇게 힘이 드는데 아직도 갈

길이 멀다는 생각은 우리를 더 쉽게 지치게 만들기 때문이지요. 그렇다면 이렇게 힘들 때 우리는 어떻게 해야 할까요? 그냥 발만 보고 터벅터벅 한 걸음씩 옮기면 됩니다. 아니면 '열 걸음을 걷고 저 바위에서 쉬어야지' 하고 걷는 겁니다. 이러다 보면 어느새 도달할 것 같지 않았던 정상이 눈앞에 다가오게 될 겁니다. 아마 그곳에서 여러분들은 벤야민이나 혹은 운문 스님이 우리에게 던지는 흐뭇한 미소를 볼 수도 있을 겁니다.

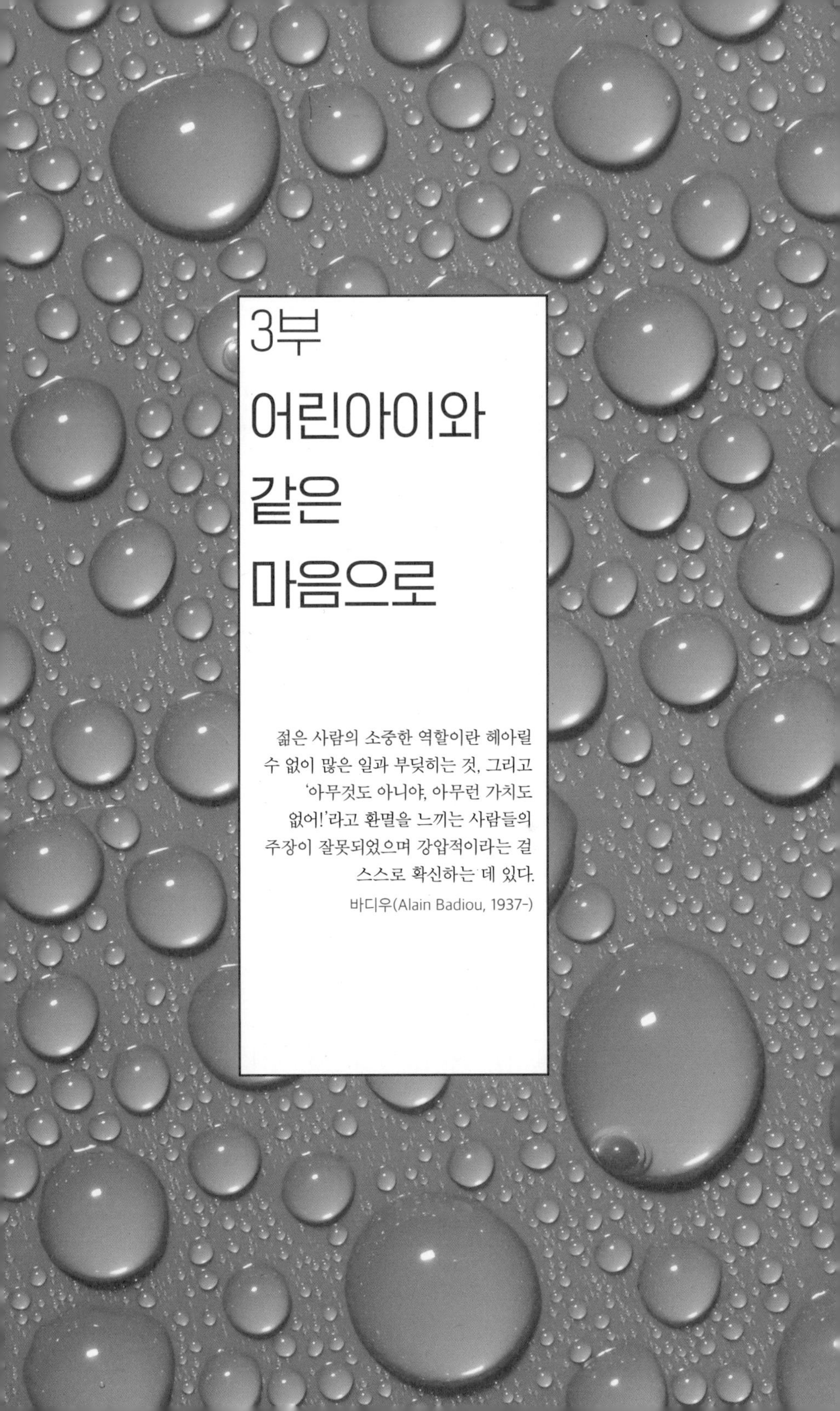

3부 어린아이와 같은 마음으로

젊은 사람의 소중한 역할이란 헤아릴 수 없이 많은 일과 부딪히는 것, 그리고 '아무것도 아니야, 아무런 가치도 없어!'라고 환멸을 느끼는 사람들의 주장이 잘못되었으며 강압적이라는 걸 스스로 확신하는 데 있다.

바디우(Alain Badiou, 1937-)

시험지에 침을 뱉어라!

위산 화상이 백장 문하에서 공양주[典座]의 일을 맡고 있을 때였다. 백장은 대위산大潙山의 주인을 선출하려고 위산에게 수좌首座와 함께 여러 스님들에게 자신의 경지를 말하도록 했다. "빼어난 사람이 대위산의 주인으로 가는 것이다." 백장은 물병을 들어 바닥에 놓고 말했다. "물병이라고 말해서는 안 된다. 그렇다면 너희 둘은 무엇이라고 부르겠는가!" 수좌가 먼저 말했다. "나무토막이라고 불러서는 안 됩니다." 백장은 이어 위산에게 물었다. 그러자 위산은 물병을 걷어차 넘어뜨리고 나가 버렸다. "수좌는 위산에게 졌구나!"라고 웃으면서 마침내 위산을 대위산의 주인으로 임명했다.

《무문관》 40칙, '적도정병(趯倒淨甁)'

1.

선사들은 싯다르타가 부처가 되었던 것처럼 우리 모두도 스스로 부처가 되어야 한다고 역설합니다. 그래서 불교의 가르침은 아이러니한 데가 있습니다. 우리보다 먼저 깨달음에 이른 선사들은 항상 자신을 따르라고 말하지 않고 네 자신을 따르라고 사자후를 토하기 때문이지요. 보통 다른 종교나 사상의 지도자들은 우리에게 어떤 가르침과 교시를 내립니다. '내가 각고의 노력으로 이런 경지에 올랐으니, 너희들도 나의 경지에 오르고 싶다면 내가 걸었던 길을 그대로 따라와라!' 사제 관계는 항상 이런 식으로 이루어집니다. 스승이 갔던 길이나 그가 했던 말을 그대로 따르기 때문이지요. 그렇지만 불교에서는 그렇지 않습니다. '나의 길은 나의 길이다. 그러니 너도 너의 길을 만들어라!' 이것이 바로 불교의 스타일입니다. 하긴 불교의 궁극적인 이상인 화엄세계를 생각해 보면 너무나 당연한 일이지요.

모든 사람이 주인공으로서 자신의 삶을 사는 것, 그래서 들판에 가득 핀 다양한 꽃들처럼 자기만의 향과 색깔로 살아가는 것이 바로 화엄세계입니다. 선종의 역사에 등장하는 다양한 학파들, 그리고 동일한 학파에 속해 있더라도 선사들마다 강한 개성이 풍기는 것도 다 이유가 있는 셈입니다. 자신이 싯다르타도 아니고 혜능도 아니고 마조도 아니니, 주인공으로서의 삶은 당연히 다양한 색깔의 개성을 뿜어낼 수밖에 없었던 것이지요. 결국 불교의 역사도 마찬가지지만 선종의 역사는 자기가 속한 학파를 극복하는 역사, 혹은 스승의 스타일을 부정하고 자기만의 스타일을 창조하는 단독화singularization의 과정이라고 할 수 있을 겁니다. 다른 무엇과도 바꿀 수 없는 자기만의 스타일을 창조하는 순간이 바로 깨달음에 이른 순간일 테니까 말입니다. 혜능 이후 남종선이 다양한 스타일을 갖춘 종파들, 즉 오가칠종五家七宗으로 분화된 것도 다 이유가 있었던 셈입니다.

운문종雲門宗, 법안종法眼宗, 위앙종潙仰宗, 임제종臨濟宗, 조동종曹洞宗이 바로 오가五家이고, 가장 번성했던 임제종의 두 파인 황룡파黃龍波와 양기파楊岐波를 합쳐서 칠종七宗이라고 부릅니다. 그렇지만 궁극적으로 선종이 오가칠종으로 나뉜 것으로는 충분하지 않다고 할 수 있습니다. 한 사람, 한 사람이 각각 하나의 학파가 될 때까지, 더 나뉘어야만 합니다. 아예 종파니 심지어는 불교라는 카테고리가 무의미해질 때까지 말입니다. 오직 이럴 때에만 우리는 "무소의 뿔처럼 혼자서 가라"라는 싯다르타의 마지막 유언을 충실히 수행했다고 자임할 수 있을 겁니다. '스승에게 의지하지 말고 네 힘으로 서라! 스승의 말을 반복하지 말고 네 말을 하라!' 한마디로 스승을 통쾌하게 짓밟고 자신의 길을 가는 것, 이것이 바로 다른 종교나 사상이 범접하기 힘든 불교만의 정신이자 스타일입니다. 그렇기에 우리는 불교에서 전체주의나 권위주의를 극복하려는 인문주의적 정신의 가능성을 읽어 낼 수 있는 겁니다.

2.

일체의 권위주의를 부정하려는 정신, 그것은 일체의 권위에 당당하게 맞서는 주인 정신이라고 할 수 있습니다. 아마 이것을 가장 잘 보여 주는 것이《무문관》의 마흔 번째 관문에서 스승이 놓은 물병을 과감하게 차 버리는 위산潙山, 771-853 스님의 통쾌한 행동이라고 할 수 있습니다. 무슨 곡절이 있었던 걸까요.《전등록》과《오등회원》을 보면 일의 자초지종이 자세히 나옵니다. 그러니까 위산의 스승 백장 스님은 대위산의 주인 노릇을 할 스님을 천거해 달라는 부탁을 받습니다. 당연히 제자들 중 가장 뛰어난 제자를 보내면 됩니다. 백장에게도 상좌 스님이 한 명 있었습니다. 제일좌第一座라고 불리는 상좌는 수제자를 가리킵니다. 가장 오랫동안 스승을 모시고 있었기에 경험이나 관록에서 가장 앞서는 제자인 셈이지요.

문제는 백장이 보기에 아직도 상좌 스님은 깨달음에 이르지 못했다는 겁니다. 다시 말해 아직 제자들을 이끌 만한 역량이 없다고 판단되었다는 겁니다. 그러니 백장은 상좌를 대위산의 주인으로 임명하는 데 주저했던 겁니다. 어떻게 스스로 주인이 되지 못하는 사람이 다른 사람을 주인으로 만드는 스승 노릇을 할 수 있겠습니까. 사랑과 실연을 제대로 겪은 사람만이 타인의 실연에 도움을 줄 수 있는 것, 혹은 부모를 먼저 여읜 사람만이 상을 당한 사람에게 진정한 위로를 줄 수 있는 것과 같은 이치입니다. 다행스럽게도 백장의 눈에는 상좌보다 늦게 자신의 문하에 들어와서 부엌일을 맡고 있는 위산 스님이 들어왔습니다. 비록 사찰에서의 위상은 상좌보다 떨어지지만 위산이라면 충분히 대위산의 주인이 될 수 있으리라는 것, 이것이 바로 백장의 판단이었던 겁니다.

당연히 상좌 스님은 스승 백장에게 이의를 제기합니다. 그러자 백장은 두 사람을 나머지 제자들 앞에서 시험했던 겁니다. 백장의 시험과 그 결과는 《무문관》의 마흔 번째 관문에 있는 그대로입니다. 백장은 바닥에 물병을 놓고 상좌 스님과 위산 스님에

한마디로 스승을 통쾌하게 짓밟고 자신의 길을 가는 것,
이것이 바로 다른 종교나 사상이 범접하기 힘든
불교만의 정신이자 스타일입니다.

게 물어봅니다. "물병이라고 말해서는 안 된다. 그렇다면 너희 둘은 무엇이라고 부르겠는가!" 순서상 상좌 스님이 먼저 대답합니다. "나무토막이라고 불러서는 안 됩니다." 상좌로서 관록이 묻어나는 대답입니다. 일단 '물병'을 언급도 하지 않았으니, 상좌의 대답은 "물병이라고 말해서는 안 된다"라는 스승 백장의 요구를 충족시키고 있습니다. 또한 "나무토막이라고 불러서는 안 됩니다"라고 말했으니, "무엇이라고 부르겠는가!"라는 백장의 요구에 나름대로 대답을 한 것입니다. 그러니 상좌 스님은 대답하고서 속으로 쾌재를 불렀을 겁니다.

3.

상좌 스님의 대답을 듣는 순간, 아마 위산을 제외한 나머지 제자들은 '역시! 상좌 스님이다'라며 고개를 끄덕였을지도 모릅니다. 그렇지만 이런 안심은 얼마 가지 않아 여지없이 좌절되고 맙니다. 동일한 질문을 위산 스님에게 하자, 위산 스님은 물병을 발로 걷어차고 자리를 떠 버립니다. 스승 백장, 사형이었던 상좌 스님, 그리고 수많은 동료들은 순간적이나마 경악을 했을 겁니다. 엄숙한 시험의 장소를 발길질 한 번으로 조롱하고 있기 때문입니다. 스승도, 사형도, 동료도 안중에 없는 오만불손한 행위입니다. 그렇지만 바로 이때 백장만은 자신의 판단이 틀리지 않았다는 것을 확인하고 함박웃음을 짓습니다. 어디에서 백장은 위산 스님이 깨달았다는 것을 알았던 것일까요.

자, 생각해 보세요. 학생은 시험을 보아야 하는 입장입니다. 스승이 원하는 정답을 찾으려고 노력하는 것이 바로 학생이니까요. 반면 우리는 졸업을 했다면 시험을 볼 필요가 없습니다. 바로 이것입니다. 상좌 스님은 충실하게 시험을 치렀고 모범 답안을 내놓았습니다. 그런데 위산 스님은 시험 자체를 거부합니다. 위산 스님이 물병을 걷어차고 자리를 떠 버린 것은 자신은 더 이상 당신의 제자가 아니라는 사실을 보여 준 겁니다. 그러니까 이미 자신은 당신에게 더 배울 것이 없다는 겁니다. 하긴 박사 학위를 받은 사람에게 누군가 초등학교 중간시험 문제지를 주면 그는 당연히 그 문제지를 박박 찢어 버릴 겁니다. 당연히 찢어야지요. 만일 문제지가 주어졌다고 해서 정답을 찾으려고 고심한다면, 박사 학위를 받은 그 사람은 정말 문제가 있는 사람 아닐까요? 물론 장난으로 문제지를 풀 수도 있지만, 그것은 글자 그대로 진지한 시험이 아니라 장난일 뿐일 겁니다.

시험을 볼 필요가 없다면 이미 졸업을 한 것입니다. 이미 학생이 아닌 것입니다. 이제 백장 문하를 떠나도 된다는 겁니다. 학생이 졸업을 했다면 무엇을 하든지 자신의 삶을 스스로 개척할 수 있는 자격이 주어지는 것 아닐까요. 반대로 모범 답안을 마련한 상좌 스님을 대위산 주인으로 보냈다고 해 보세요. 상좌 스님은 위기 상황에 스스로 대처하지 못하고, 자신이 생각한 것이 모범 답안인지 확인하러 계속 스승 백장을 찾아올 겁니다. 어떻게 이런 사람을 한 사찰의 주지로, 여러 스님들을 주인으로 이끌 스승으로 보낼 수 있겠습니까? 삶의 주인공은 죽이 되든 밥이 되든 스스로 당당하게 자신의 삶을 개척해야 합니다. 계속 선생님을 찾거나 부모님을 찾아서 자문을 구하는 사람이 어떻게 자신의 삶을 주인으로 영위할 수 있겠습니까? 위산 스님이 물병을 거침없이 차는 순간은 선종 오가 중 하나인 위앙종이 탄생하는 순간이기도 합니다. 백장의 기대대로 위산은 그의 제자 앙산과 함께 하나의 뚜렷한 개성을 가진 종파를 만들기 때문입니다.

집착을 뒤흔드는 방법

혹암 화상이 말했다.

"서쪽에서 온 달마는 무슨 이유로 수염이 없는가?"

《무문관》 4칙, '호자무수(胡子無鬚)'

1.

체 게바라Che Guevara, 1928-1967를 아시나요? 쿠바의 사회주의 혁명을 완성하는 데 지대한 공헌을 했던 혁명가입니다. 냉전시대에도 체 게바라는 영원한 혁명과 젊음의 아이콘으로 동구권, 서구권의 구별 없이 대중들에게 군림했습니다. 참으로 흥미로운 일이지요. 쿠바와 정치적으로 대립했던 미국에서마저도 체 게바라는 젊은이들에게 제임스 딘James Dean, 1931-1955에 버금가는 인기를 구가했으니까요. 그러니까 단순히 사회주의와 자본주의라는 거친 이분법을 넘어서 새로운 변화를 꿈꾸며 낡은 질서에서 벗어나려는 사람들에게 체 게바라는 이미 하나의 전설이자 상징이 되었던 겁니다. 그래서일까요. 붉은 별이 박힌 베레모를 쓰고 있는 그의 사진은 티셔츠, 머그잔, 노트 등에 새겨져 아직도 우리 주변을 떠

돌아다니고 있습니다. 체 게바라를 언급하는 이유는 불교 전통에 활발발한 기풍을 도입했던 달마, 즉 보리 달마 때문입니다.

달마는 불교 전통에 새로운 기풍을 도입한 혁명가였습니다. 흔히 달마는 '불립문자'와 '직지인심'이라는 혁명적인 선언을 했던 사람으로 유명합니다. 싯다르타와 그의 경전을 부정하고, 자신의 마음을 직접 자각하면 누구나 부처가 될 수 있다는 선언이 어떻게 혁명적이지 않을 수 있었겠습니까. 그렇지만 체 게바라처럼 달마는 이제는 누구도 어쩔 수 없는 전설이 되어 버린 것 같습니다. 심지어 이제는 불교에 별다른 관심이 없는 사람들도 달마를 소비하고 있을 정도니까요. 달마가 새겨진 티셔츠, 달마가 새겨진 도자기, 달마가 새겨진 핸드폰 고리 등등. 그중 압권은 달마가 새겨진 그림, 즉 달마도가 신비한 효험이 있는 부적처럼 사용되는 데 있을 것 같습니다. 특히 수맥의 흐름을 차단하는 '믿거나 말거나' 한 작용도 있다는 소리도 심심찮게 들려 웃음을 자아냅니다. 그러니까 이제 달마는 체 게바라처럼 대중의 아이콘이 되어 버린 겁니다.

대중들은 특정한 인물에 자신의 꿈과 이상을 응결시킵니다. 이럴 때 달마와 같은 대중적 아이콘이 탄생하게 됩니다. 당연히 대중이 생각하는 달마와 실제 달마 사이에는 상당한 간극이 생길 수밖에 없지요. 역사적으로 존재했던 실제 달마를 확인하기 위해 우리는 6세기경에 쓰인 《낙양가람기洛陽伽藍記》와 20세기 초 돈황에서 발견된 《이입사행론二入四行論》을 넘겨 볼 필요가 있습니다. 이 두 자료를 넘기다 보면 6세기 달마의 모습과 사상은 지금 우리가 알고 있는 달마, 즉 이미 전설이 되어 버린 달마와는 확연히 다릅니다. 예를 들어 《낙양가람기》에 보면 페르시아에서 온 달마가 영령사永寧寺 구층탑을 보고 그 화려함과 웅장함에 넋이 빠져 염불과 합장으로 며칠을 보냈다는 기록이 등장합니다. 우리가 알고 있는 당당한 달마와는 너무나 다른 낯선 모습의 달마입니다. 또한 달마의 사상을 요약하고 있는 《이입사행론》을 보면 달마가 불교 경전의 가치를 부정하지 않았다는 흥미로운 사실도 확인하게 됩니다.

2.

《이입사행론》은 깨달음에 들어가는[入] 두 가지[二] 방법을 이야기하고 있습니다. 하나는 '이입理入'이고, 다른 하나는 '행입行入'입니다. 이치로 들어가는 지적인 방법과 실천으로 들어가는 실천적인 방법, 이 두 가지로 깨달음에 이를 수 있다는 겁니다. 비록 이치로 들어가는 방법, 즉 이입에서 벽관壁觀의 중요성을 강조하고 있지만, 달마는 그 사전 조건으로 경전을 통해 이치[理]를 명확히 파악해야 한다고 강조하고 있습니다. 그러니까 벽을 보듯이 자신의 마음을 살피는 것만으로는 깨달음에 이르기 충분치 않다는 겁니다. 지금 달마는 불립문자와 직지인심의 가르침과는 사뭇 다른 주장, 오히려 교종에 가까운 입장을 피력하고 있다고 할 수 있습니다. 더 정확히 말한다면 경전에 대한 지적인 이해와 벽관이라는 참선을 강조한다는 점에서, 달마의 사상은 종밀宗密, 780-840이나 지눌이 주장했던 선교일치禪敎一致에 가깝다고 할 수 있지요. 지적인 이해와 실천적 수행을 동시에 강조하고 있기 때문입니다.

이런 이유에서일까요, 야나기다 세이잔柳田聖山, 1921-2006을 포함한 저명한 일본의 불교 학자들도 역사적 달마와 전설적 달마를 구분해야 한다고 그렇게 주장했던 겁니다. 그렇다면 아이콘이 되어 버린 달마를 선사들은 어떻게 생각했을까요? 당연히 선사들은 아이콘이 된 달마를 해체하려고 했을 겁니다. 부처를 만나면 부처를 죽이고, 조사를 만나면 조사를 죽여야 스스로 부처가 되고 조사가 될 수 있으니까요. 그렇습니다. 우상을 파괴하지 않으면 우상의 노예가 될 수밖에 없는 법입니다. 그래서 운문 스님도 부처를 두고 "마른 똥 막대기"라는 폭언을 날리며 우상 파괴에 열을 올렸던 겁니다. 싯다르타마저 주인이 되는 데 방해가 된다면 똥 막대기 취급을 하는데, 달마야 말해 무엇하겠습니까. 《무문관》의 네 번째 관문에서 달마의 수염이 깎이게 된 것도 다 이유가 있었던 셈입니다. 이 네 번째 관문을 굳건히 지키고 있는 혹암或庵, 1108-1179 스님은 우리에게 뚫기 힘든 화두를 던집니다. "서쪽에서 온 달마는 무슨 이유로 수염이 없는가?"

부드럽게 번역했지만, 사실 혹암 스님의 화두에 등장하는 '서쪽에서 온 달마'의 원문은 "서천호자西天胡子"입니다. 직역을 하면 '서쪽에서 온 오랑캐 새끼'라는 뜻입니다. 혹암 스님이 대놓고 달마에 덧씌워 있는 아이콘이라는 아우라를 벗기려고 한다는 것에 주목할 필요가 있습니다. 이미 혹암 스님에게 달마는 선종의 초조도 아니고 뭣도 아닌, 그저 과거 서역에서 온 외국인에 지나지

"스님도 달마를 직접 본 적이 없는데,
어떻게 달마에게 수염이 없다고 확신하시나요?"
"그런데 너는 지금까지 어떻게 달마에게
수염이 있다고 확신했던 거니?"

©이진균

않았던 겁니다. 여기에서 한 걸음 더 나아가 혹암은 "달마는 무슨 이유로 수염이 없는가?"라고 물으며 폭풍우처럼 우리를 몰아붙입니다. 어떤 달마도를 보든지 간에 그림 속의 달마는 짙고 풍성한 수염을 자랑합니다. 그런데 혹암 스님은 지금 '달마에게는 수염이 없다'고 단언하면서, 심지어 우리에게 그 이유가 무엇이냐고 물어봅니다. 달마도에 익숙한 우리로서는 당혹스러울 수밖에 없는 일이지요.

3.

지금 혹암 스님은 맹목적인 집착을 와해시키는 좋은 방법을 우리에게 보여 주고 있습니다. 공식은 단순합니다. 'A는 B다'라는 생각을 가지고 있는 사람에게 "A는 B가 아니다"라고 말하는 겁니다. 여기에 한 가지만 덧붙이면 더 강력하게 집착을 붕괴시킬 수 있습니다. 마치 'A는 B가 아니다'라는 사실이 자명한 것처럼 "A는 무슨 이유로 B가 아닌가?"라고 되묻는 겁니다. 그럼 상대방은 A에 대한 믿음을 유보하고, A를 있는 그대로 보려고 노력할 겁니다. 정말로 A가 B인지 아닌지 살펴보아야 하니까요. "당신의 아들은 무슨 이유로 당신을 사랑하지 않는가?" 아들이 당연히 자신을 사랑한다고 믿었던 부모에게는 청천벽력과도 같은 질문이지만, 부모는 이를 통해 아들을 있는 그대로 보려고 노력할 겁니다. 혹은 "당신의 애인은 무슨 이유로 당신에게 거짓말을 하는가?"라는 질문은 항상 진실한 사이라고 믿고 있던 사람에게 정말 충격적인 질문일 겁니다. 그렇지만 이런 질문으로 두 사람은 더 서로에게 관심과 애정을 갖게 될 겁니다.

이제 네 번째 관문을 덮고 있던 안개가 조금은 걷힌 것 같네요. 수많은 달마도의 달마들은 백이면 백 모두 위엄이 넘치는 수염을 뽐내고 있습니다. 분명 달마에게는 수염이 있습니다. 그런데도 혹암 스님은 달마에게는 수염이 없다고 주장합니다. 심지어 무엇 때문에 수염이 없는지 물어보기까지 하니, 우리의 당혹감은 절망감에까지 이를 정도로 커져만 갑니다. 달마에게는 수염이 없다는 혹암 스님의 주장을 인정한다면, 우리는 달마도에 등장하는 달마와 실제 존재했던 달마가 다를 수 있다는 것을 받아들여야만 합니다. 그렇지만 또한 달마도 이외에 실제 달마를 보았던 적이 없는 우리로서는 실제 달마에게 달마도의 모습처럼 수염이 있었는지, 아니면 혹암 스님의 말처럼 수염이 없었는지 확신을 가질 수가 없게 됩니다. 얼마 있다가 정말 화가 치밀어 혹암 스님에게 되물어 볼지도 모를 일입니다. "스님도 달마를 직접 본 적이 없는데, 어떻게 달마에게 수염이 없다고 확신하시나요?"

화가 나서 혹암 스님에게 따지는 순간, 아마 스님은 우리에게 빙그레 미소를 던질지도 모릅니다. "그런데 너는 지금까지 어떻게 달마에게 수염이 있다고 확신했던 거니?" 혹암 스님의 자비로운 미소로 우리는 달마에 대한 해묵은 집착에서 벗어날 수 있어야만 합니다. 사실 혹암 스님의 충격적인 질문은 우리에게 커다란 깨달음을 주고 있습니다. 지금까지 우리가 갖고 있던 달마에 대한 모든 믿음이 실제 달마와는 무관하게 우리의 마음이 지어낸 것에 지나지 않는다는 것을 알았기 때문이지요. 더 중요한 것은 그렇게 달마를 신성시하면서 우리는 스스로 부처가 되기보다는 달마를 흉내 내려고 했다는 점일 겁니다. 바로 이런 상황에서 간단한 질문 하나로 혹암 스님은 우리로 하여금 '아이콘 달마'를 넘어서 '실제 달마'를 고민하게 만들었던 겁니다. 그렇다면 이제 바로 대답해 보세요. "무슨 이유로 달마에게는 수염이 있는 겁니까?" 합장!

갈래갈래 찢어져도 오직 하나인 마음

한 스님이 "세계의 모든 부처들은 '하나의 길[一路]'로 열반문에 이른다고 하지만, 도대체 그 '하나의 길'이 어디에 있는지 모르겠습니다"라고 묻자, 건봉 화상은 주장자를 들어 공중에 하나의 선을 긋고 말했다. "여기에 있다."

뒤에 그 스님은 운문에게 이 문답에 대해 가르침을 청했다. 그러자 운문은 부채를 들고 말했다. "이 부채가 뛰어올라 33천天에까지 올라가 제석천의 콧구멍을 찌르고, 동해의 잉어를 한 방 먹이면 물동이가 기울어지는 것처럼 비가 엄청나게 올 것이다."

《무문관》 48칙, '건봉일로(乾峰一路)'

1.

스피노자Baruch Spinoza, 1633-1677라는 철학자를 아시나요? 서양 철학사에서 가장 혁명적인 철학자로 범신론pantheism을 주장한 것으로 유명하지요. 범신론은 글자 그대로 '모든 것pan'이 '신theos'이라고 주장합니다. 서양 정신을 지배했던 기독교에 따르면 신은 세계 만물을 창조했다고 합니다. 이 말이 옳다면 인간을 포함한 모든 것들은 신보다 열등한 존재일 수밖에 없지요. 신은 만드는 자이고, 인간 등은 만들어진 것에 불과하니까요. 인간을 폄하하는 기독교적 사유를 붕괴시키기 위해, 다시 말해 인간의 능동성을 다시 회복하기 위해 스피노자는 범신론을 주장한 겁니다. 스피노자나 기독교 전통 모두에서 신은 능동적인 생산자를 의미하니까요. 그래서 모든 것이 신이라는 주장은 모든 것이 무엇인가를 능동적으로 만들 수 있다는 것을 긍정하는 논의일 수 있습니다.

집착과 번뇌에 사로잡힌 인간이 스스로의 노력에 의해 부처가 된다는 불교 전통이 스피노자에 주목할 필요가 있는 것도 이런 이유에서입니다. 불교 전통도 스피노자와 마찬가지로 인간에게 능동성과 생산성을 부여하니까요. 무엇보다도 '실체substance'와 '양태mode'라는 스피노자의 개념은 불교를 이해하는 데 많은 도움을 줍니다. 간단한 비유로 이 개념들을 설명해 보도록 할까요. 물이 가장 좋은 비유가 될 수 있을 것 같습니다. 물은 자연계에서 세 가지 상태로 있을 수 있습니다. 섭씨 0도 아래에서는 얼음이란 고체로 있고, 섭씨 0도에서 100도 사이에서는 물이라는 액체로 있고, 섭씨 100도 이상에서는 수증기라는 기체로 존재합니다. 여기서 그러니까 고체, 액체, 기체라는 세 가지 상태가 바로 스피노자가 말한 '양태'에 해당하는 것이지요. 반면 고체, 액체, 기체라는 상태와 무관하게 존재하는 H_2O가 바로 '실체'에 해당합니다.

물이 증발해서 수증기가 되었거나 얼어서 얼음이 되었다고 해서, H_2O라는 실체가 사라진 것은 아니지요. 그렇지만 H_2O는 그 자체로 존재할 수 없고, 반드시 물이거나 얼음이거나 수증기로 존재한다는 것을 잊어서는 안 됩니다. 다시 말해 지금 내 눈앞에 물이 있다면 그것이 바로 H_2O이고, 얼음이 있다면 그것이 바로 H_2O이고, 수증기가 있다면 그것이 바로 H_2O라는 겁니다. 이제 실체와 양태가 무엇인지, 그리고 둘 사이에 어떤 관계가 있는지 분명해졌나요? H_2O가 얼음, 물, 수증기를 떠나서는 존재할 수 없는 것과 마찬가지로, 실체는 다양한 양태들을 떠나서는 존재할 수 없습니다. 그러니까 실체와 양태는 다르지만 같고, 같지만 다른 겁니다. 동양 전통에서는 이것을 '이이일, 일이이二而一, 一而二'라고 표현하지요. 아마 중국 최대의 형이상학자 주희朱熹, 1130-1200였다면 실체와 양태 사이의 관계를 "불상리不相離, 불상잡不相雜"이라고 이야기했을 겁니다. '서로 떨어지지는 않지만 그렇다고 서로 섞여 있지도 않다'는 것이지요.

2.

《대승기신론》이라는 책은 불교에 관심이 있는 사람이라면 누구나 아는 책입니다. 이 책은 인도보다도 우리나라를 포함한 동아시아 불교에 가장 강력한 영향을 끼쳤던 불교 이론서라고 할 수 있습니다. 물론 선불교에서도 예외는 아닙니다. 특히 우리에게는 원효 스님 때문에 더 친숙한 책이지요. 원효가 쓴 《대승기신론소大乘起信論疏》와 《대승기신론별기大乘起信論別記》는 지어진 지 1,400여 년이 지났는데도 지금까지 나온 《대승기신론》의 주석서들 중 아직도 최고의 권위를 자랑하고 있는 책이지요. 그렇다면 도대체

《대승기신론》의 어느 측면이 불립문자를 표방하던 선불교의 선사들마저 매료시켰던 것일까요? 그것은 바로 하나의 마음에는 두 가지 양태가 가능하다는 발상이었습니다.

《대승기신론》은 시작부터 하나의 마음에는 두 가지 양태가 있다고 선언하면서 자신의 논의를 시작합니다. 한번 직접 읽어 볼까요. "일심이란 법에 의하여 두 가지 문이 있으니 무엇이 둘인가? 첫째는 진여문眞如門이고, 둘째는 생멸문生滅門이다. 이 두 가지 문이 모두 각각 일체의 법을 총괄하고 있기 때문이다. 이 뜻이 무엇인가? 이 두 문이 서로 떨어지지 않기 때문이다." 여기 등장하는 '문門'이라는 말은 스피노자의 용어를 빌리자면 '양태'라고 번역될 수도 있습니다. 그렇다면 지금 《대승기신론》은 하나의 마음, 즉 일심이라는 '실체'에는 두 가지 '양태'가 있다는 겁니다. '진여'와 '생멸'이 바로 그것이지요. 있는 그대로 자신과 세계를 보는 부처의 마음이 진여의 마음이라면, 집착 때문에 자신과 세계를 왜곡하여 항상 일희일비하는 일반인의 마음이 바로 생멸의 마음입니다.

부처의 마음이나 일반인의 마음은 마음이라는 하나의 실체의 두 가지 양태에 지나지 않는 겁니다. 다시 H_2O를 비유로 들어 볼까요. 당연히 물을 얻으려고 얼음을 없애서는 안 됩니다. 얼음이 없어지는 순간, H_2O도 사라질 테니까요. H_2O가 사라진다면, 우리가 아무리 물을 얻으려고 해도 물을 얻을 수가 없을 겁니다. 마찬가지로 부처의 마음을 얻으려고 일반인의 마음을 제거해서는 안 됩니다. 일반인의 마음을 제거하는 순간, 우리의 마음도 사라질 겁니다. 마음이 사라졌는데, 어떻게 부처의 마음이 가능할 수 있겠습니까. 왜 선사들이 《대승기신론》을 좋아했는지 이해가 되시나요? 견성성불이나 직지인심에는 하나의 마음, 그로부터 파생되는 부처의 마음과 일반인의 마음에 대한 이해가 전제되어 있었던 겁니다. 자신의 마음을 직접 응시하는 것이 바로 직지인심이라면, 이 마음 중 부처의 마음, 즉 불성을 본다면 부처가 된다는 것이 견성성불이니까요. 아무리 불립문자를 이야기해도 제자를 가르치거나 중생들을 이끌려면, 언어적 표현은 방편으로 불가피한 법입니다. 바로 이것이 선사들이 《대승기신론》에 열광했던 이유였던 겁니다.

3.

《대승기신론》이라는 무기를 몸에 숨기고 있다면, 《무문관》의 마흔여덟 번째 관문을 지키고 있는 건봉乾峰, ?-? 스님이나 운문 스님을 전혀 무서워할 필요가 없습니다. 건봉 스님은 생몰 연대가 확실하지는 않지만 운문 스님과 거의 동시대 사람이라고 합니다. 불행히도 건봉 스님과 운문 스님을 우리보다 먼저 만난 어느 무명 스님은 별다른 무기가 없었던 것 같습니다. 부처가 되려고 치열하게 노력했던 그 스님은 《법화경法華經, Saddharmapuṇḍarīka-sūtra》이 등장하기 전 대승불교에서 매우 중시되었던 경전이었던 《수능엄경首楞嚴經, Śuraṅgamasamadhi-sūtra》에 등장하는 한 구절에서 그 실마리를 찾으려고 했습니다. "세계의 모든 부처들은 하나의 길로 열반문에 이른다十方薄伽梵, 一路涅槃門"라는 구절입니다. 무명 스님은 '하나의 길'을 알고 싶은 겁니다. 그 길을 찾을 수만 있다면, 자신도 열반에 이를 수 있으니까요. 마치 가고 싶은 곳에 이를 수 있는 에스컬레이터를 찾는 것처럼 말입니다.

무명 스님의 절절한 질문에 건봉 스님은 허공에 주장자로 한 획을 긋고 이야기합니다. "여기에 있다." 여기서 사실 무명 스님은 깨달음에 이르러야 했습니다. 주장자로 허공에 새겨진 한 획은 무엇을 뜻하는 것일까요? 아니, 사실 어떤 것도 의미하지 않습니다. 중요한 것은 바로 그 순간 무명 스님의 마음은 공중에 한 획을 긋고 있는 주장자에 마음이 쏠리고 있다는 점입니다. 지금 건봉 스님은 무명 스님의 마음을 끌어내고 있는 겁니다. 그리고 우렁찬 고함보다 더 커다란 울림을 가진 침묵의 사자후를 던지고 있는 겁니다. "네가 찾는 하나의 길이란, 바로 네 마음이다. 지금 공중의 한 획을 보고 있는 마음, 그 활발발하게 살아 있는 마음! 알겠느냐! 이 멍청아!" 그렇습니다. 지금 건봉 스님은 무명 스님이 가지고 있는 마음 중 부처의 마음을 바로 보여 주고 있었던 겁니다. 진여의 마음을요.

불행히도 여기서 무명 스님은 깨달음을 얻지 못했습니다. 심지어 혹 떼려다 혹을 더 붙인 격입니다. 《수능엄경》의 구절도 난해하기만 한데, 이제 더 난해한 가르침까지 받았으니까요. 도대체 공중에 주장자로 그어진 그 한 획이 무슨 뜻인지 건봉 스님의 제스처를 이해하느라 머리가 아플 지경이었을 때, 다행히 운문 스님을 만나게 됩니다. 당연히 건봉 스님의 한 획의 의미를 물어보았

있는 그대로 자신과 세계를 보는 부처의 마음이
진여의 마음이라면, 집착 때문에 자신과 세계를 왜곡하여
항상 일희일비하는 일반인의 마음이 바로 생멸의 마음입니다.
부처의 마음이나 일반인의 마음은 마음이라는 하나의 실체의
두 가지 양태에 지나지 않는 겁니다.

©허대성

겠지요. 그러자 운문 스님은 이번에는 주장자가 아니라 부채를 들고 이야기합니다. "이 부채가 뛰어올라 33천天에까지 올라가 제석천帝釋天의 콧구멍을 찌르고, 동해의 잉어를 한 방 먹이면 물동이가 기울어지는 것처럼 비가 엄청나게 올 것이다." 미치고 팔짝 뛸 일입니다. 운문 스님은 건봉 스님보다 한술 더 뜨고 있으니까요. 그렇지만 무명 스님은 알까요. 이번에는 운문 스님이 지금 집착과 잡념에 사로잡힌 일반인의 마음을 가리키고 있다는 사실을요. 바로 생멸의 마음 말입니다. 운문 스님은 무명 스님에게 알려 주고 있었던 겁니다. 생멸의 마음이란 황당무계한 상상이나 거대한 뻥과 같다고 말입니다. 그렇지만 생멸의 마음이 없다면 진여의 마음도 없는 겁니다. 얼음이나 물, 혹은 수증기가 없다면 H_2O가 있을 수 없는 것처럼 말입니다. 원효가 그렇게도 일심, 즉 하나의 마음을 강조했던 것도 다 이유가 있었던 셈입니다.

더 오를 곳이 없는 곳, 정상

흥양興陽의 청양 화상에게 어느 스님이 물었다. "대통지승불은 10겁 동안이나 도량에서 좌선했지만, 불법이 드러나지 않았고 불도를 이루지 못했습니다. 어떻게 된 일입니까." 청양 화상은 대답했다. "그 질문은 매우 합당하다." 그러자 그 스님은 다시 물었다. "이미 그렇게나 도량에서 좌선했는데, 무엇 때문에 불도를 이룰 수 없었던 것일까요?" 청양 화상이 말했다. "그것은 그가 부처가 되지 않았기 때문이다."

《무문관》 9칙, '대통지승(大通智勝)'

1.

학창시절에 뒤마Alexandre Dumas, 1802-1870의 걸작 《몬테크리스토 백작Le Comte de Monte-Cristo》을 누구나 들어 본 적이 있을 겁니다. 주인공은 에드몽 단테스라는 사람입니다. 친구들의 음모와 배신으로 죄를 뒤집어쓴 그는 마르세유 앞바다의 외로운 섬, 이프섬의 감옥에 투옥됩니다. 선장이 되려는 꿈과 아름다운 약혼녀는 당연히 빼앗기고 말지요. 이곳에서 단테스는 14년 동안 억울한 수

감 생활을 하게 되지만, 함께 투옥된 어느 노인에게서 몬테크리스토 섬에 묻혀 있던 엄청난 보물을 찾을 수 있는 지도를 얻게 됩니다. 마침내 탈옥에 성공한 단테스는 보물을 찾고, 몬테크리스토 백작으로 행세하게 됩니다. 그리고 이어서 그는 자신을 감옥에 보낸 친구들에게 처절한 복수극을 펼치게 되지요. 당시 이프 섬의 감옥에서 그가 먹던 식사에는 치즈가 있었습니다. 지금이야 치즈를 모르는 사람은 없을 겁니다. 하지만 치즈를 몰랐던 과거 우리나라 사람들은 지금 우리가 읽고 있는 《몬테크리스토 백작》을 이해할 수 있었을까요?

사실 이것은 치즈에만 국한된 문제가 아니었을 겁니다. 기이하기까지 했을 프랑스의 이채로운 풍습, 우리와는 너무나 다른 이질적인 사법 제도 등등. 그래서 최초의 번역 소설들은 직역 소설이 아니라 대부분 번안 소설일 수밖에 없었던 겁니다. 그래서일까요. 《몬테크리스토 백작》은 김내성金來成, 1909-1957에 의해 《진주탑眞珠塔》으로 번안되어 1947년에 출간됩니다. 등장인물도 모조리 우리나라 사람들로 변했고, 장소도 생활 풍습도 모두 우리 것으로 바뀌어 버립니다. 그러니까 예를 들어 '치즈'도 '된장'으로 바뀌는 식입니다. 프랑스 문물에 익숙해질 때까지는 불가피한 조치라고 할 수 있지요. 동아시아에 인도에서 유래한 불교가 수입되었을 때도 마찬가지의 사정이 있을 수밖에 없었습니다. 단순히 산스크리트어를 한문으로 번역하는 문제가 아니었습니다. 도대체 인도의 풍습과 중국의 풍습은 달라도 너무나 달랐기 때문이지요. 번안 불교의 시대는 불가피했던 겁니다. 3세기에서 5세기 사이 중국에서 일어났던 일입니다.

학자들이 격의불교格義佛敎 시대라고 말하는 시기가 바로 그 때입니다. '격의格義'라는 말은 '바로잡는다' 혹은 '어울리게 한다'는 뜻의 '격格'이란 글자와 '개념'이나 '뜻'을 뜻하는 '의義'로 이루어져 있습니다. 그러니까 개념이나 뜻을 바로 잡거나 혹은 원래 개념이나 뜻에 어울리는 다른 개념이나 뜻을 찾는 것이 바로 격의이지요. 예를 하나 들어 볼까요. 불교의 핵심 개념 중 지금은 '공空'이라는 한자로 번역되는 '순야타śūnyatā'가 격의불교의 시대에는 노자와 장자의 철학 용어였던 '무無'로 번역되었지요. 이렇게 인도 불교 개념을 번역하면서 그와 유사한 개념을 중국 사유 전통에서 찾았던 것이 바로 격의불교입니다. 그러니까 격의불교는 일종의 번안 작업이라고 할 수 있지요. 이런 번안의 시대는 어느 곳, 어느 시간에나 있을 수밖에 없습니다. 번안 불교는 중국을 포함한 동아시아에서만 있었던 것일까요? 그렇지 않습니다. 서양의 문명에 염증을 내던 서양 지성인들은 20세기에 들어와 불교에 커다란 관심을 기울이게 됩니다. 불교에 관심을 가진 서양 학자들은 처음에는 어쩔 수 없이 자신이 가진 지적 배경으로 불교를 이해하고 번역할 수밖에 없었습니다. 그러니까 20세기는 서양의 번안 불교 시대라고 할 수 있을 겁니다.

2.

서양의 번안 불교는 크게 세 시기로 나눌 수 있습니다. 첫 번째는 20세기 초반으로 체르바스키Fyodor Ippolitovich Stcherbatsky, 1866-1942가 그 대표자일 겁니다. 특히 중요한 것은 그의 책《열반의 개념The conception of buddhist nirvana》입니다. 레닌그라드에서 1927년에 영어로 쓰인 책인데, 불교를 칸트나 헤겔로 대표되는 독일 관념론으로 번안해서 이해하려는 노력이 엿보입니다. 예를 들어 열반을 칸트의 '물자체'로 이해하는 식이지요. 두 번째는 20세기 중반으로 이때 활동했던 칼루파하나David Kalupahana, 1936-2014의 시도가 중요합니다. 스리랑카 출신 학자로 하와이대학 명예교수로 활동한 그는 불교를 제임스의 근본적 경험론으로 이해하려고 했습니다. 그리고 세 번째 20세기 후반기에서부터 지금까지의 경향이 있는데, 주목할 만한 것은 달라이 라마의 왕성한 대외 활동으로 티베트 불교의 붐이 일정 정도 영향이 있다는 점입니다.

1995년에 출간된 헌팅턴C. W. Huntington의 저작《공의 공함The emptiness of emptiness》이 아마 이 세 번째 경향을 가장 대표적으로 보여 준다고 할 수 있습니다. 실제로 이 책은 티베트 스님과 함께 작업한 결과물이기도 합니다. 이 책에서 흥미로운 것은 헌팅턴이 나가르주나를 이해할 때 비트겐슈타인의 철학적 통찰력에 많이 의존하고 있다는 점일 겁니다. 독일 관념론과 실용주의가 퇴조한 것은 물론, 불교가 이런 지적 배경으로 이해하기 어렵다는 자각이 있었기 때문일 겁니다. 그렇다면 최근에 비트겐슈타인이 불교를 이해하는 토대로 서양 지성인들에게 지속적으로 영향을 미쳤던 이유는 무엇일까요? 그의 청년기 사유를 대표하는《논리철학논고》를 넘겨 보면, 우리는 그 실마리를 얻을 수 있을 것 같습니다. "선하거나 악한 의지가 세계를 바꾼다면, 그것은 단지 세계의 한계들을 바꿀 수 있을 뿐이지, 사실들을 바꿀 수는 없다. (…) 행복한 자의 세계는 불행한 자의 세계와는 다른 세계이다."

비트겐슈타인의 사유는 객관적이고 논리적이고 과학적인 태도가 강한 서양 철학 전통에서는 무척 이질적인 사유 방식이라고 할 수 있습니다. 주류 서양 철학 전통에서는 인간의 마음 상태와 무관한 객관적인 것을 추구했기 때문이지요. 서양에서 자연과학이 발달했던 것도 다 이유가 있었던 셈입니다. 오히려 행복한 자의 세계와 불행한 자의 세계는 다르다는 비트겐슈타인의 사유 방식은 불교 사유 전통과 더 가깝다고 할 수 있습니다. 불교에서는 부처가 보는 세계와 일반인이 보는 세계가 다르다고 이야기하기 때문이지요. 《대승기신론》에서 말한 진여의 마음과 생멸의 마음도 바로 이것을 말하는 겁니다. 그러나 이것은 불교 사유에만 국한된 것은 아니지요. 유학에서는 성인聖人이 보는 세계와 일반인이 보는 세계가 다르다고 이야기하고, 도교에서도 진인眞人이나 지인至人이 보는 세계는 일반인이 보는 세계와 다르다고 이야기하기 때문입니다. 사실 불교의 가르침에 뭐 별다른 것이 있겠습니까. 평범한 사람이 겪는 고통의 상태, 깨달은 사람이 고통에서부터 자유로워지는 상태, 그리고 평범한 사람이 깨달은 사람이 되는 과정을 다루는 사유 전통이니까요.

"행복한 자의 세계는
불행한 자의 세계와는 다른 세계이다."

©한병춘

3.

인격의 변화라고 할 수 있고, 혹은 경지의 변화라고 할 수 있습니다. 평범한 사람이 부처가 되는 것, 혹은 불행한 사람이 행복한 사람이 되는 것이 말입니다. 서양 철학보다는 서양 종교학의 전통에서 흔히 이런 변화를 다루는 학문을 '구원론'이나 '해탈론'이라고 번역되는 '소테리올로지soteriology'라고 부릅니다. 구원을 뜻하는 희랍어 소테리아sōtēria에서 유래한 것이지요. 동양에서는 보통 수양론修養論이라고 부르는 것이 소테리올로지라고 할 수 있을 것 같습니다. 평범한 상태에서 비범한 상태로의 변화를 위해 수양하는 치열한 노력은 높은 산을 등정하는 것에 비유할 수 있을 것 같습니다. 그러니까 등산로 초입에 서서 저 멀리 정상을 보고 있는 사람과 한 걸음 한 걸음 올라서 정상에 이른 사람은 다른 사람입니다. 당연히 그들에게 펼쳐지는 풍광도 전혀 다를 수밖에 없을 겁니다. 비트겐슈타인의 말처럼 "행복한 자의 세계는 불행한 자의 세계와는 다른 세계"이기 때문이지요.

여기서 문제를 하나 낼 테니 풀어 보시겠습니까. "정상에 오른 사람은 정상에 오르지 않는다"라는 말이 이해되시나요? 화두와 같은 문제라고 당황하지 마시고 잘 생각해 보세요. 당연한 말 아닌가요. 정상에 오른다는 것은 지금 정상에 있지 않다는 것, 최소한 정상보다 낮은 어떤 곳에서 정상을 향해 오르고 있다는 것을 말해 주니까요. "정상에 오른 사람은 정상에 오르지 않는다"라는 말이 이해되시는 분이라면, 그는 벌써 《무문관》의 아홉 번째 관문을 지키고 있는 청양清讓, ?-? 스님을 무시하고 그냥 그곳을 통과해 버린 겁니다. 그래도 다시 한번 복기를 해 보지요. 어느 스님이 《법화경》의 〈화성유품化城喩品〉에 등장하는 부처 중 하나인 대통지승불大通智勝佛에 대해 물어보게 됩니다. 대통지승불은 "이미 그렇게나 도량에서 좌선했는데, 무엇 때문에 불도를 이룰 수 없었던 것일까요?" 〈화성유품〉에 보면 대통지승불에게 불법이 현전하지 않았다는 구절이 나왔기에 던지는 질문이지요. 분명히 부처는 부처인데 불도를 이룰 수 없다니 기이했던 겁니다.

청양 스님은 당혹감을 가진 스님의 궁금증을 한 방에 해소해 줍니다. "그것은 그가 부처가 되지 않았기 때문이다爲伊不成佛." 얼핏 들으면 당연한 이야기로 들립니다. 대통지승불이 불도를 이룰 수 없었던 것은 그가 부처가 되지 않았기 때문이라는 대답이니까요. 그렇지만 우리는 대통지승불이 글자 그대로 부처라는 사실을 잊어서는 안 됩니다. 잘못 이해하면 대통지승불이 가짜 부처라는 이야기가 될 테니까요. 그래서 청양 스님의 대답은 다음과 같이 번역하는 것이 좋을 것 같습니다. "그것은 그가 더 이상 부처가 될 필요가 없었기 때문이다." 왜일까요? 이미 대통지승불은 부처였기 때문입니다. 부처가 되었는데, 그가 다시 부처가 될 필요는 없는 것 아닐까요. 1겁劫, kalpa은 아주 부드러운 천으로 100년마다 한 번씩 돌산을 쓸어서 그 돌산이 사라지는 시간을 가리킨다는 말이 있는 것처럼 아주 오랜 기간을 가리킵니다. 그런데 10겁이나 되는 시간 동안 대통지승불은 도량에 참선했던 겁니다. 그렇지만 이제 우리는 압니다. 그것은 부처가 되려는 참선이 아니었다는 사실을요. 이미 그는 부처이기 때문이지요.

불교마저 끊어 버린 재야의 고수

어느 스님이 노파에게 "오대산으로 가는 길은 어느 쪽으로 가면 되나요?"라고 묻자, 노파는 "똑바로 가세요." 스님이 세 발짝이나 다섯 발짝인지 걸어갔을 때, 노파는 말했다. "훌륭한 스님이 또 이렇게 가는구나!" 뒤에 그 스님이 이 일을 조주에게 말하자, 조주는 "그래, 내가 가서 너희들을 위해 그 노파의 경지를 간파하도록 하마"라고 이야기했다. 다음 날 바로 노파가 있는 곳에 가서 조주는 그 스님이 물었던 대로 묻자, 노파도 또한 대답했던 대로 대답했다. 조주는 돌아와 여러 스님들에게 말했다. "오대산의 노파는 내가 너희들을 위해 이제 완전히 간파했다."

《무문관》 31칙, '조주감파(趙州勘婆)'

1.

"성불하세요!" 다시 생활 전선으로 되돌아가는 우리를 보고 산사의 젊은 스님은 간곡하게 합장을 합니다. 짧은 산사의 생활이었지만, 부처님께 1,000배도 바쳤고 스님들에게 좋은 법문을 많이 들어 뿌듯했던 시간이었습니다. 지쳤던 몸과 마음이 모두 되살아

나는 느낌이니까요. 산사를 빠져나오며 잠시 웃음이 얼굴에 번져 오릅니다. 우리를 배웅했던 그 스님은 자신이 지금 무슨 이야기를 했는지 알고나 있을까요. "성불하세요!" 정말로 그 스님은 우리가 부처가 되기를 원했던 것일까요? 우리가 정말로 부처가 된다면 다시는 그 스님을 만나 그의 법문을 들을 이유도 없을 텐데 말입니다. 이미 부처가 되었다면 산행이 목적이 아니고서야 산사에 들러 대웅전의 석가모니에게 절을 할 리도 없을 겁니다. 그래서 "성불하세요!"라는 인사말에는 아이러니한 데가 있습니다. 마지막 인사말일 수도 있기 때문이지요. 젊은 스님에게 농을 던져 볼 수 있다는 겁니다. "스님, 이제 제가 더 보고 싶지 않나요? 저 성불하지 않고, 다시 스님을 보러 올 거예요."

물론 상대방에게 성불하라는 말은 단순한 레토릭은 아닙니다. 그것이 바로 불교의 자리이타自利利他의 정신이니까요. 자리이타, 그러니까 자신도 이롭게 만들고 타인도 이롭게 만든다는 겁니다. 물론 인간이 가장 이롭게 된 상태는 주인공으로서 당당한 삶을 영위하는 것이지요. 주인공으로 삶을 살아 내는 사람이 부처가 아니면 무엇이겠습니까. 우리는 산사에서도 치열한 자기 수행으로 부처가 될 수 있고, 아니면 일상생활에서도 부처가 될 수 있습니다. 물론 될 수 있다는 가능성이 바로 현실성을 말하는 것은 아닙니다. 아무래도 여러 가지 조건이 좋은 산사가 부처가 되는 데는 더 유리할 겁니다. 갑을 관계로 복잡하게 연루되어 있는 팍팍한 경제생활에 큰 신경을 쓸 필요도 없고, 아이들의 육아와 교육 문제로 골머리를 앓을 필요도 없고, 산업자본의 부산물이라고 할 수 있는 오염된 물과 공기, 음식을 꺼려할 필요도 없으니까요.

하지만 산사가 아닌 세속에서 웬만한 스님보다 주인으로 당당한 삶을 사는 데 성공했던 사람도 있습니다. 물론 부처가 되려는 오매불망의 일념이 없다면, 번잡한 세속의 일에도 불구하고 부처가 되는 결실을 기대한다는 것은 어불성설이라고 할 수 있지요. 어쩌면 산사에서보다 더 끈기 있게 노력해야만 할 겁니다. 끈기! 끈기는 근기根機라는 말에서 유래한 것입니다. 근기를 두고 부처가 될 수 있는 선천적인 능력인 것처럼 이야기합니다만, 저는 이런 의견에 반대입니다. 모든 것에는 고정되어 불변하는 실체가 없다는 '무아'의 입장을 따르는 사람이 어떻게 선천적인 능력, 그러니까 우리로서는 어찌할 수 없는 불변하는 능력을 긍정할 수 있겠습니까. 단지 부처가 되려는 소망을 현실화하려고 끈덕지게 노력하는 사람이면 근기가 탁월하다고, 그러니까 상근기라고 이야기해야 합니다. 반면 끈덕지게 노력하지 않는 사람은 하근기라고 불러야 할 겁니다.

2.

용기가 있어서 번지 점프를 하는 것이 아니라, 번지 점프를 하는 것이 바로 용기가 있는 겁니다. 근기도 마찬가지 아닐까요? 상근기여서 부처가 되려는 노력을 게을리 하지 않는 것이 아니라, 끈덕지게 부처가 되려고 노력하는 사람이 상근기인 겁니다. 그러니까 산사에는 상근기가 많이 모이는 것이 아니라, 산사라는 좋은 조건 때문에 부처가 되려는 열망이 쉽게 식지 않아서 사람들이 끈덕지게 수행할 수 있다고 하는 것이 정확한 표현일 겁니다. 반면 일상생활에서 하근기가 많은 것은 치열한 수행을 방해하는 너무나 복잡한 조건들이 도처에 산재해 있기 때문이지요. 마음을 다잡으려는데 거래처 사람이 전화를 하고, 애인이 찾아와서 울고, 아이들이 휴가를 가자고 조르니 어떻게 끈기 있게 부처가 되려고 노력할 수 있겠습니까. 그렇지만 이런 험난한 조건에도 불구하고 일상생활에서 주인공이 되는 데 성공한 사람이 있다면, 이 사람이야말로 상근기 정도가 아니라 최상근기라고 할 수 있을 겁니다.

거사居士, kulapati라는 말이 있지요. 비록 스님이 되지 않았지만 어느 스님보다 치열하게 부처가 되려고 노력하는 사람을 말합니다. 가장 유명한 사람이라면 역시 중국 당나라 때 활동했던 이통현이라는 거사를 언급하지 않을 수 없습니다. 《신화엄경론》이라는 방대한 저작을 남길 정도로 불교의 가르침에 정통했던 사람입니다. 한마디로 스님들도 함부로 다루기 힘든 재야의 고수라고 할 수 있지요. 우리나라 조계종의 창시자라고 할 수 있는 보조국사 지눌마저 그의 책을 요약해서 정리한 《화엄론절요華嚴論節要》를 지을 정도였으니까요. 이통현만 상근기였을까요? 그렇지 않습니다. 어떤 책도 짓지 않고 어떤 스님과도 논쟁을 하지 않는 진정한 재야의 고수는 도처에 있을 수밖에 없습니다. 책과 논쟁에는 훌륭하다는 평판을 받거나 논쟁에서 이기려는 허영과 자만이 깔려 있는 법이니까요.

사실 주인으로 살아가는 사람들에게 명성은 덧없을 뿐만 아니라 위험하기까지 한 겁니다. 그런 명성에 연연하는 순간, 우리 삶의 주인은 자신이 아니라 명성이 되니까요. 더군다나 선불교의 정신은 불립문자가 아닙니까. 문자가 자신의 삶에 주인 노릇을 하도록 할 수는 없으니, 문자를 세우지 않는다는 겁니다. 이통현과 같은 거사를 넘어서는 진정한 고수는 어디에나 있을 수 있는 법입니다. 스님들로서는 정말 자존심 상하는 일일 겁니다. 산사에서 치열하게 노력해도 되지 못한 부처의 경지에 오른 세속의 사람들이 있을 수 있다는 사실이 말입니다. 《무문관》의 서른한 번째 관문을 긴장으로 몰고 가는 어느 주막의 노파가 바로 그 사람일 수도 있습니다. 세속에서 자신의 삶을 주인공으로 살아 내는 부처가 된 사람이 있다면, 스님들은 지금까지 자신들이 잘못 수행한 것이 아닌지 의심하고 동요할 수밖에 없는 일입니다.

3.

부처가 되려고 어느 스님이 조주가 똬리를 틀고 앉아 있는 오대산을 찾아가는 길이었습니다. 한참을 왔으나 오대산이 나오지 않자, 스님은 당혹했나 봅니다. 길을 잘못 들었다는 느낌 때문이었지요. 다행히 어느 주막에 이르게 되고, 스님은 그곳 노파에게 길을 물어보게 됩니다. 그러자 노파는 "똑바로 가세요驀直去"라고 일러 줍니다. 여기까지는 괜찮았지만 스님이 그녀의 말대로 가던 길을 가려고 몇 걸음 떼었을 때, 노파는 혼잣말로 중얼거립니다. "훌륭한 스님이 또 이렇게 가는구나!" 작은 소리였지만, 그 스님에게는 경천동지할 뇌성처럼 들렸나 봅니다. 어쩌면 스님은 임제의 가르침을 떠올렸을지도 모를 일입니다. “수처작주, 입처개진!” 이르는 곳마다 주인이 되면, 자신이 서 있는 곳이 모두 참되다는 뜻입니다. 산사에 들어가면 주인이 될 수 있고 그렇지 않으면 주인이 될 수 없다면, 사실 그 사람에게 진정한 주인은 자신이 아니라 자신이 처한 곳일 수밖에 없습니다.

지금 노파는 스님을 조롱하고 있는지도 모릅니다. 자신의 지시대로 가는 스님이라면, 조주를 만나도 결코 주인이 되지 못하리라는 탄식일 수도 있지요. 비천한 노파의 말에 좌지우지되는 스님이라면 조주와 같은 큰스님 앞에서는 어떻겠습니까. 당연히 조주스님이 시키는 대로 할 것입니다. 자신이 아니라 조주가 삶에 주인 노릇을 하는 한, 그 스님은 결코 자기 삶의 주인공이 될 수 없을 겁니다. 아마 조주 스님이 있는 오대산에 이르러서도 그 스님은 노파에게서 받은 충격으로 정신을 차릴 수가 없을 겁니다. 조주가 그런 내색을 모를 리 없습니다. 더군다나 자기 문하의 제자들도 동요하는 빛이 역력했을 겁니다. 당당히 주인으로 살지 못하고, 자신들이 부처되기 놀이를 하고 있다는 불안감이었을 겁니다. 원하든 원치 않든 위대한 선생이라는 명성을 날리고 있던 조주도 당혹감을 가질 수밖에 없었을 겁니다. 진정한 재야의 고수, 제자니 선생이니 산사니 주막이니 가리지 않고 주인으로 살고 있는 진정한 부처가 있을 수도 있기 때문이지요. 동요를 잠재우기 위해 조주는 몸소 움직이는 수고를 마다하지 않습니다. “그래, 내가 가서 너희들을 위해 그 노파의 경지를 헤아려 보도록 하마!”

다음 날 몸소 조주는 노파가 있다고 하는 곳으로 찾아갑니다. 그리고 오대산을 처음 찾아가는 스님처럼 그곳으로 가는 길을 물어봅니다. 그러자 노파는 "똑바로 가세요"라고 일러 줍니다. 노파의 말대로 한두 걸음 발을 떼자, 그녀는 또 말합니다. "훌륭한 스님이 또 이렇게 가는구나!" 그렇습니다. 노파는 조주를 찾아가려는 어느 스님한테나 똑같이 응대했던 겁니다. 조주가 너무나 유명해 그에게서 배우려는 스님들이 많이 그 주막을 지나갔나 봅니다. 어쨌든 조주는 안심합니다. 누가 물었어도 노파가 똑같은 응대를 했으니 큰 의미 부여를 할 필요가 없다는 생각 때문이었을까요. 어쨌든 되돌아가서 조주 스님은 아직 동요하고 있던 제자들에게 이야기합니다. "오대산의 노파는 내가 너희들을 위해 이제 완전히 간파했다." 그렇지만 적진에 침투하여 정보를 캐려는 스파이처럼 움직이는 조주의 행동에 궁색한 느낌이 들지 않나요? 오히려 노파의 대응이 더 안정감이 있고 당당하지 않은가요? 거짓으로 물어보는 사람에게 진심으로 이야기해 주는 노파를 정말로 조주는 간파했던 것일까요, 아니면 노파가 조주의 노파심을 알고 안심을 시킨 것일까요? 어느 것이 사실인지 알음알이에 빠지지 마세요. 그냥 주인이 되는 길이나 "똑바로 가세요!" 합장.

이르는 곳마다 주인이 되면, 자신이 서 있는 곳이 모두 참되다는 뜻입니다.
산사에 들어가면 주인이 될 수 있고 그렇지 않으면 주인이 될 수 없다면,
사실 그 사람에게 진정한 주인은 자신이 아니라 자신이 처한 곳일 수밖에 없습니다.

스님! 농담도 잘하시네요

오조 화상이 스님에게 물었다. "천녀가 자신의 혼과 분리되었다는 이야기가 있는데, 어느 것이 진짜인가?"

《무문관》 35칙, '천녀리혼(倩女離魂)'

1.

보험이 지금처럼 유행했던 적도 없는 것 같습니다. 심지어 정부마저도 그 대열에 합류하고 있을 정도입니다. 언제든지 암에 걸릴 수 있으니 미리 치료비를 준비하는 것이 현명한 것 아니냐고, 혹은 자식들이 봉양하기 어려운 경제 현실에 맞추어 외로운 노년을 품위 있게 보내려면 미리 준비해야 한다고, 심지어 자신이 죽었을 때 자식들의 경제적 부담을 미리 덜어 주기 위해 장례 비용을 미리 마련해 주는 것이 자식들에 대한 마지막 애정이 아니냐고, 온갖 이유를 들어 보험회사는 우리의 미래에 잿빛 색깔을 칠하고 있습니다. 어떤 미사여구를 쓰더라도, 이는 아직 오직 않은 미래에 공포감을 주입해 사람들로부터 돈을 갈취하는 행위라고 할 수 있습니다. 그렇게 보험회사 등에 돈을 갈취 당하느니 차라리 그 돈으로 건강에 좋은 의식주를 확보하고, 가족들의 행복을 도모하는 것이 더 좋은 일 아닐까요? 이랬을 때 나이 들어서 우리는 더 건강할 것이고, 남은 가족들에게서 보살핌을 받을 수도 있을 겁니다.

'지나친 것은 모자란 것보다 못하다'는 말이 있습니다. 미래를 생각하고 대비하는 것 자체를 뭐라고 할 수는 없습니다. 깨달은 사람이 아닌 평범한 사람이라면 정도의 차이가 있을 뿐 누구나 미래를 생각하니까요. 그렇지만 미래를 지나치게 두려워하거나 염려하는 것은 우리 삶을 피폐하게 만듭니다. 내일을 지나치게 걱정하면, 오늘을 제대로 살아 낼 수가 없습니다. 내일에 대한 염려와 공포 때문에 지금 앞에 있는 맛있는 음식도 먹는 둥 마는 둥 할 것이고, 고민을 토로하는 아이의 목소리도 듣는 둥 마는 둥 할 테니까요. 내일을 생각하느라 노심초사하고 있으니, 오늘의 삶이 어떻게 행복할 수 있겠습니까. 또한 이렇게 내일을 걱정하는 사람이 어떻게 도움이 필요한 사람에게 자비를 베풀 수가 있겠습니까. 아이러니하게도 이런 사람에게는 걱정하던 내일이 와도 막상 달라지는 것은 하나도 없을 겁니다. 내일이 오면 그날은 또 새로운 오늘이 될 것이고, 그렇게 새롭게 시작된 오늘에도 그 사람은 또 다시 다른 내일을 염려하고 두려워할 테니까요.

집착이 문제가 되는 것은 어떤 관념에 사로잡혀 삶을 주인으로 살아 내지 못하게 만들기 때문입니다. 내일에 대한 집착만큼 우리 삶에 치명적인 집착이 또 있을까요? 가까운 미래에 지나치게 집착하고 있는 경우는 사정이 좀 낫다고 할 수도 있을 겁니다. 염려했던 것이 현실이 될 때 우리는 지금까지 너무 지나치게 미래에 집착했었다는 사실을, 그리고 미래에 대한 염려나 공포가 모두 자기 마음의 문제라는 것을 어느 정도는 알게 될 테니까 말입니다. 한마디로 말해 오늘 그렇게도 걱정했던 내일의 일에 막상 맞닥뜨렸을 때, 우리는 대부분 그렇게 염려할 필요가 없었다는 것을 쉽게 알게 된다는 겁니다. 그렇지만 내세, 즉 사후세계를 통해 미래의 공포를 조장하는 초월종교의 협박과 사기는 극복하기 여간 힘든 것이 아닙니다. 죽어 봐야 사후세계가 있는지 없는지 알 테니까 말입니다. 그래서 초월종교는 보험회사보다 그 질이 더 나쁘다고 할 수 있습니다. 보험회사가 그들이 약속한 것처럼 보장을 해 주는지는 살아 있을 때 확인을 할 수 있지만, 초월종교의 약속은 그 누구도 확인할 수 없으니까요. 거의 완전 범죄라고 할 수 있지요.

2.

보험회사는 미래에 펼쳐질 불의의 사고나 노후의 삶이 현재의 삶보다 더 중요하다고, 마찬가지로 초월종교는 현재의 삶보다는 죽은 다음에 가야 하는 사후의 삶이 더 중요하다고 역설합니다. 현재 자신의 삶을 주인으로 당당하게 살지 못하도록 한다는 점에서, 보험회사와 초월종교는 차이가 없습니다. 한때 불교도 초월종교의 유혹을 벗어나지 못했던 적이 있습니다. 아직도 그 흔적이 남아 있는 경우도 있습니다. 전라남도 구례에 있는 화엄사華嚴

寺나 경상남도 양산의 통도사通度寺에는 명부전冥府殿이라는 전각이 있습니다. 명부전에 그려진 시왕탱十王幀이라는 탱화는 찾아오는 사람들을 아직도 주눅 들게 하고 있습니다. 시왕탱이란 사후세계의 심판을 관장하는 열 명의 군주들을 묘사한 그림입니다. 그 유명한 염라대왕도 한자리를 떡하니 차지하고 있지요. 날씨가 흐리거나 해가 지면 그 아우라는 정말 장난이 아닙니다. 물론 도교에서 유래한 민속신앙 탓이라고 가볍게 치부할 수도 있지만, 사찰에 사후세계와 심판을 긍정하는 장소가 있다는 것은 심각하게 고민해 보아야 할 일입니다.

불교의 핵심 가르침은 싯다르타가 말한 '무아', 즉 불변하는 자아란 없다는 주장으로 요약될 수 있습니다. 싯다르타가 왜 이런 주장을 했을까요. 그것은 당시 인도를 지배하던 초월종교인 브라만교가 사후세계로 장사를 했기 때문입니다. 브라만교는 '아트만'이라는 우리의 자아는 현세나 내세에나 똑같이 불변한다고 주장했습니다. 당연히 브라만교도들은 짧은 현세의 삶보다는 사후세계에 더 집착하게 되었지요. 그들에게 현세의 삶은 단지 사후세계, 나아가 다시 태어날 윤회를 위한 수단에 지나지 않았던 겁니다. 사후세계니 윤회니 하는 모든 초월종교의 논의들은 불변하는 자아가 전제되어야만 합니다. 죽은 뒤의 자아가 현실세계의 자아와 다르다면, 어떻게 초월적인 신이 우리 인간을 심판하거나 평판할 수 있겠습니까. 바로 이런 이유로 싯다르타는 브라만교에서 이야기하는 아트만 같은 불변하는 자아란 존재하지 않는다고 말했던 겁니다. 싯다르타의 가르침이 옳다면, 브라만교나 기독교는 토

©제영자

집착이 문제가 되는 것은 어떤 관념에 사로잡혀
삶을 주인으로 살아 내지 못하게 만들기 때문입니다.
내일에 대한 집착만큼 우리 삶에 치명적인 집착이 또 있을까요?

대에서부터 균열이 생겨 무너지게 됩니다. 하물며 명부전에서 묘사한 일곱 개의 지옥이야 말해 무엇하겠습니까.

그렇다면 우리의 정신은 사후에 어떻게 되는 것일까요? 혹은 정신과 육체 사이에는 어떤 관계가 있는 것일까요? 《중아함경中阿含經, Madhyamāgama》에 실려 있는 수많은 작은 경전들 중에는 《다제경嗏帝經》이라는 경전이 있습니다. 이 경전을 보면, 싯다르타는 장작불의 비유로 우리의 의문에 답을 줍니다. "불이란 그 연료에 따라서 이름 지어진다. 불이 장작으로 인해서 타게 되면 장작불이라고 불린다. 불이 나무 조각으로 인해서 타게 되면 모닥불이라고 불린다. 불이 섶에 의해서 타게 되면 그때는 섶불이라고 불린다. 불이 쇠똥으로 인해서 타게 되면 쇠똥불이라고 불린다. 불이 왕겨로 인해서 타게 되면 왕겨불이라고 불린다. 불이 쓰레기로 인해서 타게 되면 쓰레기불이라고 불린다." 추상화해서 생각하면 불 자체가 있을 것 같지만, 그런 불은 존재하지 않습니다. 오직 다양한 연료에 의해 빛을 발하는 다양한 불들만이 존재할 뿐입니다. 어쨌든 특정 연료가 없다면 특정한 불도 존재할 수 없을 겁니다. 바로 싯다르타가 말한 '연기緣起, pratityasamutpada'이지요. 그러니까 모든 것은 조건에 따라 발생하는 겁니다. 장작이 다 소진되면, 장작불은 없어집니다. 마찬가지로 섶이 모두 타면, 섶불도 사라질 겁니다. 다양한 육체에 의해 지탱되는 다양한 인간도 마찬가지 아닐까요. 그렇습니다. 우리의 육체가 소진되면, 우리의 정신도 사라지는 겁니다.

3.

《무문관》의 서른다섯 번째 관문에서 오조五祖 화상은 어느 스님에게 몸과 마음, 혹은 육체와 정신과 관련된 심각한 화두를 하나 던집니다. 참고로 여기 등장하는 오조 화상은 육조 혜능의 스승인 오조 홍인이 아닙니다. 홍인이 활동했던 황매산에서 제자를 가르쳤던 법연을 가리키는 겁니다. 오조 홍인이 활동한 뒤 황매산은 그를 기려 오조산五祖山이라고 불리게 된 것이고, 법연은 동아시아의 관례대로 오조라는 이름을 얻게 된 것이지요. 조선의 유학자 이황李滉, 1501-1570을 지금도 그가 태어났던 마을을 본떠서 퇴계退溪라고 부르는 것과 비슷한 것입니다. 어쨌든 오조 화상은 당나라 때 진현우陳玄祐, ?-?가 지었다고 하는 괴담소설《이혼기離魂記》의 내용을 언급합니다. 이 소설은 왕주와 천녀의 사랑 이야기를 다루고 있습니다. 둘 사이가 맺어질 수 없게 되자, 천녀의 혼은 그녀의 몸에서 빠져 나와 왕주와 함께 멀리 도망가서 살게 됩니다. 천녀의 몸은 자신의 집에 앓아누워 있었지요. 우여곡절 끝에 다시 만나게 된 왕주와 천녀의 가족들은 지금까지 천녀의 혼과 몸이 분리되어 있었다는 사실에 경악하게 됩니다. 결국 왕주가 천녀, 정확히는 천녀의 혼을 데리고 그녀의 집에 들어오자 그녀의 혼은 집에 있던 몸과 결합하게 됩니다. 일종의 해피엔딩인 셈이지요.

지금 오조 화상은 바로 이 이야기를 전제로 제자에게 난해한 질문을 던지고 있는 겁니다. "천녀가 자신의 혼과 분리되었다는 이야기가 있는데, 어느 것이 진짜인가?" 다시 말해 왕주와 함께 있던 천녀의 혼과 집에 앓아누워 있던 천녀의 몸 중 어느 것이 진짜인지 묻고 있는 겁니다. '천녀의 혼이 진짜일까, 몸이 진짜일까? 둘 다 진짜일까? 아니면 둘 다 가짜일까?' 이런 의문에 빠졌다면, 여러분은 지금 오조 화상의 희롱에 걸려든 겁니다. 어느 것이 진짜인지 가짜인지가 뭐 중요합니까? 육체와 정신의 이분법처럼 불교의 가르침에 반하는 것도 없으니까요. 장작불에 관한 싯다르타의 이야기를 떠올려 보세요. 장작불이 있습니다. 장작을 떠나서는 불이 있을 수 없는 법입니다. 장작을 떠난 불 자체, 즉 어느 연료에도 의존하지 않는 불 자체란 존재할 수도 없는 겁니다.

오조 화상이 살았던 시대도 지금처럼 살기가 팍팍했던 모양입니다. 사람들이 자꾸 불변하는 정신, 즉 귀신 이야기를 좋아하는 것도 그런 이유에서일 겁니다. 살기가 힘들면 초월적인 세계에 눈을 돌리는 것은 어디서나 확인되는 현상이지요. 오조 화상의 제자도 마찬가지였나 봅니다. 그도 불변하는 영혼을 꿈꾸고 있었으니까요. 그렇지만 이것이 이 제자만의 이야기일까요? 지금 우리도 이 제자와 마찬가지인 건 아닌가요? 오조 화상은 허구적인 초월세계를 꿈꾸느라 현실의 삶을 낭비하고 있는 우리들을 조롱하고 있었던 겁니다. 지옥이나 천당이 내일이나 노후의 세계로 바뀌었다고 달라지는 것은 아무것도 없습니다. 어느 경우든 현재를 주인으로서 살아 내지 못하는 것은 마찬가지니까요. "천녀가 자신의 혼과 분리되었다는 이야기가 있는데, 어느 것이 진짜인가?" "스님! 농담도 잘하시네요. 그 소설이나 빌려 주세요. 요새 밤에 너무 더워 잠이 안 오네요." 이렇게 대답한다면, 오조 스님의 얼굴에 잔잔한 미소를 되돌려 줄 수도 있을 겁니다.

침묵만이 누릴 수 있는 말의 자유

향엄 화상이 말했다. "가령 어떤 사람이 나무에 올랐는데, 입으로는 나뭇가지를 물고 있지만 손으로는 나뭇가지를 붙잡지도 않고 발로도 나무를 밟지 않고 있다고 하자. 나무 아래에는 달마가 서쪽에서부터 온 의도를 묻는 사람이 있다. 대답하지 않는다면 그가 질문한 것을 외면하는 것이고, 만일 대답한다면 나무에서 떨어져 생명을 잃게 될 것이다. 바로 이런 경우에 어떻게 대답할 것인가?"

《무문관》 5칙, '향엄상수(香嚴上樹)'

1.

묵언수행默言修行을 아시나요. 글자 그대로 침묵하는 수행이라고 할 수 있습니다. 그런데 무엇 때문에 스님들은 말을 하지 않는 극단적인 수행을 하는 것일까요? 말을 하는 것만큼 의도하지 않은 결과를 낳는 행동도 없기 때문이지요. 말은 칼보다 더 날카롭게 상대방의 가슴을 찌를 수 있습니다. 동시에 말은 따뜻한 옷이나 쾌적한 집보다 더 푸근하게 상대방을 품어 줄 수 있는 것이기도 하지요. 사실 말은 칼보다 더 무서운 겁니다. 칼에 찔리면 그 순간 너무나 커다란 고통이 찾아올 겁니다. 그렇지만 그 칼을 빼고 치유를 하면 흉터는 남아도 고통은 사라질 수 있습니다. 반면 말은 뺄 수 없는 칼과 같습니다. 그냥 죽을 때까지 사람의 마음에 꽂혀 있기 때문이지요. 자비의 마음을 품으려는 스님들이 말에 대한 수행을 하는 것도 이런 이유에서입니다. 혹여 경솔한 말 한마디가 자비는커녕 상대방에게 지울 수 없는 트라우마를 남길 수도 있으니까 말입니다.

불교에서는 행동을 업業, karman이라고 합니다. 행동은 그에 걸맞은 결과를 낳는다는 것, 바로 이것이 불교의 업보業報, karma-vipāka 이론입니다. 타인에게 좋든 그르든 강한 결과를 남기는 업을 불교에서는 전통적으로 세 가지로 이야기합니다. 바로 삼업三業, trīṇi karmāṇi이지요. 몸으로 짓는 업을 신업身業, 말로 짓는 업을 구업口業, 생각으로 짓는 업을 의업意業이라고 부릅니다. 묵언수행은 말로 나쁜 업이 아닌 좋은 업을 짓기 위한 스님들의 치열한 자기 노력이라고 할 수 있을 겁니다. 특히나 스님들은 생로병사에 집착하고 번뇌하는 일반 사람들에게 선생님의 역할을 할 수밖에 없습니다. 그러니까 조금이라도 잘못 말하게 된다면, 스님을 믿고 온 사람들의 삶은 걷잡을 수 없는 파국을 만날 수도 있지요. 그러니 조심스럽게 말해야 하고 제대로 말해야 합니다. 그러니 잊지 마세요. 묵언수행은 말 자체를 부정하는 것이 아니라, 제대로 말하기 위해서 하는 수행이라는 사실을 말입니다.

의도된 것은 아니지만, 묵언수행에는 한 가지 부수 효과가 생길 수 있습니다. 타인을 만날 때, 말을 하지 못하니 상대방의 말을 더 잘 들을 수 있게 된다는 겁니다. 어쩌면 당연한 일이지요. 시끄럽게 떠들고 있거나 혹은 떠들려는 말을 생각하고 있을 때, 우리가 과연 타인이 하는 말을 들을 수 있을까요. 아마 불가능할 겁니다. 그래서 이쪽의 침묵은 어쩌면 저쪽의 이야기를 듣겠다는 의지라고 할 수 있지요. 그러니까 침묵은 놀라운 효과를 가지고 있습니다. 침묵할 때 우리는 상대방의 말을 과거 어느 때보다 더 잘 듣게 된다는 것이지요. 잔소리가 심한 스님이나 혹은 난해한 경전 조목을 지치지 않고 강론하는 스님보다 암자 뒤편에 홀로 외롭게 있는 석불이 더 낫지 않을까요. 자비로운 미소로 석불은 우리의 이야기를 들어 주고 있으니까요. 어떤 비난도 어떤 훈계도 하지 않고 침묵으로 일관하는 석불 앞에서 우리는 자신의 고뇌를 시원하게 내려놓을 수 있는 겁니다.

2.

삶의 맥락을 떠난 형이상학적인 것들에 대해 침묵해야만 하고, 상대방이 들어 주는 것만으로 마음의 편안함을 느낄 때는 침묵해야만 합니다. 형이상학적 쟁점에 대한 침묵을 불교에서는 '무기無記, avyākrta'라고 말합니다. '세계는 유한한가, 무한한가?' 혹은 '영혼과 신체는 다른가, 같은가?' 등과 같은 질문에 싯다르타는 침묵했던 적이 있습니다. 싯다르타는 삶에 집중하지 못하도록 만드는 이런 형이상학적 질문들에 침묵할 수밖에 없었던 겁니다. 만약 싯다르타가 자신의 입장을 표명했다면, 제자들은 그런 문제를 숙고하고 토론하느라 자신의 삶을 돌보지 못했을 겁니다. 죽은 뒤에 영혼이 있느냐는 질문에 우리가 어떤 식으로든지 대답하는 순간, 상대방은 더 큰 문제를 고민할 겁니다. 영혼이 없다고 하면 그는 허무주의에 빠질 것이고, 영혼이 있다고 하면 그는 자신의 구체적인 삶을 경시할 테니까 말입니다.

마찬가지로 하소연할 곳이 없어 자신의 고뇌를 털어놓는 사람의 이야기에 대해서도 우리는 침묵해야만 합니다. 예를 들어 어떤 할머니가 자기 남편이 동네 다방 마담과 바람을 피운다며 스님에게 하소연하러 왔다고 해 보지요. 할머니는 갑갑한 자기의 마음을 들어 줄 사람이 필요해서 스님을 찾아온 것이지, 스님에게 답을 구하려고 한 것은 아닐 겁니다. 그냥 삶이 얼마 남지 않은 할아버지가 측은하기도 하고, 동네 사람들이나 자식들 보기가 민망하기도 한데 말할 곳이 없어 답답해 찾아온 겁니다. 할아버지의 바람기를 응징하려고 했다면, 경찰서로 가지 왜 산사에 올라왔겠습니까. 당연히 이 경우 스님은 쓸데없이 불교 교리를 읊조려서는 안 됩니다. 그저 미소와 함께 할머니의 말을 들어 주면 되는 것이지요. 어쩌면 산사로 가는 가파른 길을 오르며, 할머니의 마음은 이미 많이 누그러졌을 테니까 말입니다. 그런데 주어진 사태를 받아들이기로 작정한 사람의 이야기를 듣고 거기에 자신의 의견을 덧붙이는 순간, 상대방은 더욱더 커다란 혼란에 빠질 것이고 애써 평정을 되찾은 마음은 요동치게 될 겁니다.

말할 수 없는 것에 침묵해야만 하고, 말할 필요가 없는 것에도 침묵해야만 합니다. 침묵할 수 있는 사람만이 제대로 말할 수 있는 사람입니다. 반대로 말해도 좋을 것 같습니다. 제대로 말할 수 있는 사람은 침묵할 수도 있는 사람이라고 말입니다.《무문관》의 다섯 번째 관문에는 높은 나무가 하나 서 있고, 거기에 젊은 스님 하나가 나뭇가지를 입으로 문 채 매달려 있습니다. 손이나 발로 나무줄기를 잡고 있지도 않으니, 마치 물고기가 낚싯대에 걸려 대롱대롱 매달려 있는 것 같은 기이한 광경이라고 할 수 있습니다. 스님이 매달려 있는 나무 밑에 어떤 사람이 와서 물어봅니다. "달마가 서쪽에서 온 까닭은 무엇인가?" 대답하지 않는다면 그가 질문한 것을 외면하는 것이고, 만일 대답한다면 나무에서 떨어져 생명을 잃게 될 것입니다. 어떻게 할까요?

3.

향엄香嚴, ?-898 스님은 장난꾸러기입니다. 나뭇가지를 입에 물고 있는 스님을 곤궁에 빠뜨리고 있으니 말입니다. 잠깐 향엄 스님이 던진 화두를 풀기 전에 가능한 오해 한 가지를 바로잡아야 할 것 같습니다. 그건 나뭇가지를 입에 물고 있는 스님이 지금 침묵하고 있다고 생각하는 오해입니다. 이런 오해를 품고 있는 한, 우리는《무문관》의 다섯 번째 관문을 결코 통과할 수 없을 겁니다. 사정은 그 반대입니다. 나뭇가지를 입에 물고 있다는 것은 그 스님이 입에만 의지해 스님 노릇을 하고 있다는 것을 상징하기 때문이지요. 스님은 손도 쓰지 않고 발도 쓰지 않습니다. 이제 분명해지시나요. 한마디로 말해 스님은 구업의 화신인 셈이지요. 계속 입에만 의존하고 있다는 것, 그것은 그 스님이 침묵할 줄 모르는 사람이라는 겁니다. 그는 무엇인가 계속 이야기를 합니다.

남의 이야기나 남의 이론을 듣는다는 것은 그로서는 있을 수도 없는 일입니다. 입을 쓰지 않으면 떨어져 죽을 것만 같은 나무에 입으로 매달려 있는 상황이니까요. 그러니까 입에 의존하지 않는 순간, 그는 현기증이 날 정도로 높은 나무에서 떨어져 죽을지도 모를 일입니다. 그런데 갑자기 자신보다 존경스러운 사람이 그 스님에게 대답을 요구합니다. "달마가 서쪽에서 온 까닭은 무엇인가?" 반드시 대답해야만 합니다. 자, 여러분이 이 스님과 같은 상황이라면 어떻게 하겠습니까. 우선 손과 발로 나무줄기를 튼튼히 잡아야만 합니다. 그리고 조심조심 나무에서 내려와야 합니다. 그리고 자신에게 질문한 사람과 대화를 나누면 될 겁니다. "아까 뭐라고 하셨지요? 달마가 서쪽에서 온 까닭에 대해 물으셨나요?" 이렇게 땅에 발을 디디면 됩니다. 바로 그 순간 우리는 자기의 입에만 의존하지 않게 될 겁니다. 이것이 바로 깨달음 아닌가요. 이제 자신의 입에만 의존하지 않기에 기꺼이 침묵할 수도 있는 경지에 이른 것이니까요.

《조당집》이나 《전등록》 등을 보면 향엄 스님의 화두와 관련된 더 자세한 내막이 등장합니다. 향엄 스님에게 어느 상좌 스님이 이야기했다고 합니다. "나무 위에 오른 일은 묻지 않겠습니다. 나무에 오르기 이전은 어떻습니까?" 상좌 스님의 질문에 향엄 스님은 통쾌하게 웃었다고 합니다. 상좌 스님이 화두를 꿰뚫어 버렸기 때문이지요. 그렇습니다. 땅에서는 침묵할 수도 있고 말을

이제 나뭇가지에서 입을 떼세요. 그러니까 침묵하세요.
그리고 손과 발을 이용해서 천천히 땅으로 내려오는 겁니다.
그 튼튼한 땅에 발을 내딛을 때에만 우리는 말과 침묵에 자유로운
부처가 될 수 있을 테니까 말입니다.

할 수도 있습니다. 그렇지만 입만으로 나무에만 매달리면 계속 입에 힘을 써야만 합니다. 한마디로 계속 무엇인가 말을 해야 한다는 겁니다. 스님이 매달려 있던 나무는 말의 나무였던 겁니다. 말이 말을 낳고 또 말을 낳아 만들어진 거대한 이론 체계, 불교에서 말하는 '희론'을 상징하는 것이 바로 그 나무였던 겁니다. 그렇습니다. 이제 나뭇가지에서 입을 떼세요. 그러니까 침묵하세요. 그리고 손과 발을 이용해서 천천히 땅으로 내려오는 겁니다. 그 튼튼한 땅에 발을 내딛을 때에만 우리는 말과 침묵에 자유로운 부처가 될 수 있을 테니까 말입니다.

옷을 풀어야 다른 옷을 만들 수 있는 법

어느 스님이 물었다. "어떤 것이 부처입니까?" 그러자 동산 스님이 말했다. "마 삼근이다."

《무문관》 18칙, '동산삼근(洞山三斤)'

1.

선불교의 매력은 화두에 있다고 할 수 있습니다. 한마디로 화두는 풀기 어려운 문제를 가리킵니다. 그렇다고 해서 모든 풀기 어려운 문제, 그러니까 수학적 문제, 물리학적 문제, 혹은 경제적 문제 등이 모두 화두는 아닙니다. 왜냐고요? 화두는 노예로 살아가는 사람은 풀 수가 없고, 주인으로 살아가는 데 성공한 사람만이 풀 수 있으니까요. 그러니까 화두는 깨달음의 시금석이라고 할 수 있는 겁니다. 화두를 깨치면 깨달은 사람, 즉 부처가 되는 것이고, 그렇지 않으면 평범한 사람으로 머무는 것이지요. 그러니 스님뿐만 아니라 일반 사람들도 화두를 보면 그것을 풀려고 안간힘을 쓰는 겁니다. 자신을 가로막고 있는 화두를 넘기만 한다면 싯다르타와 같은 반열에 올라 대자유를 만끽할 수 있다고 하니, 누가 이 유혹을 뿌리칠 수 있겠습니까.

김성동金聖東, 1947-이 1979년에 출간한 소설《만다라》를 아시나요? 1981년에 동명의 영화로 제작되어 당시 큰 반향을 불러일으켰던 작품입니다. 소설의 주인공 법운이 품고 있던 화두도 덩달아 유명해졌지요. 한때 승려였던 법운은 과거 큰스님에게 화두를 하나 받은 적이 있었습니다. 비록 파계는 했지만 법운은 그 화두를 가슴에 품고 언젠가 풀릴 날을 기다리고 있었습니다. 화두의 내용은 다음과 같습니다. 작은 새끼 새를 유리병 안에 집어넣어 키웁니다. 당연히 새는 자라지만 더 이상 유리병 바깥으로 나갈 수 없습니다. 이미 덩치가 너무 커져서, 어릴 때 들어왔던 그 유리병 주둥이로는 나갈 수 없게 된 것이지요. "유리병도 깨지 않고 새도 죽이지 않고, 새를 유리병에서 꺼내 훨훨 날릴 수 있는 방법은 무엇인가!"

큰스님이 법운에게 던진 화두는 분명하게 풀리지는 않습니다. 그렇지만 새 한 마리가 유리병에서 벗어나 훨훨 나는 장면으로 영화는 마무리됩니다. 우리는 아직도 이 화두를 못 풀고 있지만, 마침내 법운은 풀어낸 것입니다. 그러니 새를 자유롭게 날릴 수 있었던 것이지요. 어쩌면 큰스님은 기다렸는지도 모를 일입니다. 법운이 화두를 풀 수 있을 만큼 성장할 때를 말입니다. 아무리 영민한 아이라고 하더라도 괴테Johann Wolfgang von Goethe, 1749-1832의《젊은 베르테르의 슬픔Die Leiden des jungen Werthers》이 묘사하고 있는 사랑의 본질을 이해하기는 어렵습니다. 물론 그 아이는 모범생답게 괴테와 그의 소설과 관련된 많은 정보를 알고 있습니다. 그렇다고 해서 그 아이가 사랑을 이해할 수 있는 것은 아닙니다. 아직은 너무 어리니까요. 더 성장해 사랑의 희열과 고뇌를 온몸으로 느낀 다음에야, 그 아이는 괴테의 속내를 이해할 수 있을 겁니다.

2.

'사랑하면 함께 있으면 되고, 함께 있는 것이 불가능하면 헤어지면 되지. 왜 베르테르는 자살을 했을까?' 이것이 아마 초등학생이 괴테의 작품을 읽은 첫 소감일 겁니다. 아이에게 베르테르의 자살은 풀릴 수 없는 수수께끼 같을 겁니다. '사랑은 행복한 경험일 텐데, 왜 인간을 자살로 이끄는가?' 일종의 화두인 셈이지요. 잊지 마세요. 화두는 깨닫지 못한 사람에게는 역설로 보이지만, 깨달은 사람에게는 역설이 아니라 자명한 이야기입니다. 고전이 어리숙한 인간에게는 난해해 보이지만, 성숙한 인간에게는 자명한 이야기인 것과 마찬가지입니다. 모든 위대한 고전이 그런 것처럼 선불교의 화두도 우리의 성장을 기다리는 이야기입니다. 물론 여기서의 성장은 집착에서 벗어나 자유를 얻는 방향으로의 성장, 일반인에서 부처가 되는 방향으로의 성장을 의미합니다. 자, 이제 《무문관》의 열다섯 번째 관문에 우리의 성장을 기다리는 어떤 화두가 있는지 살펴볼까요?

어느 스님이 묻습니다. "어떤 것이 부처입니까?" 그러자 동산 스님은 너무나도 태평스럽게 이야기합니다. "마 삼근이다!" 이제 동산 스님의 제자에게도 평생 가슴에 품고서 풀어야 할 화두가 하나 새겨진 겁니다. "마 삼근!" 정말 풀기가 만만치 않은 화두입니다. 이건 뭐 어디서부터 시작해야할지 막연하기만 합니다. 정말 제대로 된 화두라고 할 수 있습니다. 화두에도 수준의 차이가 있습니다. 스승의 수준 때문에 생기는 일일 겁니다. 어떤 화두는 높이가 500미터 정도 되는 산과 같고, 어떤 화두는 8,000미터 높이의 산과도 같기 때문이지요. 고지가 500미터인 산을 넘은 사람은 300미터나 400미터 고지의 산은 가볍게 넘을 수 있지만, 높이가 1,000미터 이상 되는 산은 언감생심일 겁니다. 반대로 8,000미터 높이의 산을 오른 사람에게는 5,000미터 높이의 산도 쉬울 겁니다. "마 삼근!" 8,000미터 급의 화두입니다. 등산로 자체도 보이지 않을 정도니까요.

그래서일까요. 이 열다섯 번째 관문 주변에는 웅성거리는 소리들이 여전히 많기만 합니다. 그 가운데 나름 설득력이 있는 소리도 두 가지 정도 섞여 있습니다. 당시 동산 스님이 당시 마麻를 다듬고 있어서 그렇게 말했다는 사람도 있습니다. 그러니까 마음이 지금 마에 가 있었기에 "마 삼근"이라고 이야기하면서 동산 스님은 마음이 곧 부처라고 이야기했다는 겁니다. 그렇지만 마음이 마에 가 있는 것으로 부처를 설명하려고 하였다면 동산은 구태여 '삼근'이라는 단위를 붙일 이유가 없을 겁니다. 또 당시 당나라 때는 마 삼근으로 가사 한 벌을 만들었다는 사실에 주목하는 사람도 있습니다. 마 삼근이란 바로 승복을 상징한다는 겁니다. 한마디로 '마 삼근'은 승복의 환유metonym라는 겁니다. 그러니까 동산 스님의 "마 삼근"이라는 이야기는 '승복을 입고 있는 바로 네가

©이혜숙

사찰에 땔나무가 떨어졌다면
그곳을 지키던 스님은 얼어 죽어야 할까요,
아니면 목불을 땔나무로 써야 할까요?

부처가 아니냐!'는 의미가 되는 셈입니다. 그렇지만 승복을 가리키려고 구태여 그 재료 '마 삼근'을 이야기했다는 것은 조금 어색하다는 생각이 듭니다.

3.

마 삼근이 승복 한 벌을 만드는 원료라는 사실이 중요합니다. 그러니까 삼근의 마가 있어야 그것을 짜서 승복을 하나 만들 수 있다는 겁니다. 그렇지만 삼근의 마로 반드시 승복을 만들 필요는 없는 것 아닐까요? 무슨 말이냐 하면 삼근의 마로는 다른 옷도 만들 수 있다는 것이지요. 바로 이 대목이 중요합니다. 스님이 스님으로 머물러서는 부처가 될 수 없고, 제자가 제자로 머물러서는 선생이 될 수 없는 법입니다. 마찬가지로 승복이 승복으로 머문다면 그것은 다른 옷이 될 수도 없을 겁니다. 질문을 하나 해 볼까요? 승복으로 다른 옷을 만들려면, 어떻게 하면 될까요. 우선 승복을 풀어야 합니다. 그리고 그걸 실타래로 만들어야 할 겁니다. 뜨개질이 보편적이었을 때 어머니들은 아이들이 자라면 항상 이런 식으로 새 옷을 다시 짜곤 했습니다. 아이가 크니까 어쩔 수 없는 일이었지요. 옷을 풀어서 다시 짜야 했던 겁니다. '마 삼근' 화두를 이해하는 데 도움이 되는 이야기가 하나 있습니다. 바로 《전등록》에 등장하는 '단하소불丹霞燒佛'이라는 유명한 에피소드입니다. 단하소불이란 '단하가 부처를 태웠다'는 뜻입니다.

추운 겨울 대웅전에 방치된 단하丹霞, 739-824 스님이 추위를 쫓기 위해 목불을 쪼개서 모닥불을 만들었습니다. 추우니까 불을 쬐어 몸을 녹이려는 생각이었던 겁니다. 그렇지만 단하의 행동은 보통 스님으로서는 생각할 수도 없는 경천동지할 만행이라고 할 수도 있을 겁니다. 당연히 절을 지키던 다른 스님이 깜짝 놀라서 어떻게 스님이 부처를 태울 수 있느냐고 노발대발합니다. 그러자 단하 스님은 너무나도 간단히 말합니다. "목불에 사리가 있는지 보려고요." 당연히 노발대발하던 스님은 말합니다. "나무에 어떻게 사리가 있겠는가!" 이렇게 말하는 순간 그 스님은 깨달았던 겁니다. 자신이 지금까지 목불에 얼마나 집착했는지 말입니다. 나무토막이 하나 있습니다. 그것은 목불이 될 수도 있고, 땔나무도 될 수가 있습니다. 아니면 밥그릇이 될 수도 있을 겁니다. 이렇게 스스로 질문해 보세요. 사찰에 땔나무가 떨어졌다면 그곳을 지키던 스님은 얼어 죽어야 할까요, 아니면 목불을 땔나무로 써야 할까요? 목불을 지키느라 얼어 죽은 스님이 자유로운 것일까요, 아니면 목불을 아무런 죄책감 없이 땔나무로 삼아 몸을 녹인 스님이 자유로운 것일까요?

목불을 땔나무로 보아야 하는 것처럼 승복도 '마 삼근'이라고 보아야 하지 않을까요. 승복을 승복으로 유지하는 것이 집착이라고 한다면, 승복을 기꺼이 풀어내어 마 삼근의 상태로 돌아가는 것이 집착에서 벗어남, 즉 해탈일 테니까 말입니다. 승복은 오직 승복으로만 기능할 뿐이지만 삼근의 마는 승복도 될 수 있고, 다른 옷도 될 수 있고, 심지어 이불보도 될 수 있습니다. 이것이 자유이고 해탈이 아니면 무엇이겠습니까. 이제야 이해가 됩니다. 깨달은 사람은 마 삼근과 같은 사람입니다. 타자가 누구냐에 따라 자신을 그에 걸맞은 옷으로 만들어 그 사람에게 입혀 줄 수 있으니까요. 개구쟁이 아이를 만나 자신의 머리를 만져도 껄껄 웃으면서 아이의 친구가 되거나, 실연의 아픔을 토로하는 여인을 만나면 그녀의 시린 마음을 따뜻하게 덮어 주는 옷과 같은 오빠가 되거나, 지적인 호기를 부리는 제자 앞에서 그의 알음알이를 깨부수는 주장자를 휘두르는 사자와 같은 선생이 될 수 있어야 합니다. 이것이 부처의 행동 아닌가요. '마 삼근'처럼 말입니다.

깨달은 자에게도 남겨지는 것

어느 날 덕산 화상이 발우를 들고 방장실을 내려갔다. 이때 설봉 스님이 "노스님! 식사 시간을 알리는 종도 북도 울리지 않았는데, 발우를 들고 어디로 가시나요?"라고 묻자, 덕산 화상은 바로 방장실로 되돌아갔다. 설봉 스님이 암두 스님에게 이 이야기를 하자, 암두 스님은 말했다. "위대한 덕산 스님이 아직 '궁극적인 한마디의 말[末後句]'을 알지 못하는구나!"

덕산 화상은 이 이야기를 듣고 시자侍者를 시켜 암두 스님을 불러오라고 했다. 덕산 화상은 암두 스님에게 물었다. "그대는 나를 인정하지 않는 것인가?" 암두 스님이 아무에게도 안 들리게 자신의 뜻을 알려 주자, 덕산 스님은 더 이상 아무 말도 하지 않았다.

다음 날 덕산 화상이 법좌法座에 올랐는데, 정말 평상시와 같지 않았다. 암두 스님은 승당 앞에 이르러 박장대소하며 말했다. "이제 노스님이 '궁극적인 한마디의 말'을 이해하게 되었으니 기뻐할 일이다. 이후 세상 사람들은 그를 어쩌지 못하리라."

《무문관》 13칙, '덕산탁발(德山托鉢)'

1.

누구나 알고 있듯 불교는 자비를 슬로건으로 합니다. 보통 자비는 불쌍한 사람에게 베푸는 연민이나 동정의 뜻으로 쓰이지만, 산스크리트어를 살펴보면 우리는 흥미로운 사실을 하나 알게 됩니다. 우정을 뜻하는 '마이트리maitri'라는 말과 연민을 뜻하는 '카루나karuṇa'로 구성된 합성어가 바로 자비maitri-karuṇa니까요. 여기서 우리가 주목해야 할 것은 바로 마이트리, 즉 우정 혹은 동료애라는 의미 아닐까요. 자비라는 말에는 근본적으로 높은 사람과 낮은 사람이라는 수직성보다는 동등한 두 사람이라는 수평성이 함축되어 있기 때문이지요. 우리가 연민을 느끼는 사람일지라도, 그 역시 우리와 동등하다는 사실이 중요합니다. 지금 누군가 비참한 상태에 빠져 있어도 그것은 일시적인 현상일 뿐입니다. 얼마 지나지 않아 이번에는 우리가 비참한 상태에 빠질 수도 있으니까요. 그래서 자비를 행할 때 우리는 어떤 우월감도 가져서는 안 됩니다. 자비에서 중요한 것은 마이트리의 정신이기 때문이지요.

불교에서 자비의 정신은 어디에서 가장 분명하게 드러날까요? 아마 '방편'이라는 개념에서일 겁니다. 불행히도 방편이라는 개념은 부정적인 뉘앙스를 가진 말로 통용되고 있습니다. 제대로 어떤 일을 하는 것이 아니라 대충 급한 불을 끄는 식으로 일을 할 때 임시방편이라고 말할 정도니까요. 그렇지만 불교에서 방편은 전혀 부정적인 뜻을 가지고 있지 않습니다. 중생의 수준에 맞추어 그들을 깨달음으로 이끌려는 노력이 바로 방편이니까 말입니다. 그러니까 방편은 획일적인 가르침이 아니라 눈높이 가르침인 셈이지요. 남자와 여자가 다르다면, 남자를 깨달음에 이르도록 하는 방법과 여자를 깨달음에 이르도록 하는 방법은 다를 수밖에 없습니다. 대학 교수와 초등학생은 다릅니다. 당연히 두 사람에게 적용되는 가르침의 방법은 달라야만 합니다.

방편은 눈높이의 정신이 없다면 불가능한 겁니다. 타자를 제대로 읽으려는 감수성도 없으면서, 어떻게 타자에게 자비를 베푸는 일을 기대할 수 있겠습니까. 방편에 정통한 사람은 최소한 두 가지의 전제 조건을 갖추고 있을 겁니다. 하나는 깨달음의 경지에 스스로 이르러야만 한다는 점입니다. 다른 하나는 깨달음으로 이끌려는 타자, 즉 제자의 수준을 정확히 알아야만 한다는 겁니다. 그래서 방편에 정통한 사람은 원효가 말한 것처럼 '자리이타'를 실현하고 있는 사람, 즉 부처라고 할 수 있지요. 스스로 깨달음에 이르는 이로움을 실천했기에 '자리自利'이고, 자신이 이른 깨달음에 타인도 이르게끔 돕는다는 점에서 '이타利他'인 셈이지요. 그래서 방편에 정통한 사람은 정상에 오르려는 사람들을 능숙하게 돕는 노련한 산악 가이드에 비유할 수가 있을 것 같네요.

2.

능숙한 산악 가이드는 이미 정상에 올랐던 적이 있는 사람이어야만 하고, 동시에 자신이 정상으로 이끌려고 하는 사람의 정신과 몸 상태를 정확히 파악하고 있어야만 합니다. 만일 가이드하고 있는 사람이 의지가 빈약하다면, 그는 기꺼이 거짓말을 할 수도 있어야만 합니다. 의지가 빈약한 사람에게 정상에 이르려면 두 시간 정도가 걸린다고 있는 그대로 말한다면, 그는 정상에 오르기를 포기할 수도 있을 테니까 말입니다. 그래서 능숙한 가이드는 말합니다. "30분 정도만 더 오르면 정상입니다." 이게 바로 방편입니다. 그나저나 《무문관》의 열세 번째 관문은 야단법석입니다. 덕산 스님이 식사 때도 아닌데 발우를 들고 공양간에 가려고 하지를 않나, 그것을 본 제자 설봉雪峰, 822-908 스님은 스승을 타박하지를 않나, 또 다른 제자 암두巖頭, 828-887 스님은 스승 덕산 스님의 경지를 평가하지를 않나, 정말 아래위가 붕괴되어 버린 형국이 열세 번째 관문에서 펼쳐지고 있으니까 말입니다.

스승과 제자라는 위계 구조를 강조하는 다른 사유 전통에서는 혀를 끌끌 찰 수도 있는 풍경일 겁니다. 이렇게 스승을 무시하는 제자들이 또 어디에 있겠습니까. 그렇지만 외적인 권위에 굴복하지 않고 내적인 권위만을 강조하는 불교 전통에서는 너무나 익숙한 광경일 겁니다. 임제의 말대로 부처를 만나면 부처를 죽여야 스스로 부처가 될 수 있고, 스승을 만나면 스승을 죽여야 스스로 스승이 될 수 있다는 것을 잘 알고 있는 불교에서나 가능한 일이지요. 덕산은 분명 스스로 주인공으로 서는 데 성공한 스님입니다. 주인공의 삶은 다른 일체의 것들을 조연으로 보는 삶이기 때문이지요. 그러니 어떻게 종소리와 북소리에 맞춰 밥을 먹겠습니까. 배가 고프면 먹고 배가 부르면 쉴 뿐이지요. 그렇습니다. 배가 고파서 덕산은 발우를 들고 공양간으로 향했던 겁니다. 꺼릴 것이 무엇이 있겠습니까. 방장실을 차지하고 있는 큰스님이라는 허울 정도는 가볍게 훌훌 벗어던진 자연스러운 모습입니다.

"식사 시간을 알리는 종도 북도 울리지 않았는데, 발우를 들고 어디로 가시나요?"라는 제자 설봉 스님의 이야기에 덕산이 방장실로 돌아간 이유는 사실 아주 단순합니다. 공양간에 아직 식사가 준비되지 않았기 때문이지요. 스승의 경지를 짐작하고는 있었지만, 설봉 스님의 걱정은 이만저만이 아니었습니다. 스승이 마치 노망이 든 노인네처럼 행동하고 있는 것처럼 보일 수도 있기 때문입니다. 설봉 스님이 자신의 고민을 자신의 사제 암두 스님에게 토로했던 것도 이런 이유에서입니다. 사형의 고민을 듣자마자 암두 스님은 탄식합니다. "위대한 덕산 스님이 아직 '궁극적인 한마디의 말[末後句]'을 알지 못하는구나!" 설봉과 암두, 두 제자 사이에 있었던 이야기를 전해 들은 덕산은 암두를 방장실로 불러들입니다. 아마도 자신의 자유로운 경지를 몰라주는 제자들에게 무척이나 속이 상했나 봅니다.

3.

암두 스님이 들어오자 덕산은 서운한 낯빛으로 물어봅니다. "그대는 나를 인정하지 않는 것인가?" 바로 암두 스님은 스승의 귀에 무엇인가를 비밀스럽게 속삭입니다. 아마도 설봉 스님에게 이야기했던 '궁극적인 한마디의 말', 즉 말후구末後句였을 겁니다. 덕산 스님은 제자 암두 스님에게 제대로 한 방 먹은 겁니다. 교학상장敎學相長이라고 했던가요. 이처럼 때로는 제자가 스승을 가르치기도 하는 법입니다. 어쨌든 놀랍게도 그 다음 날 덕산 스님은 완전히 다른 사람으로 변하게 됩니다. 목이 마르면 물을 마시고 배가 고프면 밥을 먹던 자연스러움 대신에 은산철벽처럼 제자들을 압도하는 위엄이 법당을 서늘하게 만들었기 때문이지요. 이 모습을 본 암두 스님은 박장대소할 정도로 기뻐했습니다. "이제 노스님이 '궁극적인 한마디의 말'을 이해하게 되었으니 기뻐할 일이다. 이후 세상 사람들은 그를 어쩌지 못하리라."

암두라는 제자가 스승 덕산의 귀에 속삭였던 '말후구'는 도대체 무엇이었을까요? 이미 자신의 삶을 주인으로 영위하는 데 성공했던 덕산에게 부족했던 한 가지는 무엇이었을까요? 이것에 대해 속 시원히 대답할 수만 있다면, 이미 우리는 왁자지껄한 열세 번째 관문을 벌써 통과했을 겁니다. 말후구, 그것은 바로 '이타'의 길을 말합니다. 그렇습니다. 덕산 스님은 '자리'에 성공했지만, '이타'의 경지에는 나아가지 못했던 겁니다. 다시 말해 덕산 스님은 자신의 삶에 주인공이 되는 데는 성공했지만, 제자들을 주인공으로 만들어야 하는 스승의 길을 잠시 간과하고 있었던 겁니다. 스스로 깨달음에 이른 것에 순간적으로 취했던 탓일까요. 바로 이 점을 암두 스님은 지적했던 겁니다. "스님! 혼자서 자유를 만끽하시는 것은 이해하겠지만, 사찰 안의 제자들은 어찌 하려고 그러시나요."

'말후末後'라는 표현에서 '말末'은 '끝'이나 '정점'을 의미합니다. 그러니까 산으로 따지면 정상에 오른 겁니다. 그렇지만 자신만 정상에 올라서야 되겠습니까. 삶의 정상에 오르지 못해서 고통스러워하는 제자들과 중생들을 정상에 오르도록 도와야 하는 막중한 임무가 그에게 남겨진 겁니다. 그러니까 스스로 정상[末]에 오른 다음[後], 그는 타인을 정상에 이끄는 자비를 실천해야만 합니다. 말후구, 그것은 바로 방편입니다. 제자들이 깨우침에 이를 때까지 덕산 스님은 법당에서 위엄을 갖춘 스승이 되어야 합니다. 아니 정확히 말해 반드시 넘어야만 스스로 주인이 되었다는 깨달음을 얻을 수 있는 은산철벽이 되어야만 합니다. "나를 넘으면 너희들도 나처럼 자유로워지리라!" 물론 방장실을 몰래 들여다보면, 여전히 덕산 스님은 졸리면 자고 속이 더부룩하면 시원하게 방귀를 뀌고 있을 겁니다.

스스로 깨달음에 이르는 것을 넘어, 타인의 깨달음을 돕는 것!

©김연태

언어를 희롱하는 시인처럼

어느 스님이 물었다. "말과 침묵은 각각 '이離'와 '미微'를 침해한다고 합니다. 어떻게 해야 이와 미에 통하여 어기지 않을 수 있겠습니까?" 그러자 풍혈 화상이 말했다. "오랫동안 강남 춘삼월의 일을 추억하였네. 자고새가 우는 그곳에 수많은 꽃들이 활짝 피어 향기로웠네."

《무문관》 24칙, '이각어언(離却語言)'

1.

오도송이란 깨달음에 이른 순간 위대한 선사들이 남기는 시詩를 말합니다. 논리적인 분이라면 불립문자를 표방하는 선종이 깨달음의 순간을 언어로 포착하는 것이 이상하다고 여길 수도 있습니다. 경전만이 아니라 시도 분명 문자로 이루어진 것이기 때문이지요. 그러니까 오도송도 결국은 불립문자가 아니라 '입문자立文字', 즉 문자를 세운 것 아니냐는 반론도 가능하다는 것이지요. 사실 이런 반론은 오도송과 같은 시가 가진 특이성을 간과했기 때문에 발생한 겁니다. 다양한 정의가 가능하겠지만, 시는 '내용이나 형식 모두 자기니까 쓸 수 있는 글'이라고 하는 것이 가장 정확할 겁니다. 이런 이유에서일까요. 김수영의 시는 한용운의 시와 다르고, 한용운의 시는 기형도의 시와 다른 겁니다. 바로 이 대목에서 깨달음과 시는 묘하게 공명하게 됩니다.

불교에서 깨달음에 이르렀다는 것은 곧 부처가 되었다는 것, 결국 자신의 삶을 주인공으로 영위하게 되었다는 것에 지나지 않습니다. 그러니까 깨달음에 이른 순간, 우리는 다른 누구도 아닌 바로 나 자신으로서 느끼고, 생각하고, 표현하게 되는 겁니다. 그래서 깨달음에 이른 순간, 선사들이 남긴 말은 글자 그대로 바로 '시'가 될 수밖에 없지요. 자기니까 쓸 수 있는 글이 바로 시니까요. 잊지 말아야 할 것은 깨달음에 이르렀으니 멋지게 오도송을 남겨야 한다고 해서 오도송이라는 시가 출현한 것이 아니라는 점입니다. 오히려 사정은 정반대라고 할 수 있을 겁니다. 진정한 자기가 되었으니까, 다시 말해 모든 것을 주인공으로 느끼고 표현할 수 있으니까 깨달음에 이른 사람의 말과 문자는 바로 시가 된다고 해야 합니다. 그럼 여기서 만해卍海 한용운韓龍雲, 1879-1944의 오도송을 한번 읽어 볼까요.

> 남아 대장부는 이르는 곳마다 고향이어야 하는데男兒到處是故鄕,
> 아직도 몇 사람은 오래도록 손님의 시름 속에 머물러 있네幾人長在客愁中.
> 단말마의 할喝 소리가 울려 퍼지며 온 세상을 열어젖히니一聲喝破三千界,

눈 속에 복숭아꽃이 흐드러지게 날아다니는구나 雪裏桃花片片飛.

1917년 12월 3일 밤 10시 설악산 오세암에서 한용운에게 일어났던 깨달음입니다. 한용운의 말에 따르면 당시 그는 오세암에서 참선에 몰두하고 있었다고 합니다. 첫 행과 두 번째 행에는 참선하고 있을 때의 한용운의 내면이 그림처럼 묘사되어 있습니다. 첫 행을 통해 우리는 한용운이 '이르는 곳마다 주인이 되면, 서 있는 곳마다 모두 참되다', 그러니까 '수처작주, 입처개진'을 표방했던 임제의 정신을 가슴에 품고 있었다는 것을 알게 됩니다. 문제는 두 번째 행에서 드러납니다. 임제처럼 주인이 되려고 했지만 당시 한용운은 아직도 주인이 되지 못하고 손님의 상태에 머물러 있으니까요. 심지어 아직도 몇 사람들을 그리워하는 향수까지도 보이고 있습니다. 당시 한용운은 주인이 아니라 손님으로 삶을 영위하고 있었던 겁니다.

2.

주인이 되려고 참선에 들기는 했지만, 한용운은 주인은커녕 오히려 상념에 빠지면서 몇몇 그리운 사람들에게 휘둘리고 있습니다. 바로 이 순간 고적한 설악산 한 자락에 위치하고 있었던 오세암에는 예상치 못한 단말마의 소리가 울려 퍼집니다. 바람이 불어서인지 무엇인가가 떨어진 것입니다. 그건 덕산 스님의 몽둥이 찜질이나 임제 스님의 사자후와 같은 할과 다름이 없었습니다. 그 순간 그는 모든 상념을 끊고 오세암의 주인, 즉 자신의 삶에 주인공이 되었기 때문이지요. 마침내 한용운은 자기 자신의 본래면목에 이른 겁니다. 깨달음의 순간과 그 풍경을 노래하는 세 번째 연과 네 번째 연을 보세요. 물론 12월이니 복숭아꽃이 필 리 만무합니다. 복숭아꽃은 춘삼월에 피는 것이니까요. 어쩌면 한용운이 보고 있던 휘날리는 복숭아꽃은 달빛을 머금고 있는 눈송이였을 수도 있습니다. 아니면 춘삼월을 물들이는 복숭아꽃이 바람에 흩날리는 것처럼 상념을 자아냈던 몇몇 사람들이 그의 뇌리에서 완전히 떠나고 있는 내면 풍경일지도 모릅니다.

정말 우회로가 길기도 했습니다. 그건 이번에 우리가 통과해야만 하는《무문관》의 스물네 번째 관문이 그렇게 만만치 않기 때문입니다. 다행스럽게도 난관을 무사히 통과할 수 있는 만반의 준비가 이제 갖추어진 것 같습니다. 이 스물네 번째 관문은 타인의 문자에 빠져 있던 제자가 풍혈風穴, 896-973 화상에게 질문을 던지면서 시작됩니다. "말과 침묵은 각각 '이離'와 '미微'를 침해한다고 합니다. 어떻게 해야 이와 미에 통하여 어기지 않을 수 있겠습니까?" 여기서 '말과 침묵은 각각 이와 미를 침해한다語默涉離微'라는 명제는 제자의 것이 아니라 바로 승조僧肇, 384-414의 이야기입니다.《보장론寶藏論》에서 승조는 부처의 마음을 '이'와 '미'라는 두 개념으로 설명했던 적이 있습니다. 그러니까 이 두 가지 개념은 깨달음에 이른 마음을 규정하는 핵심 개념이라고 할 수 있습니다. 승조는 '이'를 '무상無相'으로, '미'를 '상즉무상相卽無相'이라고 정의합니다. 무슨 의미인지 고개가 갸우뚱거리실 겁니다.

시인과 부처는 우리가 생각했던 것 이상으로 유사합니다.
자신이니까 쓸 수 있는 글을 쓰는 것이 시인이라면,
자신의 본래면목으로 말을 하는 것이 부처니까요.

물을 비유로 들면 승조의 생각은 쉽게 이해될 수 있을 겁니다. 어느 그릇에도 담기지 않는 물은 어떤 모양도 없습니다. 이것이 바로 '무상無相, animitta'입니다. 원래 '상相, nimitta'이라는 말은 모양이나 형태를 가리킵니다. 그러니까 '무상'이란 특정한 모양이나 형태가 없다는 의미로, 모든 집착에서 벗어난 부처의 자유로운 마음을 규정하는 개념이 된 것입니다. 그래서 승조는 부처의 마음을 '이'라고 규정했던 겁니다. '이離'는 '떠났다', 혹은 '벗어났다'는 뜻을 가지고 있으니까요. 그렇지만 그 자체로는 아무런 모양이 없는 물도 특정 그릇에 담기면 그릇 모양에 따라 모양이나 형태를 띨 수밖에 없을 겁니다. 이런 경우라고 해도 특정 그릇에 담긴 물의 모양이나 형태는 물 자체의 모양이나 형태는 아니지요. 원래 물에는 모양이나 형태가 없으니까요. 승조가 '상즉무상相卽無相'이라고 했던 것도 이런 이유에서입니다. 그릇 때문에 모양이 있는 것 같지만 사실 물에는 모양이 없다는 겁니다. 승조가 '미'라고 이 상태를 규정했던 것도 이런 이유에서입니다. '미微'는 '숨겨 있다', 혹은 '은미하다'는 뜻이니까요.

3.

물은 그 자체로는 모든 형태에서 '벗어나[離]' 있지만, 특정 그릇을 만나면 그 자유스러운 성질을 '숨길[微]' 수밖에 없습니다. 부처도 마찬가지 아닌가요. 스스로 자유롭지만 중생들을 만날 때마다 그들에 맞는 눈높이 교육을 실천해야 하니까 말입니다. 이제 풍혈 화상의 제자가 던진 질문이 얼마나 핵심적인지 공감이 가시나요. "말과 침묵은 각각 '이'와 '미'를 침해한다고 합니다. 어떻게 해야 이와 미에 통하여 어기지 않을 수 있겠습니까?" 어떤 타자에게 이야기를 한다는 것은 물이 특정 그릇에 담기는 것과 같습니다. 그러니까 말은 무상으로 정의되는 '이'의 마음 상태를 침해한다는 겁니다. 반대로 침묵한다는 것은 물이 특정 그릇에서 벗어나는 것과 같습니다. 그래서 침묵은 타인에게 맞는 눈높이 가르침, 즉 '미'의 마음 상태를 침해한다는 겁니다. 이제 제자의 속병이 무엇인지 분명해지셨나요. 말을 해도 문제고 침묵해도 문제라면, 타인을 만났을 때 어떻게 할지 모르겠다는 겁니다. 승조의 이론을 지적으로 이해하려다 제자는 난관에 봉착한 겁니다.

바로 이 순간 풍혈 화상은 뜬금없이 두보杜甫, 712-770의 시를 읊조립니다. "오랫동안 강남 춘삼월의 일을 추억하였네. 자고새가 우는 그곳에 수많은 꽃들이 활짝 피어 향기로웠네." 풍혈 화상은 지금 남의 문자에 집착하는 주석가나 이론가의 마음이 아니라, 자신의 본래면목으로 세상을 있는 그대로 노래하는 시인의 마음을 갖추라고 이야기하고 있는 겁니다. 시인은 꽃을 보면 꽃에 마음을 가득 담고, 노을을 보면 노을에 마음을 가득 담습니다. 꽃이나 노을을 노래하는 것 같지만, 사실 그는 자신의 마음을 노래하고 있는 겁니다. 승조가 말한 '상즉무상'의 마음이지요. 비록 모양을 가지고 있는 것 같지만, 시인의 마음은 자유롭기만 합니다. 꽃을 만나니 꽃에 담기고 노을을 만나니 노을에 담길 뿐입니다. 세모 그릇에 담기면 세모가 되고 네모 그릇에 담기면 네모가 되는 자유로운 물처럼 말입니다. 이제 풍혈 화상이 두보의 시를 뜬금없이 제자에게 던진 이유가 분명해지지 않았나요.

지금 풍혈 화상은 우리에게 침묵이니 말이니 하면서 문자의 손님이 되지 말고, 자신의 본래면목을 토로하는 문자의 주인이 되라고 요구하고 있습니다. 그렇습니다. 시인과 부처는 우리가 생각했던 것 이상으로 유사합니다. 자신이니까 쓸 수 있는 글을 쓰는 것이 시인이라면, 자신의 본래면목으로 말을 하는 것이 부처니까요. 물론 모든 시인이 부처는 아니지만, 부처는 반드시 시인이라는 단서는 하나 달아야 할 것 같네요. 어쨌든 이제 불립문자라는 선불교의 슬로건도 단순히 언어와 문자를 부정했다는 식으로 오해하지는 마세요. '불립문자'라는 말에 들어있는 '문자'란 타인의 문자를 상징하는 겁니다. 스승의 말을 읊조리면 스승이 될 수 없고, 부모의 말을 답습하면 아이 수준을 벗어날 수 없고, 부처를 흉내 내면 부처가 될 수 없는 법입니다. 그러니까 '불립문자'는 남의 말을 앵무새처럼 읊조리지 말라는 명령이었던 셈입니다. 이것은 물론 자신의 말을, 자신의 본래면목에서 느끼고 판단한 말을 제대로 터뜨리기 위한 것입니다. 멋진 일 아닌가요? 깨달음에 이른 순간, 우리는 오도송을 던지는 시인이 되기도 한다는 사실이 말입니다.

맑은 하늘에서 거친 땅으로

옛날 문수 보살이 여러 부처들이 모인 곳에 이르렀을 때, 마침 여러 부처들은 자신이 있어야 할 곳으로 돌아가고 있었다. 그런데 오직 한 명의 여인만이 석가모니 자리 가까이에서 삼매三昧에 들어 있었다. 그러자 문수는 세존에게 물어보았다. "어찌해서 저 여인은 부처님 자리에 가까이 할 수가 있고, 나는 그렇게 할 수 없는 것입니까?" 세존은 문수에게 말했다. "이 여자를 깨워 삼매의 경지에서 나오게 한 다음에, 네가 직접 물어보도록 하라!" 문수는 여인의 주변을 세 번 돌고서 손가락을 한 번 탁 튕기고는 여인을 범천에게 맡겨 그의 신통력을 다하여 깨우려고 했으나 깨우지 못했다. 그러자 세존은 말했다. "설령 수백 수천의 문수가 있다고 하더라도 이 여자를 삼매의 경지에서 나오게 할 수 없을 것이다. 그렇지만 아래로 내려가 12억이라고 하는 갠지스강 모래알의 수처럼 많은 국토들을 지나면, 이 여자를 삼매에서 꺼낼 수 있는 망명 보살이 있을 것이다." 그 순간 망명 대사가 땅에서 솟아 나와 세존에게 예배를 하였다. 세존은 망명에게 여인을 삼매로부터 꺼내라고 명령을 내렸다. 망명이 여인 앞에 이르러 손가락을 한 번 탁 튕기자, 여인은 바로 삼매의 경지에서 빠져나왔다.

《무문관》 42칙, '여자출정(女子出定)'

1.

서울 북쪽을 에워싸고 있는 북한산은 해발고도 700~800미터 급의 수많은 봉우리들을 거느린 장대한 산입니다. 도처에 기암괴석이 즐비하고 아찔한 암릉들이 도처에 숨어 있어서 실제의 해발고도보다 훨씬 더 고산의 풍모를 자랑하는 산이지요. 아마 서울과 같은 거대한 메트로폴리스 곁에 이만한 수준의 산이 있다는 것은 세계적으로도 특이한 경우라고 할 수 있을 겁니다. 북한산이 백두산, 지리산, 금강산, 묘향산과 함께 대한민국의 오악五嶽에 당당히 속하게 된 것도 다 이유가 있었던 셈입니다. 과거에 북한산은 삼각산三角山이라고 불렸습니다. 북한산 동쪽 방향에 주봉인 백운대白雲臺가 있습니다. 이 백운대를 포함해서 그것을 둘러싸고 있는 두 봉우리, 그러니까 인수봉仁壽峰과 만경대萬鏡臺가 이루는 형세가 세 뿔처럼 보였기에 삼각산이라고 불렸던 거지요.

북한산의 명성을 직접 확인하려고 지방에서 올라오신 분들은 대부분 백운대를 중심으로 산행을 진행하곤 합니다. 그렇지만 이걸로 북한산을 경험했다고 말하기에는 충분하지 않을 겁니다. 북한산에는 백운대, 인수봉, 만경대와 쌍벽을 이루는 봉우리군이 있기 때문이지요. 그렇습니다. 북한산 서쪽에는 문수봉文殊峰과 보현봉普賢峰을 정점으로 하는 웅장한 봉우리들이 있습니다. 그러니까 북한산은 백운대, 인수봉, 만경대로 이루어지는 동쪽 봉우리군과 문수봉, 보현봉을 중심으로 하는 서쪽 봉우리군으로 양분된다고 봅니다. 북한산의 서쪽 봉우리군의 정점인 문수봉과 보현봉을 제대로 보려면, 청와대 뒷산인 북악산이나 인왕산에 올라 북쪽을 바라보면 됩니다.

흥미로운 것은 북한산 동쪽에 있는 봉우리의 이름들이 유교나 도교에서 빈번히 사용되는 용어들과 관련이 있다면, 북한산 서쪽에 있는 봉우리의 이름은 불교와 밀접한 관련이 있다는 사실입니다. 불교에 관심이 있는 분들이라면 문수 보살과 보현 보살을 한 번쯤은 들어보셨을 겁니다. 문수文殊, Mañjuśrī가 불교의 지혜를 상징하는 보살로 유명하다면, 보현普賢, Samantabhadra은 불교의 실천을 상징하는 보살입니다. 문수와 보현은 각각 석가모니의 왼쪽과 오른쪽에서 석가모니를 호위하고 있다고 알려져 있을 정도로 중요한 보살들입니다.

2.

소승불교가 아라한阿羅漢, arhat을 강조한다면, 대승불교는 보살菩薩, bodhisattva을 강조합니다. 아라한이나 보살은 모두 깨달음을 지향하지만, 아라한과 달리 보살은 중생을 미혹에서 인도하는 역할도 아울러 수행합니다. 아라한이 스스로의 깨달음을 추구하는 '자리'에만 치중한다면, 보살은 자신의 깨달음뿐만 아니라 타인의 깨달음에도 힘을 기울인다고 할 수 있습니다. 그러니까 보살은 '자리'와 '이타'를 동시에 수행하는 존재라고 할 수 있지요. 그래서 불교 학자들은 아라한이 소승불교의 이상적 인격이었다면, 보살은 대승불교의 이상적인 인격이라고 설명하는 겁니다. 사실 '소승小乘, hinayāna'이라는 말 자체가 자기만 탈 수 있는 '작은 수레'를 뜻한다면, 그와 반대로 '대승大乘, mahāyāna'은 자신뿐만 아니라 타인들도 너끈히 탈 수 있는 '큰 수레'를 의미합니다. 이제 문수 보살과 보현 보살의 성격이 명확해지지 않나요. 문수 보살의 이타행이 지적인 가르침에 중심이 있었다면, 보현 보살의 이타행은 묵묵한 실천에 가깝다고 할 수 있을 겁니다. 그래서 문수 보살이 석가모니에게서 직접 배웠던 아난과 비슷하다면, 보현 보살은 가섭과 유사하다고 할 수 있습니다. 아난이 '다문제일'이라고 불릴 정도로 지적인 제자였다면, 가섭은 '두타제일'로 불릴 정도로 실천적인 제자였으니까 말입니다. 아난은 제자들 중 석가모니의 말을 가장 많이 기억해서 '다문제일'로 불렸던 것이고, 반면 가섭은 석가모니의 말을 가장 잘 실천했기에 '두타제일'이라고 불렸던 거지요.

선종은 깨달음을 지적으로만 모색했던 교종을 비판하는 전통입니다. 말로 깨달음을 읊조리는 것과 실제로 깨닫는 것 사이에는 엄청난 간극이 있기 때문이지요. 그래서일까요. 《무문관》에 등장하는 마흔여덟 가지 화두를 살펴보면, 우리는 아난이나 문수 보살이 폄하되어 있다는 것을 어렵지 않게 확인할 수 있습니다. 《무문관》의 마흔두 번째 관문에서 그렇게도 현명하다는 문수가 제대로 선정禪定에 든 여인네 한 명, 달리 말해 다른 것에 연연하지 않고 오직 자기 마음에 집중하고 있던 여인을 어찌하지 못하는 촌극이 펼쳐지고 있습니다. 사실 마흔두 번째 관문에서 우리가 만날 수 있는 문수 보살 이야기는 이미 《대지도론大智度論, Mahāprajñāpāramitāśāstra》에서도 《제불요집경諸佛要集經》에 등장하는 이야기로 인용하고 있습니다. 그러니까 선종 이전의 경전에 등장한 이야기를 선사들이 하나의 화두로 발전시킨 것이 바로 이 문수 보살 이야기라고 할 수 있습니다. 지적인 이해의 상징이었던 문수 보살이 제대로 선정에 든 여자만도 못하다는 취지의 이야기를 선사들이 놓칠 리 있었겠습니까. 선종의 정신은 지적인 이해와 논리적인 담론보다는 치열한 자기 수행과 실천을 강조하는 데 있기 때문입니다.

자, 이제 마흔두 번째 관문을 가로막고 있는 문수 보살 이야기를 통과해 보도록 하지요. 수많은 부처들이 세존世尊, Bhagavat의 처소에 모여들었나 봅니다. 여기서 세존이라는 말은 석가모니를 높여 부르는 말입니다. 이미 스스로 부처의 경지에 올랐다고 자임하던 문수 보살도 회동에 참여합니다. 회동이 끝난 뒤 여러 부처들은 모두 자신이 있던 곳으로 돌아갔습니다. 그런데 한 여인만이 참선을 하다 삼매三昧, samādhi의 경지에 들어 석가모니 근처에 머물고 있었습니다. 삼매는 참선하여 무념무상의 경지에 이른 것을 말합니다. 일체의 잡념과 상념이 없기에, 삼매는 당연히 무아의 경지를 스스로 체현한 상태라고 할 수 있지요. 사실 이 순간 여인은 부처가 된 것이나 진배가 없다고 할 수 있습니다. 더군다나 모든 부처들이 다 떠나갔는데도 삼매의 상태를 유지하고 있다는 것도, 또 석가모니 옆에서 위축되지 않고 당당히 선정에 들었다는 것도 이 여인이 이미 자신의 삶에 스스로 주인공이 되었다는 것을 의미한다고 할 수 있습니다.

3.

그렇습니다. 여인은 석가모니도 의식하지 않는 진정한 주인의 경지, 임제의 표현을 빌리자면 '수처작주'의 경지, 그러니까 이르는 곳마다 주인이 되는 경지에 이른 겁니다. 그러나 석가모니의 처소에 들린 문수의 눈에는 이 여인이 그저 보잘것없는 여인네에 불과했던 겁니다. 그래서일까요. 문수는 투덜거립니다. 지혜롭다고 자임하는 자신은 한 번도 석가모니 곁에 가까이 있었던 적이 없었으니까요. 그래서 볼멘소리로 문수는 불평을 토로했던 겁니다. "어찌해서 저 여인은 부처님 자리에 가까이 할 수가 있고, 나는 그렇게 할 수 없는 것입니까?" 문수의 어리석은 투정에 웃음이 나지 않나요. 사실 자신의 자리에서 주인이 되지 못하고 석가모니 근처에 앉고 싶었던 것은 문수 자신이니까요. 반면 여인은 석가모니 근처에 있으려고 한 것이 아닙니다. 그녀는 오직 자신의 자리에 앉아서 삼매에 들었을 뿐입니다.

바로 여기서 우리는 문수가 아직 부처의 경지에 이르지 못한 것을 직감하게 됩니다. 석가모니를 죽여야 스스로 부처가 될 터인데, 문수에게 석가모니는 결코 부정할 수 없는 하나의 절대적인 이상이었기 때문이지요. 문수의 투덜거림은 자신이 그 여인보다 경지가 떨어진다는 것을 무의식중에 누설하고 있었던 겁니다. 문수가 자신이 가진 모든 능력을 다해 여인을 삼매에서 깨우

이론에서 삶으로,
자리에서 이타로,
맑은 하늘에서 거친 땅으로.

려고 했으나 그럴 수 없었던 것도 이런 이유에서입니다. 이미 그녀는 문수가 어찌할 수 없는 경지에 이르렀기 때문이지요. 바로 이 대목에서 석가모니는 문수에게 마지막 한 방을 제대로 먹이게 됩니다. 문수보다 지위가 한참이나 열등한 것처럼 보이는 망명罔明 보살을 불러 여인을 삼매에서 깨어나도록 했기 때문이지요. 사실 《제불요집경》에는 망명이라는 이름은 등장하지도 않습니다. 망명은 선사들이 만들어 놓은 허구의 보살인 셈입니다. 바로 여기에 마흔두 번째 관문의 묘미가 있는 겁니다.

문수文殊라는 한자를 보세요. '무늬[文]가 뛰어나다[殊]'는 뜻, 그러니까 세계를 분별하는 지성이 발달했다는 뜻으로 교종의 이론적 경향을 상징합니다. 반면 망명罔明이라는 글자는 '밝음[明]이 없다[罔]'는 뜻으로, 분별적 지성을 극복했다는 선종의 불립문자의 정신을 상징합니다. 마흔두 번째 관문의 화두를 만든 선사는 매우 영민했던 것 같습니다. 문수와 망명이라는 글자를 통해 선종이 추구하는 정신을 멋지게 형상화했으니까 말입니다. 문수와 망명으로 상징되는 대립은 사실 전체 화두를 관통하고 있습니다. 문수가 의지했던 범천梵天, Brahmadeva, 불법을 수호하는 신이라고 믿어졌던 범천은 '맑은 하늘', 그러니까 모든 것에 통용되는 투명한 지성을 상징했던 겁니다. 반면 망명이 살고 있던 '거친 땅'은 삶의 세계를 상징합니다. 이 삶의 세계에는 번뇌와 망상에 빠진 중생들이 살고 있습니다. 바로 이곳에서 망명은 중생에게 자비를 베푸는 보살행을 실천하고 있었던 겁니다. 그러기에 석가모니도 "아래로 내려가 12억이라고 하는 갠지스강 모래알의 수처럼 많은 국토들을 지나면, 이 여자를 삼매에서 꺼낼 수 있는 망명 보살이 있을 것"이라고 강조했던 겁니다. 당연한 일 아닌가요. 물에 빠진 사람을 구원하려면 물가에 있어야 하니까요. 그러니 삼매에 들어 '자리'의 경지에 오른 여인보다 한 단계 수준이 더 높았던 셈이지요. 망명은 '이타'를 실천하는 진정한 보살이었으니까 말입니다.

세계시민의 오만불손한 당당함

오조 법연 화상이 말했다. "길에서 도道에 이른 사람을 만나면, 말로도 침묵으로도 대응해서는 안 된다. 자, 말해 보라! 그렇다면 무엇으로 대응하겠는가?"

《무문관》 36칙, '노봉달도(路逢達道)'

1.

깨달음에 이르렀다는 것, 혹은 부처가 되었다는 것, 그것은 우리가 자신의 삶을 주인공으로 영위할 수 있게 되었다는 것에 다름 아닙니다. 주인으로 사는 사람은 기본적으로 당당할 수밖에 없습니다. 한마디로 말해 그는 어떤 것에도 쫄지 않는 사람입니다. 그렇지만 주인과는 달리 손님으로 살아가는 사람은 항상 무엇인가의 눈치를 보면서 삽니다. 당연히 이런 사람은 자신의 본래면목에 따라 살기 힘들 겁니다. 주인이 원하는 가면을 쓰면서 살아갈 테니까 말입니다. 여기서 주인은 사람일 수도, 권력일 수도, 아니면 자본일 수도 있습니다. 그러나 주인으로 살아가는 사람에게 타인이나 권력, 혹은 자본은 손님에 지나지 않는 겁니다. 그는 결코 그런 것 때문에 자신의 본래면목을 상실하지는 않을 겁니다. 깨달음에 이른 선사들이 어떤 것에도 당당했던 것은 이런 이유에서입니다. 자신을 제외한 일체의 것들을 주인이 아니라 손님으로 생각하기 때문에 가능한 겁니다.

당당함! 이것은 불교 전통에서만 강조되었던 것은 아닙니다. 서양에도 주인으로서의 당당함을 강조했던 오래된 전통이 있으니까 말입니다. 특히 서양 고대철학 전통에서 우리가 주목해야 할 철학자로는 아마 디오게네스Diogenēs of Sinope, BC400?-BC323만한 사람도 없을 것 같습니다. 당시 최고의 권력자였던 알렉산더 대왕Alexandros the Great, BC356-BC323은 디오게네스에게 원하는 것을 하나 들어주겠다고 했던 적이 있습니다. 통 속에 살고 있던 디오게네스는 귀찮은 듯이 대답했다고 합니다. "태양을 가리니 비켜 주시오!" 모든 사람들이 자신의 권위에 머리를 숙이고 있다고 생각했던 알렉산더 대왕으로서는 당혹스런 일이었을 겁니다. 결코 자신에게 머리를 숙이지 않는 당당한 사람, 심지어 자신을 태양을 가리는 나뭇가지나 솜털구름 정도로 가볍게 보는 사람을 만났으니까 말입니다. 알렉산더 대왕은 어떻게 디오게네스에게 대응했을까요?

3세기 전반경에 활동했다고 알려진 고대 그리스의 전기 작가 디오게네스 라에르티오스Diogenēs Laertios, ?-?의 《유명한 철학자들의 삶과 견해Lives and opinions of eminent philosophers》는 디오게네스의 삶과 사유를 알려 주는 유일한 책입니다. 여기서도 우리는 알렉산더 대왕이 디오게네스의 말에 어떻게 대응했는지를 확인할 수가 없습니다. 그렇지만 알렉산더 대왕이 무례한 디오게네스를 감옥에 넣거나 혹은 죽이지 않은 것은 확실합니다. 디오게네스를 해치기는커녕 알렉산더 대왕은 그를 존경하기까지 했기 때문입니다. 디오게네스를 만나고 난 뒤 알렉산더는 측근들에게 이야기했다고 합니다. "나는 알렉산더가 되지 않았다면 디오게네스가 되었을 것이다." 자, 여러분이 알렉산더 대왕이었다면 "태양을 가리니 비켜 주시오!"라고 당당히 말했던 디오게네스에게 어떤 식으로 반응했을까요? 생각하지 말고 빨리 말해 보세요!

2.

알렉산더와 디오게네스 이야기를 꺼낸 것은 《무문관》의 서른여섯 번째 관문을 제대로 통과하기 위해서입니다. 오조 법연五祖法演 스님은 서른여섯 번째 관문에 똬리를 틀고 앉아서 우리에게 묻습니다. "너희들이 알렉산더 대왕이었다면 디오게네스와 같이 당당한 사람에게 어떻게 대응했겠는가?" 그렇지만 법연 스님은 더 친절하게 묻습니다. "길에서 도道에 이른 사람을 만나면, 말로도 침묵으로도 대응해서는 안 된다. 자, 말해 보라. 그렇다면 무엇으로 대응하겠는가!" 여기서 '도에 이른 사람'은 깨달은 사람, 그러니까 주인으로서 당당한 삶을 영위하는 사람을 가리킵니다. 한마디로 부처와 같은 사람입니다. 이런 사람을 만났을 때, 우리는 어떤 방식으로 그와 관계해야 할까요?

먼저 우리는 화두의 속성에 대해 생각해 볼 필요가 있습니다다. 화두는 깨닫지 않은 사람에게는 딜레마나 역설로 보이지만, 깨달은 사람에게는 전혀 모순이 없는 명료한 이야기로 들립니다. 그러니까 화두는 깨달았는지 혹은 그렇지 않은지를 구분하는 시금석으로 작동할 수 있는 겁니다. 그래서 법연 스님의 화두를 처음 보았을 때, 고개를 갸우뚱거리게 하는 부분이 어디인지를 먼저 파악할 필요가 있을 겁니다. '왜 부처와 같은 사람을 만나면 말로도 침묵으로도 대응해서는 안 되는 것일까?' 이렇게 물을 수 있을 때, 우리는 법연 스님의 화두에 한 걸음 더 접근할 수 있을 겁니다. 부처와 같은 사람을 만나면 "말로도 침묵으로도 대응해서는 안 된다"라는 법연 스님의 말은 많은 것을 함축하고 있습니다. 아마 그중 가장 중요한 것은 깨닫지 못한 사람을 만나면 말이나 침묵으로 대응해야 한다는 가르침일 겁니다. 물론 여기서 말이나 침묵은 상대방의 말이나 행동을 인정한다는 의미입니다. 평범한 사람은 어쨌든 타인으로부터 인정을 받으려고 하기 때문이지요.

깨닫지 못한 사람을 상대할 때, 우리는 말과 침묵을 적절하게 사용해야 합니다. 상대방이 무엇인가 대답을 원한다면, 그에게 말을 해 주어야 합니다. 깨닫지 못한 사람은 타인의 인정에서 행복을 느끼고, 반면 타인의 무시에서 불행을 느끼기 때문이지요. 인정과 무시의 가장 큰 수단은 법연 스님이 이야기했던 것처럼 바로 말과 침묵 아닐까요. 상대방이 무엇인가를 물어보았을 때 친절히 대답하는 것만큼 가장 극적인 인정 행위도 없을 것이고, 반대로 침묵할 경우 이는 상대방에 대한 가장 치욕적인 무시라고 할 수 있을 겁니다. 반대로 일일이 말대꾸하는 것이 상대방을 무시하는 행위로 비추어질 수도 있는데, 이 경우에는 침묵하는 것이 아마 상대방을 인정하는 가장 좋은 방법일 겁니다. 타인에게 인정받는 것을 좋아하고 무시당하는 것을 싫어하는 사람은 주인으로서 삶을 살아 내지 못하는 사람입니다. 이런 사람의 주인은 사실 타인의 평판일 테니까 말입니다.

3.

'왜 부처와 같은 사람을 만나면 말로도 침묵으로도 대응해서는 안 되는 것일까?' 이제 대답을 찾으셨나요? 깨달은 사람, 그러니까 주인공으로 삶을 당당히 영위하는 사람은 타인의 평판, 즉 타인의 말이나 침묵에 동요하지 않기 때문입니다. 타인과의 관계에서 말과 침묵은 타인을 나의 뜻대로 지배하기 위한 수단이라고 할 수 있습니다. 그렇지만 부처와 같은 깨달은 사람은 어떤 수단으로도 동요되지 않습니다. 그러니 글자 그대로 언어도단言語道斷의 사람인 셈이지요. 언어로 그 사람에게 이를 수 있는 길은 깨끗하게 끊어진 것이니까요. 이제 법연 스님이 우리에게 던진 화두는 90퍼센트 정도 풀린 셈입니다. "말과 침묵으로도 깨달은 사람과 관계할 수 없다면, 이제 그와 어떻게 관계해야 할까요?" 잊지 말아야 할 것은 말과 침묵으로도 깨달은 사람과 관계할 수 없다는 것을 아는 순간, 우리 자신도 이미 깨달은 사람이 되었다는 점입니다.

《무문관》의 서른여섯 번째 화두를 마무리하면서 무문 스님

깨달은 사람, 그러니까 주인공으로 삶을 당당히 영위하는 사람은
타인의 평판, 즉 타인의 말이나 침묵에 동요하지 않습니다.

©박상수

은 "턱을 잡고 맞바로 면상에 주먹을 날려야 한다攔腮劈面拳"라고 이야기합니다. 이건 물론 깨달은 사람에게 자신도 깨달은 사람이라는 것을 보여 주는 극단적인 방법일 겁니다. 부처를 만나면 부처를 죽여야 한다는 임제의 가르침이나, 부처는 마른 똥 막대기에 불과하다는 운문의 가르침을 제대로 실천한 셈이니까요. '너도 깨달은 사람이니 나도 깨달은 사람이다'라는 당당함이 있어야만 가능한 행위라고 할 수 있을 겁니다. 물론 면상에 주먹을 제대로 한 방 맞은 상대방은 이런 주먹질에 겁을 내거나 화를 내지는 않을 겁니다. 왜냐고요? 주먹질에 얼얼해진 얼굴을 감싸며 그는 기쁨을 감추지 못할 것이기 때문입니다. 모든 사람이 성불하기를 간절히 바랐던 그가 자신 앞에서 당당함을 유지하는 사람을 보고 어떻게 기뻐하지 않을 수 있겠습니까.

다시 알렉산더와 디오게네스의 사례로 돌아가 볼까요. 알렉산더 대왕은 제국의 주인이었습니다. 당연히 그의 제국에 살고 있는 모든 사람들은 알렉산더의 눈치를 살피는 손님일 수밖에 없습니다. 처음 알렉산더는 디오게네스도 자신의 집에 기숙하는 손님 중 하나라고 생각했던 겁니다. 그러니 은혜를 베풀려고 했던 겁니다. 그런데 디오게네스는 알렉산더 앞에서 전혀 쫄지 않았습니다. "태양을 가리니 비켜 주시오!"라고 말하면서 디오게네스는 자신도 당당한 삶의 주인이라는 사실을 보여 주었으니까요. 그렇다고 디오게네스를 감옥에 가둘 수도, 죽일 수도 없는 일입니다. 왕으로서의 자신의 권위를 부정하는 디오게네스를 무서워하고 있다는 것을 공개적으로 실토할 수는 없는 일이니까요. 돌아보면 알렉산더보다 더 위대한 사람이 바로 디오게네스였다고 할 수 있을 것 같습니다. 알렉산더는 자신이 정복했던 지역에서만 주인 노릇을 했지만, 디오게네스는 자신이 있는 곳이 어디든 주인이었기 때문입니다. '이르는 곳마다 주인이 되었던' 임제처럼 디오게네스도 이야기했다고 합니다. "나는 세계시민이다!" 이런 그에게 작은 영역을 다스리며 주인 행세를 하던 알렉산더가 얼마나 작아 보였겠습니까.

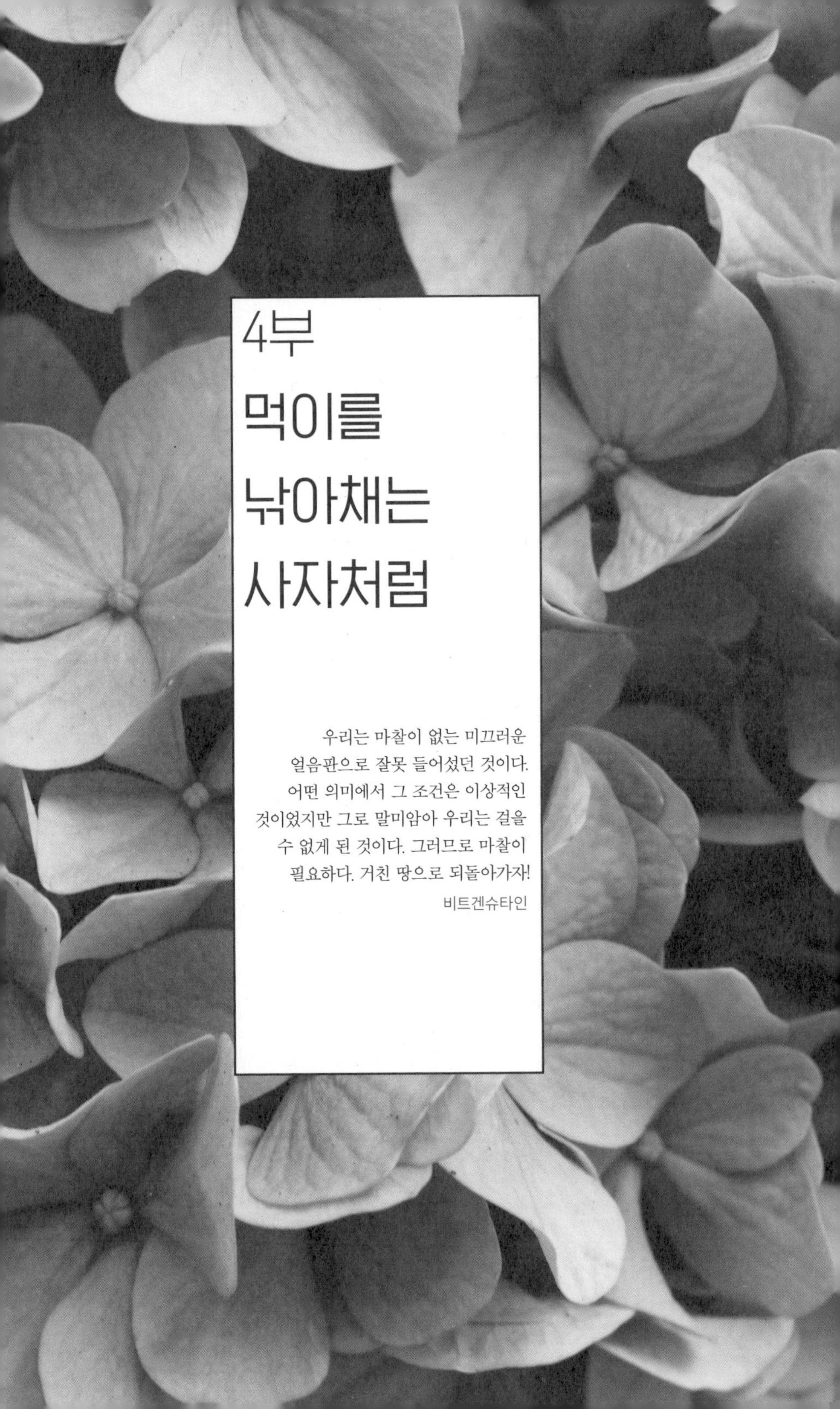

4부 먹이를 낚아채는 사자처럼

우리는 마찰이 없는 미끄러운
얼음판으로 잘못 들어섰던 것이다.
어떤 의미에서 그 조건은 이상적인
것이었지만 그로 말미암아 우리는 걸을
수 없게 된 것이다. 그러므로 마찰이
필요하다. 거친 땅으로 되돌아가자!

비트겐슈타인

보시, 수행의 시작과 끝

조산 화상에게 어느 스님이 물었다. "저 청세는 고독하고 가난합니다. 스님께서는 제게 무언가를 베풀어 주십시오." 조산 화상은 말했다. "세사리稅闍梨!" 그러자 청세 스님은 "네"라고 대답했다. 이어 조산 화상은 말했다. "청원의 백 씨 집에서 만든 술을 세 잔이나 이미 마셨으면서도, 아직 입술도 적시지 않았다고 말할 셈인가!"

《무문관》 10칙, '청세고빈(淸稅孤貧)'

1.

일체의 집착과 편견을 제거해 있는 그대로의 삶을 주인공으로 산다면, 누구나 부처가 될 수 있습니다. 그렇지만 평범한 사람이 부처가 되는 것이 어떻게 쉬울 수 있겠습니까. 부처가 되는 길은 너무나 멀어서 일종의 피안彼岸으로 보일 정도일 겁니다. 그래서일까요. 부처가 되는 치열한 수행을 불교에서는 '바라밀波羅蜜'이라고 부릅니다. 이 한자어는 '파라미타pāramitā'라는 산스크리트어를 소리가 나는 대로 옮긴 것입니다. 파라미타라는 글자는 '파람pāram'과 '이타itā'로 구성되어 있습니다. '파람'이 '저 멀리', 혹은

'저 너머'를 뜻한다면, '이타'는 '도달한다'를 뜻합니다. 그러니까 멀고 험하게만 보이는 부처가 되는 길을 꿋꿋하게 걸어서 이른다는 것, 그것이 바로 파라미타, 즉 바라밀입니다. 대승불교에서는 여섯 가지 바라밀을 이야기합니다. 보시布施, dāna, 지계持戒, śila, 인욕忍辱, kṣānti, 정진精進, vīrya, 선정禪定, dhyāna, 그리고 지혜智慧, prajñā가 바로 그것입니다.

부처가 되는 여섯 가지 방법, 여섯 바라밀은 철학적으로 둘로 나뉠 수 있습니다. 하나는 자신과 관련된 것이고, 다른 하나는 타자와 관련된 것입니다. 계율을 지키는 '지계', 온갖 모욕에도 원한을 품지 않으려는 '인욕', 악을 제거하려고 치열하게 노력하는 '정진', 마음을 응시하는 '선정', 그리고 세상을 있는 그대로 보는 '지혜', 이 다섯 가지는 수행자의 치열한 자기 수행과 관련되어 있습니다. 반면 타자에게 재물이나 지혜를 나누어 주는 '보시'는 타자에 대한 적극적인 행위입니다. 앞의 다섯 가지가 주체의 내면과 관련되어 있다면, 보시는 주체가 내면에서 벗어나 적극적으로 타자와 관계하는 수행법이라는 것이 눈에 띕니다. 평범한 사람들에게도 부처가 될 수 있는 너무나 쉬운 길이 있었던 겁니다. 바로 보시입니다. 자신이 가진 것을 타자에게 나누어 주는 것은 스님이 아니더라도 충분히 할 수 있기 때문이지요.

사실 보시를 제외한 나머지 다섯 바라밀은 출가한 스님이 아닌 사람들에게는 무척 힘든 것입니다. 흥미로운 것은 여섯 가지 바라밀 중 첫 번째 자리에 오는 것이 보시라는 점입니다. 어쩌면 자선 행위와도 비슷한 보시가 여섯 바라밀 중 첫 번째로 오는 까닭은 무엇일까요. 이것은 불교의 핵심적인 가르침이 '자비'라는 것과 밀접한 관련이 있습니다. 자비는 타자에 대한 환대, 혹은 생면부지의 타자에 대한 사랑이라고 할 수 있습니다. 자비가 가족이나 친구나 애인에 대한 배타적인 사랑을 넘어서는 인류애적 사랑이라는 성격을 띠게 되는 것도 이런 이유에서일 겁니다. 제대로 환대하고 사랑하기 위해서, 우리는 해묵은 소유에의 욕망에서 벗어나야만 합니다. 어쩌면 이것은 당연한 일 아닐까요. 사랑의 논리는 소유의 논리와는 질적으로 다르기 때문입니다. 아니 정확히 말해 소유에의 의지가 강할수록, 우리에게서 사랑의 힘은 그만큼 사라질 수밖에 없다고 할 수 있습니다.

2.

예를 하나 들어 보지요. 친구가 배가 고픕니다. 지금 내게는 빵 한 조각이 있습니다. 이 경우 여러분이라면 어떻게 하겠습니까? 당연히 배고픈 친구에게 빵을 건네줄 겁니다. 바로 이 순간 우리는 빵의 소유권을 포기한 겁니다. 만약 자기 빵을 소유하겠다는 의지가 강하다면, 우리는 무척 괴로워할 겁니다. 빵을 준다는 것이 너무나 아깝지만, 친구의 배고픔을 모른 척할 수도 없을 테니까 말입니다. 소유욕이 강한 사람이 다른 사람을 사랑할 수 없는 것도 이런 이유에서입니다. 사랑은 타인에게 자신이 가진 것을 나누는 동력이기 때문이지요. 결국 자비를 실천하는 보시를 행하기 위해서 우리는 끈덕지게 우리를 따라다니는 소유에의 욕망을 가라앉혀야만 합니다. 자, 이제야 여섯 바라밀의 논리가 눈에 들어오시나요. 여섯 바라밀 중 첫 번째인 보시는 바라밀의 시작이자 동시에 완성이기도 했던 겁니다. 보시를 제외한 나머지 다섯 가지 바라밀은 소유에의 욕망을 가라앉히려는 치열한 자기 노력에 지나지 않습니다.

이렇게 말해도 좋을 것 같네요. 여섯 바라밀 중 첫 번째인 보시를 시행하다 보면, 우리는 그것이 처음 생각처럼 그렇게 단순하지 않다는 것을 자각하게 됩니다. 보시를 하다 보면, 누구나 자신이 타자에게 내어 주는 것들이 아깝다는 생각이 들 테니까 말입니다. 그러니 치열한 자기 수행이 필요하다는 것을 알게 됩니다. 그래서 보시는 치열한 자기 수행이 왜 필요한지를 우리에게 가르쳐 주는 것이기도 하면서, 동시에 치열한 자기 수행이 완성되었는지의 여부를 보여 주는 구체적인 증거이기도 한 것입니다. 생면부지의 남이나 혹은 미워하는 사람에게 소중한 것을 주는 행위, 즉 보시는 생각처럼 그렇게 단순하지만은 않습니다. 바로 여기에서 보시라는 실천이 자연스럽게 이루어지는 행위가 아니라 엄청난 의지를 수반하는 수행 행위라는 것이 분명해집니다. 사랑하든 그렇지 않든, 나와 관계가 있든 없든 타인에게 무엇인가를 주는 것, 바로 그것이 보시이기 때문이지요.

불교 역사상 가장 중요한 이론가는 나가르주나일 겁니다. 그의 이론은 지금도 《중론》이라는 난해한 책으로 전해지고 있습니다. 이 책에서 나가르주나는 '공空'이라는 개념을 무척 강조합니다. 나가르주나가 이렇게 공을 강조했던 것은 무슨 이유에서일까

제대로 환대하고 사랑하기 위해서,
우리는 해묵은 소유에의 욕망에서 벗어나야만 합니다.

©김병석

요. 사랑과 자비를 불가능하게 만드는 인간의 집요한 소유 의지를 해체하려는 이유에서입니다. 《중론》에는 다음과 같은 구절이 보입니다. "자아가 없는데 어찌 자아의 소유가 있을 것인가. 자아와 자아의 소유라는 생각을 진정시키면, 우리는 '나'나 '나의 것'에 집착하지 않을 수 있다." 나가르주나는 '공'이라는 개념을 통해 실천적으로 우리의 집요한 소유 의지를 제거하려고 했던 겁니다. 물론 소유 의지를 완화, 혹은 제거하려는 이유는 자비와 사랑 때문입니다. 결국 공은 자비와 사랑에 이르도록 의도된 개념이라는 겁니다.

3.

법정法頂, 1932-2010 스님이 강조했던 '무소유'의 정신도 바로 나가르주나가 강조했던 공의 정신을 그대로 계승하고 있다고 할 수 있습니다. 그렇지만 여기서 한 가지 착각이 있을 수도 있습니다. 게을러서 집도 없고 지혜도 배우지 못한 어떤 사람이 스스로를 무소유의 화신이라고 떠벌릴 수도 있으니까요. '나는 가난해서 가진 것이 아무것도 없으니, 법정 스님이 강조했던 무소유의 상태에 이미 이른 것 아닌가.' 분명 이 사람이 겉보기에 무소유의 상태에 있다는 것은 숨길 수 없는 사실입니다. 그렇지만 이 게으른 사람은 무소유란 그 자체로 목적이 아니라 단지 수단에 지나지 않는다는 것을 간과하고 있습니다. 자비의 실천, 즉 보시가 아니라면 무소유는 어떤 의미도 없습니다. 그러니까 이 게으른 사람은 누군가에게 자신이 가진 재산이나 지혜를 나누어서 무소유의 상태에 이른 것이 아니라는 점이 중요합니다. 그는 애초에 자비의 마음조차 품을 수 없는 그냥 게으른 사람일 따름입니다.

무소유와 보시의 관계를 생각하다가, 우리는 어느 사이엔가 《무문관》의 열 번째 관문도 통과해 버린 것 같습니다. 이미 깨달음의 경지에 이르렀다고 자임하는 청세清稅, ?-?라는 젊은 스님이 조산曹山, 840-901 화상에게 도전장을 던지면서, 열 번째 관문에는 팽팽한 긴장감이 번지게 됩니다. "저 청세는 고독하고 가난합니다. 스님께서는 제게 무언가를 베풀어 주십시오." 젊은 스님의 패기가 볼 만하지 않습니까? '자신은 이미 무소유의 경지에 올랐는데, 당신이 아무리 뛰어나다고 해도 내게 무슨 가르침을 내릴 수 있다는 말인가!' 그러자 조산 화상은 갑자기 한마디 말을 던집니다. "세사리稅闍梨!" 여기서 사리闍梨라는 말은 아사리阿闍梨, ācārya의 줄인 말로 고승高僧을 경칭하는 말입니다. 얼떨결에 젊은 스님은 "네!" 하고 대답해 버리고 맙니다. 청세 스님은 인정을 받고 싶었는데, 조산 스님이 쿨하게 젊은 스님이 원하는 것을 들어줘 버린 겁니다. "청세 스님, 당신은 이미 고승이네요." 바로 이 순간 청세 스님은 망치로 머리를 맞은 것처럼 멍해졌을 겁니다. 자신은 무엇인가를 욕망하는 평범한 사람이었고, 조산 화상은 그런 평범한 사람에게 보시를 행하는 깨달은 사람이었다는 것이 분명해지는 순간이었으니까요.

처음의 패기는 간곳없이 망연자실하는 젊은 스님에게 조산 화상은 마지막 결정타를 한 방 더 먹입니다. "청원의 백 씨 집에서 만든 술을 세 잔이나 이미 마셨으면서도, 아직 입술도 적시지 않았다고 말할 셈인가!" 여기서 세 잔의 술이란 '세사리'라는 세 음절의 단어를 상징하는 겁니다. 네가 원하던 칭호를 얻었으니, 이제 된 것 아니냐는 겁니다. '너는 자비의 화신이 아니라 인정을 구걸하는 거지에 불과하다'는 조산 화상의 사자후는 청세 스님을 천 길 낭떠러지로 밀어 버린 겁니다. 게을러서 무소유에 있게 된 사람은 구걸을 하면서 살 수밖에 없습니다. 그렇지만 노력해서 무소유의 상태에 이른 청세 스님도 구걸하기는 마찬가지 아니었을까요. 그렇습니다. 청세 스님은 몰랐던 겁니다. 무소유의 정신은 보시의 정신이 아니라면 아무런 의미도 없다는 사실을 말입니다. 그래서 우리는 '무소유無所有'라는 말을 다르게 해석할 필요가 있습니다. '무無'라는 글자를 '없다'라고 좁혀서 해석하지 말고, 아주 적극적으로 '없애다'는 동사로 해석할 필요가 있습니다. '가지고 있는 것을 없애다'로 무소유를 해석하는 순간, 무소유의 정신이 바로 보시의 정신이기도 하다는 것이 분명해질 테니까 말입니다.

공(空)으로 보는 세상

점심 공양 전에 스님들이 법당에 들어와 앉자 청량淸涼의 대법안 화상은 손으로 발[簾]을 가리켰다. 그때 두 스님이 함께 가서 발을 걷어 올렸다. 그러자 대법안 화상은 말했다. "한 사람은 옳지만, 다른 한 사람은 틀렸다."

《무문관》 26칙, '이승권렴(二僧卷簾)'

1.

'타타타!' 대중가요의 제목으로 쓰일 정도로 유명한 불교 개념이지요. 한자로는 '진여眞如'나 '여여如如'라고도 번역되는 '타타타'는 '있는 그대로'를 의미합니다. 열반이나 깨달음이란 사실 별것 아닙니다. 세상을 있는 그대로 볼 수 있는 마음 상태를 얻게 되는 순간, 우리는 바로 부처가 되는 것이니까요. 이건 거꾸로 말해 평범한 우리들은 세상을 있는 그대로 보지 못하고 무엇인가 왜곡을 가해서 본다는 것을 의미하는 겁니다. 예를 하나 들어 보지요. 간식으로 먹는 번데기를 아시나요? 6, 70년대에 어린 시절을 보낸 사람들에게는 거부할 수 없는 매력을 가진 간식이 아마 번데기였을 겁니다. 그러나 최근 젊은이들에게 번데기는 아마 혐오 식품 중 하나일 겁니다. 어린 시절 번데기 대신 피자나 햄버거 등을 먹었던 세대들이니까요. 사실 외국인들은 우리가 번데기를 먹는 것을 보고는 기겁을 하기도 합니다. 그들에게 번데기는 바퀴벌레와 별반 다름없는 벌레니까 말입니다.

어쨌든 4, 50대에게 번데기는 군침이 도는 간식일 겁니다. 눈앞에 번데기가 있다면, 그들은 그것을 먹고 싶어 안달을 할 겁니다. 그들은 어린 시절과 마찬가지로 어른이 된 지금도 번데기를 맛난 간식으로 경험하고 있는 겁니다. 이론적으로 말해 바로 이 순간 주체subject, 自와 대상object, 他의 이분법이 작동하게 됩니다. 자신들은 번데기를 먹고 싶은 주체이고, 번데기는 먹음직스러운 대상으로 드러날 테니까요. 그렇지만 돌아보면 4, 50대들이 번데기를 먹고 싶은 주체가 된 것도, 그리고 번데기가 먹음직스러운 객관적 대상으로 보였던 것도 그들의 오랜 습관 때문일 겁니다. 한마디로 그들은 번데기를 있는 그대로 보고 있지는 않는 겁니다. 물론 2, 30대 젊은이들이 번데기를 혐오 식품으로 보는 것도 마찬가지 메커니즘일 겁니다. 벌레에 대한 해묵은 편견과 습관으로 번데기를 혐오스러운 대상으로 보고 있는 것이니까요.

세상 사람들은 모두 같은 상태에 있지 않고, 최소한 세 가지 마음 상태를 가지고 있다고 할 수 있습니다. 첫 번째는 주객主客 관계에 사로잡힌 마음 상태를 가진 사람들입니다. 예를 들어 번데기는 맛있는 대상이고 자신은 번데기를 좋아하는 주체라고 믿는 사람이거나, 혹은 반대로 번데기는 혐오스러운 대상이고 자신은 번데기를 싫어하는 주체라고 믿는 사람의 경우입니다. 두 번째는 자신이 바라보는 대상들의 특징은 모두 자신의 과거 습관 때문에 발생했다는 것을 아는 마음 상태를 가진 사람입니다. 번데기가 먹음직스럽거나 혐오스러운 것은 모두 자신의 과거 습관 때문이라는 것을 아는 사람들이 이 경우에 속할 겁니다. 잊지 말아야 할 것은 이런 메커니즘을 알고는 있지만, 그들은 현실에서 여전히 번데기를 좋아하거나 혐오하리라는 점입니다. 마지막 세 번째는 자신의 과거 습관을 버리고 있는 그대로 세상을 보는 마음 상태를 가진 사람입니다. 번데기를 기호 식품으로도 혐오 식품으로도 보지 않고 있는 그대로 보는 사람들, 이들이 바로 깨달은 사람, 즉 부처라고 할 수 있을 겁니다.

2.

나가르주나와 함께 대승불교에 이론적 기초를 탄탄히 마련한 사람으로 바수반두가 있습니다. 전통적으로 중국에서는 나가르주나의 불교를 '무종無宗'이라고 이야기합니다. 세계의 모든 것은 공空하다는 그의 주장 때문일 겁니다. 실체가 없다고 하니 '무종'이라고 나가르주나를 규정한 셈이지요. 반면 바수반두의 불교는 '유종有宗'이라고 규정합니다. "모든 것은 우리 의식의 표상들일 뿐이다"라고 하면서 어쨌든 의식은 존재한다고 긍정하니까요. 그래서일까요. 바수반두, 즉 세친世親 보살의 불교 사상을 '유식학파'라고 규정하기도 하는 겁니다. 단지 의식일 뿐임을 주장하는 불교라는 것이지요. 참고로 '무종'이나 '유종'이라고 할 때 사용되는 '종宗'이라는 글자는 '어떤 것을 종지宗旨로 생각한다'는 뜻을 가진 동사입니다. 그러니까 무종은 '무를 종지로 한다'의 의미이고, 유종은 '유를 종지로 한다'는 의미입니다. 복잡하시면 그냥 무종은 무를 중시하는 종파, 유종은 유를 중시하는 종파라고 이해해도 무방할 것 같습니다.

그렇지만 이렇게 나가르주나와 바수반두를 대립시키는 것은 심각한 오해를 낳게 됩니다. 나가르주나와 바수반두는 서로의 이론적 한계를 보충하는 사이이기 때문입니다. 나가르주나에 따르면 모든 것을 실체로 보는 사람이 모든 것을 공으로 볼 때, 그는 세상을 있는 그대로 보는 부처가 된 것입니다. 그렇지만 막연하기만 합니다. 어떻게 해야 평범한 우리가 부처가 될 수 있을까요? 이렇게 질문을 던질 수 있을 때 우리는 깨달음의 길을 구체적으로 마련하려고 했던 바수반두의 속병을 이해하게 됩니다. 이런 그의 속병은 그의 작품《삼성론三性論, Trisvabhāva-nirdeśa》에 그대로 녹아 있습니다. 이 책에서 바수반두는 인간의 마음 상태를 세 가지로 구분합니다. 변계소집성遍計所執性, parikalpita-svabhāva, 의타기성依他起性, paratantra-svabhāva, 그리고 원성실성圓成實性, parinișpanna-svabhāva이 바로 그것입니다. 번데기를 보고 먹고 싶어서 입맛을 다시는 사람의 마음 상태가 '변계소집성'이고, 번데기가 먹고 싶어 입맛을 다시지만 동시에 그것은 모두 자신의 과거 습관 때문이라는 것을 아는 마음 상태가 '의타기성'입니다. 그리고 마지막으로 과거 습관을 철저하게 끊어서 번데기를 있는 그대로 보는 마음 상태가 바로 '원성실성'입니다.

바수반두의 유식 사상에서 가장 중시되는 개념이 바로 알라야 의식인 것도 다 이유가 있었던 셈입니다. 알라야 의식은 일종의 습관, 즉 기억 의식을 말합니다. 흔히 불교에서는 생선 가게를 들르는 것으로 알라야 의식을 설명하기도 합니다. 생선 가게에 들어가게 되면, 자신도 모르게 생선 가게의 비린내가 옷에 배게 됩니다. 이렇게 우리가 어떤 행위를 하게 되면 그 결과가 생선 비린내가 몸에 배듯이 우리 마음에 저장된다는 겁니다. 번데기를 보고서 갑자기 먹고 싶은 충동이 드는 것도 바로 이 알라야 의식 때문이었던 셈입니다. 이제 알라야 의식과 마음의 세 상태를 연결시켜 보지요. 작동하는 알라야 의식을 변계소집성에서 의식하지 못했다면, 의타기성에서 우리는 작동하는 알라야 의식을 의식하게 됩니다. 반면 원성실성에서 우리는 마침내 알라야 의식을 끊는 데 성공한 겁니다. 바로 이 순간 우리는 이제 과거에 연연하지 않고 있는 그대로 세상을 볼 수 있는 부처가 된 것입니다.

3.

이제 분명해지셨나요. 공으로 세상을 본다는 것, 그것은 있는 그대로 세상을 본다는 것이자 동시에 알라야 의식을 끊고 세상을 본다는 것에 다름 아니었던 겁니다. 그러니까 주체와 대상을 나눈 것도 알라야 의식이었고, 당연히 주체가 대상에 집착하도록 하는 것도 알라야 의식이었던 겁니다. 간단히 말해 과거의 습관과 편견

©안태영

공으로 세상을 본다는 것,
그것은 있는 그대로 세상을 본다는 것이자 동시에
알라야 의식을 끊고 세상을 본다는 것에 다름 아니었던 겁니다.

에 사로잡혀 있는 그대로 세상을 보지 못하도록 하는 것, 그것이 바로 알라야 의식이었던 셈입니다. 그러니까 알라야 의식은 일종의 색안경과 같은 것에 비유할 수도 있을 것 같습니다. 사물의 색깔을 왜곡시켜 보이게 한다는 점에서 말입니다. 《무문관》의 스물여섯 번째 관문에서 대법안大法眼 화상, 즉 법안法眼, 885-958 화상은 이 알라야 의식을 '발[簾]'에 비유하고 있습니다. 서구화된 주거 공간에서는 별로 쓰이지 않지만 옛날에 많이 사용했던 것이 발입니다. 더운 여름에 사용하는 일종의 블라인드라고 할 수 있지요. 바깥의 시선을 피할 수 있으니 옷을 벗고 있을 수 있어 좋고, 동시에 서늘한 바람이 들어오니 좋고, 어쨌든 일석이조가 따로 없을 겁니다.

점심 공양에 앞서 모든 제자들이 법당에 들어왔을 때 법안 화상은 그들에게 또 가르침을 내리려고 했던 것 같습니다. 법안 화상이 조용히 축 내려져 있던 발을 가리켰던 겁니다. 날씨가 흐려져 법당이 어두워졌을 수도 있습니다. 어쨌든 바로 그 순간 제자들 중 두 사람이 일어나 발을 걷어 올리려고 했나 봅니다. 발이 컸든지 아니면 스승 앞에서 조용히 발을 걷으려고 두 사람의 제자가 달려들었을 겁니다. 그러자 법안 화상은 이야기합니다. "한 사람은 옳지만, 다른 한 사람은 틀렸다." 도대체 어느 스님이 옳고 어느 스님이 그르다는 것일까요? 대답을 하기 전에 먼저 우리는 발을 통해 내다본 세상과 발을 걷고 내다본 세상을 구분할 필요가 있습니다. 과거 어느 순간에 내려진 발을 통해 바라본 세상이라면, 이것은 알라야 의식이 매개되어 바라본 세상을 상징한다고 할 수 있을 겁니다. 반대로 발을 걷고 내다본 세상은 알라야 의식을 끊고 있는 그대로 바라본 세상을 상징한다고 할 수 있지요.

그렇다면 이제 "한 사람은 옳지만, 다른 한 사람은 틀렸다"라는 법안 화상의 이야기를 풀어 볼까요. 두 스님 중 누가 옳았던 것일까요? 발의 왼쪽을 걷었던 스님이 옳았던 것일까요, 아니면 오른쪽을 걷었던 스님이 옳았던 것일까요? 발을 걷는 순간에 참여해 보세요. 아마 일망무제一望無際의 푸른 허공이 여러분의 시야에 펼쳐질 겁니다. 멋지지 않습니까. 발을 걷고 바라본 허공은 나가르주나의 '공'을 상징하니 말입니다. 그렇습니다. 법안 화상에게 발은 법당을 어둡게 하는 발을 직접 의미하는 것이자, 동시에 세상을 있는 그대로 보는 것을 막는 알라야 의식을 상징했던 겁니다. 그렇다면 이 두 가지 의미를 모두 파악한 스님은 옳은 것이고, 그중 하나만 파악한 스님은 틀린 것이라고 할 수 있습니다. 아직도 오른쪽 스님인지 왼쪽 스님인지 고민하고 계십니까? 만일 그렇다면 여러분에게 법안 스님은 가차 없이 사자후를 던질 겁니다. 할! 할! 할!

아는 것과 살아 내는 것 사이의 차이

남전 화상이 말했다.

"마음은 부처가 아니고, 앎은 도가 아니다."

《무문관》 34칙, '지불시도(智不是道)'

1.

동아시아 대승불교의 양대 산맥은 교종과 선종이라고 할 수 있습니다. 교종이 도시에 기반을 두고 있고 그만큼 엘리트 중심적인 경향을 보였다면, 선종은 시골에 기반을 두고 펼쳐져 민중적인 성격을 강하게 띠고 있습니다. 어쩌면 이건 당연한 귀결인지도 모릅니다. 교종이 경전과 이론을 강조했다면, 선종은 마음과 치열한 수행을 강조했으니까요. 그래서 직지인심, 견성성불이라는 선종의 양대 슬로건은 매우 중요합니다. '자신의 마음을 직접 가리킨다는 것', 그것은 외부 경전에 주었던 시선을 거두고 마음에 둔다는 뜻입니다. 또 이렇게 자신의 마음에서 불성을 발견할 수만 있다면 누구나 부처가 될 수 있다는 것, 이것이 바로 '불성을 본다면 부처가 된다'는 슬로건의 의미이지요. 이제 과감히 경전을 집어 던지고 자기 마음에 집중하면 됩니다.

여기서 한 가지 커다란 문제, 즉 내성內省, introspection과 관련된 문제가 발생할 수 있습니다. 내면에 대한 지나친 응시는 우리를 유아론唯我論, solipsism에 빠지게 할 수 있으니까요. 그러니까 자신의 마음에서 불성을 찾느라 자신의 내면에 갇힐 우려가 있다는 겁니다. 한마디로 내면이라는 거대한 광야에서 길을 잃어버릴 수 있다는 것이지요. 물론 내성은 자신의 본래 마음을 찾는 과정에서 불가피한 과정이라고 할 수 있을 겁니다. 그렇지만 내면세계 속에서 지나치게 방황하느라 우리는 외부세계를 쉽게 망각할 수도 있습니다. 자신의 고민거리에 집착하면 할수록 우리는 친구나 가족들의 고뇌에 그만큼 신경을 덜 쓸 수밖에 없지요. 그렇습니다. 지나친 내성은 자비라는 불교의 핵심 정신을 어기는 아이러니에 빠질 수 있습니다.

자신의 마음을 들여다보느라 우리는 애정과 관심을 기울여야 하는 타자에게 무관심할 수 있습니다. 어떻게 이것이 자비의 정신과 부합될 수 있겠습니까. 그렇지만 이런 수많은 위험에도 불구하고 철저한 내성을 통해 수행자는 자기의 본래면목을 찾으려는 노력을 해야만 합니다. 자신의 맨얼굴을 찾지 못하면, 우리는 손님이 아닌 주인으로 삶을 살아 낼 수 없을 테니까 말입니다. 어떤 수행자가 자신의 맨얼굴, 혹은 불성을 찾았다고 확신한다고 해보지요. 그렇지만 과연 그는 정말 자신의 본래 마음을, 자신의 불성을 찾은 것일까요? 이런 의문이 드는 것은 당당한 주인으로서의 삶이란 세계 속에서 확증되지 않으면 아무런 의미가 없는 것이기 때문입니다. 그러니까 자신이 깨달았다고 생각하는 것과 실제로 깨달은 것과는 차이가 날 수 있다는 겁니다.

2.

라캉Jacques Lacan, 1901-1981이라는 정신분석학자도 자신의 저서 《정신분석의 다른 측면L'envers de la psychanalyse》에서 말했던 적이 있습니다. "나는 내가 존재하지 않는 곳에서 생각한다. 그러므로 나는 내가 생각하지 않는 곳에서 존재한다"라고 말입니다. 지금 라캉은 서양 근대철학의 아버지라고 일컬어지는 데카르트René Descartes, 1596-1650에게 제대로 한 방 먹이고 있습니다. "나는 생각한다, 그러므로 존재한다Cogito, ergo sum"라는 것이 바로 데카르트의 주장이었으니까요. 데카르트가 이성적인 인간을 전제로 논의를 전개했다면, 라캉은 욕망으로 피가 뜨거운 구체적인 인간을 보려고 했던 겁니다. 그런데 라캉은 우리는 생각하는 곳에서 존재하지 않고, 생각하지 않는 곳에서 존재한다고 말하고 있습니다. 한마디로 '생각 속에 있는 나'는 '실제 나'와는 다르다는 겁니다. 지금 공부가 좋아서 열심히 하고 있다고 생각하는 어린아이는 실제로는 높은 성적으로 어머니나 선생님의 칭찬을 받으려는 욕망의 화신일 수도 있는 법입니다.

라캉의 말이 어렵다면 다른 예를 하나 들어 볼까요. 어떤 남자가 어떤 여자를 사랑한다고 믿고 있습니다. 그러니까 그는 자신을 '한 여자를 사랑하고 있는 남자'라고 생각하고 있다는 거지요. 그런데 아무리 자신을 이렇게 믿고 있다고 하더라도, 그는 추운 겨울 얇은 옷을 입고 온 애인에게 기꺼이 옷을 벗어 주지 않을 수 있습니다. 물론 그는 그녀에게 이야기합니다. "자기야, 오늘 너무 추워 보이니 일찍 집에 들어가는 것이 좋을 것 같아. 내가 데려다 줄게." 이렇게 말하면서도 그는 자신이 아직도 그녀를 사랑하고 있다고 굳게 믿고 있을 겁니다. 그렇지만 누구나 다 알고 있지 않나요. 사랑한다면 어떤 조건에서든 함께 있으려는 마음을 갖게 되고, 동시에 함께 있으려는 구체적인 노력을 하게 된다는 사실을. 사랑한다면 당연히 그녀의 추위를 막아 주려고 그는 자신이 입고 있던 옷을 벗어 주거나 아니면 함께 추위를 벗어날 방법을 모색하게 될 겁니다. 그렇지만 이 남자는 그녀를 일찍 집에 보내려고 합니다. 이것은 그녀와 함께 있으려는 절실한 마음이 없다는 것을 말하는 겁니다. 이것이 어떻게 사랑일 수 있겠습니까. 이제 라캉의 말이 납득이 되시나요. 바로 '존재하는 나'와 '생각하는 나' 사이에는 차이가 있다는 겁니다. 그러니까 '실제로 살아가는 나'와 '생각 속의 나'는 다를 수밖에 없는 겁니다. 바로 이것입니다. 참선과 같은 치열한 내성을 거쳤다고 할지라도, 자신이 불성을 파악했다고 생각하는 것과 실제로 스스로 불성을 실현하며 사는 것 사이에는 커다란 간극이 있을 수밖에 없습니다.

이제 《무문관》의 서른네 번째 관문에서 남전 화상이 속삭이는 목소리가 귀에 제대로 들어오기 시작하시나요. "마음은 부처가 아니고心不是佛, 앎은 도가 아니다智不是道." 아마도 그의 제자들은 '직지인심'이나 '견성성불'을 슬로건으로 치열하게 수행했나 봅니다. 당연한 일이지요. 선종에 속하는 수행자들로서 그들이 어떻게 교종 스님들처럼 경전을 읽으며 그 의미를 지적으로 탐구하는 수행법을 선택할 수 있었겠습니까. 그렇지만 참선을 하는 과정에서 그들은 오만에 빠졌나 봅니다. 드디어 그들은 자신이 자신의 본래 마음을 터득했다고, 혹은 자신이 마침내 자기의 불성을 잡았다고 확신했으니까요. 바로 이 순간 남전 화상은 그들에게 충격적인 가르침을 내리게 된 겁니다. '너희가 붙잡았다고 자신하는 마음이 정말 부처의 마음인가? 너희가 지금 알았다고 자신하는 것이 정말로 실천할 수 있는 것인가?' 간신히 낭떠러지를 기어올라 왔는데, 다시 절벽으로 밀어 버리는 형국입니다. 그렇지만 제자들이 진짜로 부처가 되기를 바라는 스승으로서 제자들의 허위를 묵과할 수는 없는 일이지요. 가짜 부처에 머무는 것보다는 차라리 수행자로 치열하게 수행하는 것이 더 희망적인 일이니까요.

3.

치열한 참선 끝에 마침내 부처가 되었다고 확신하기에 이른 어느 수행자가 있다고 해 보지요. 승방에서 그는 자신이 이제 주인공으로서 자신의 삶을 당당히 살아 낼 수 있다는 확신에 희미한 미소를 띨 정도였습니다. 그렇지만 홀로 있을 때 주인으로 살아가는 것이 무엇이 어렵겠습니까. 정말로 심각한 문제는 혼자 있을 때가 아니라 타인들과 만났을 때 벌어지니까요. 갑자기 자신을 해치려는 사람을 만날 수도 있고, 참선을 하고 있는데 어린아이가

당당한 주인으로서의 삶이란 세계 속에서 확증되지 않으면
아무런 의미가 없는 것입니다.

©김호세

뒤통수를 때릴 수도 있고, 수행자를 유혹하는 매력적인 여인을 만날 수도 있고, 아니면 설법을 해 달라는 수백 명의 사람들이 몰려올 수도 있을 겁니다. 아니면 세상에 숨어 사는 거사로부터 듣도 보도 못한 난해한 화두가 하나 날아올 수도 있지요. 이렇게 타인과의 관계에서 벌어지는 다양한 사건들에서도 흔들리지 않고 주인으로 우뚝 서 있을 수 있을 때에만, 그 수행자는 자신이 실제로 부처라는 사실을 증명하는 것 아닐까요.

임제의 말처럼 "이르는 곳마다 주인이 되어야" 부처입니다. 홀로 있을 때는 주인으로 살 수 있지만 타인과 만났을 때 바로 그 타인에게 휘둘리는 사람이 어떻게 부처일 수 있겠습니까. 결국 혼자 있을 때도 주인이고, 열 명과 함께 있을 때도 주인이고, 만 명과 함께 있을 때도 주인일 수 있어야 우리는 진정한 주인이 되었다고 할 수 있을 겁니다. 그렇다고 '직지인심'과 '견성성불'이라는 선종의 가르침에 문제가 있는 것 아니냐고 의심할 필요는 없을 것 같습니다. 자신의 본래 마음, 혹은 자신의 불성을 제대로 보았다면 누구나 부처가 될 수 있습니다. 문제는 홀로 있을 때는 진정한 삶의 주인, 즉 부처가 되었다고 확신하는 사람도 만 명과 함께 있을 때는 그들에게 휘둘릴 수 있다는 점입니다. 이것은 그가 자신이 부처라고 믿고 있을 뿐이지, 사실은 부처가 되었다는 오만에 빠진 사람에 지나지 않는다는 것을 보여 주는 겁니다.

자신이 부처가 되었다고 확신하는 것과 실제로 부처가 되었다는 것 사이에는 건널 수 없는 심연이 가로놓여 있는 법입니다. 남전 스님이 서른네 번째 관문에서 말하려는 것은 바로 이것이었습니다. 그래서 남전 스님은 말했던 겁니다. "마음은 부처가 아니다心不是佛"라고 말입니다. 남전 스님의 이야기는 다음과 같이 풀 수 있을 것 같네요. 아무리 스스로 '직지인심'과 '견성성불'에 성공했다고 떠들어도 타인과 만났을 때 주인으로서 삶을 영위하지 못하고 휘둘리는 사람이라면, 그가 터득했다고 하는 마음이나 불성은 모두 가짜에 지나지 않을 겁니다. 당연히 이런 사람이 부처일 수는 없는 법이지요. 반면 홀로 있을 때나 여럿이 있을 때나 부처로서 당당히 살아가는 데 성공한 사람이라면, 그는 자신의 본래 마음을 잡은 것이고 불성을 보았다고 할 수 있습니다. 그렇습니다. 부처가 무엇인지 깨달은 것과 실제로 부처로 살아갈 수 있다는 것은 완전히 다른 것입니다. 에베레스트 산을 잘 아는 것과 실제로 올라갈 수 있다는 것은 완전히 다른 것처럼 말입니다. 그래서인지 남전 스님은 사족 하나를 더 붙였던 겁니다. "앎은 도가 아니다智不是道"라고 말입니다. 도道는 직접 걸어가야만 의미가 있는 등산길 같은 것이기 때문이지요. 이제 가슴 깊이 아로새겨야 할 겁니다. 앎이 도를 대신할 수 없는 것처럼, 마음이 부처를 대신할 수 없다는 사실을.

타자로의 목숨을 건 비약

석상 화상이 말했다. "100척이나 되는 대나무 꼭대기에서 어떻게 한 걸음 나아갈 수 있겠는가!" 또 옛날 큰스님은 말했다. "100척이나 되는 대나무 꼭대기에 앉아 있는 사람은 비록 어떤 경지에 들어간 것은 맞지만 아직 제대로 된 것은 아니다. 100척이나 되는 대나무 꼭대기에서 반드시 한 걸음 나아가야, 시방세계가 자신의 전체 모습을 비로소 드러내게 될 것이다."

《무문관》 46칙, '간두진보(竿頭進步)'

1.

불교의 자비는 분명 사랑이라고 번역될 수 있습니다. 그렇지만 자비는 서로를 소유하려는 경향을 강하게 띠는 남녀 사이의 사랑과는 사뭇 다른 것입니다. 왜냐고요. 자비는 자리自利와 이타利他를 실현하는 것이기 때문이지요. 여기서 '이로움[利]'이란 바로 '자유롭게 한다', 혹은 '삶의 주인이 되도록 한다'는 의미입니다. 그러니까 자기만의 본래면목을 찾아 그에 따라 살아가는 것이 '자리'라면, 타인에게 그만의 본래면목을 찾아서 당당하고 자유롭게 살아가도록 돕는 것이 바로 '이타'라는 것이지요. 물론 그렇다고 해서 남녀 사이의 사랑을 강한 소유욕으로 정의 내리는 것은 오해의 여지가 있습니다. 남녀 사이의 사랑이라도 그것이 제대로 된 사랑이라면 자리와 이타의 정신이 전제되어 있을 테니 말입니다. 그래서일까요. 자리와 이타의 정신을 가진 남녀의 사랑은 오래 지속되지만, 반면 서로를 소유하려 하고 심지어는 스스로나 상대방도 의존적인 사람으로 만드는 사랑은 한순간의 희열로 짧게 끝나게 됩니다.

어쨌든 자비의 이념은 이타에서 완성이 될 수밖에 없는 법입니다. 아니, 극단적으로 말해 자리는 이타를 위한 수단이라고도 할 수 있을 겁니다. 사실 다른 누구도 아닌 자신만의 본래면목을 찾지 못한 사람이 어떻게 타자가 나와는 다른 그만의 고유한 본래면목을 찾는 데 도움이 될 수 있겠습니까. 불가능한 일이지요. 실연을 당한 사람만이 실연한 사람을 제대로 위로할 수 있고, 음악을 제대로 들을 수 있게 된 사람만이 음악을 들으려는 사람에게 도움이 될 수 있는 것과 마찬가지라고 할 수 있을 겁니다. 그렇다고 자신의 본래면목을 찾는 것이 쉽다는 이야기가 아닙니다. 이것도 막말로 똥줄 빠지게 힘든 노력이 없다면 불가능할 테니까 말입니다. 《무문관》의 마흔여섯 번째 관문이 자리의 노력을 백척간두百尺竿頭, 즉 30미터나 되는 대나무 꼭대기에 오르는 것에 비유했던 것도 이런 이유에서입니다.

매끄러운 대나무에 오르는 것도 무척 힘든 일입니다. 그렇지만 더 힘든 것은 그 꼭대기, 한 발도 지탱하기 힘든 그 꼭대기가 마치 평지인 것처럼 서 있는 겁니다. 자기 혼자만 서 있을 수 있기에 그 대나무 꼭대기는 자신의 본래면목을 상징합니다. 그리고 백척간두에서 확고히 발을 딛고 서 있다는 것은 자신의 본래면목에 따라 살아간다는 것을 의미하지요. 다른 누구와도 함께 서 있을 수 없이 날카로운 자리니까 말입니다. 그렇지만 마흔여섯 번째 관문에서 석상石霜, 986-1039 스님은 백척간두에서 발을 떼야 한다고 이야기합니다. 백척간두에 발을 떼는 순간, 우리는 100척이나 되는 허공에서 땅으로 곤두박질치며 떨어질 수밖에 없습니다. 생명이나 부지할지 모를 일입니다. 생명을 떠나서 백척간두에서 발을 뗀다는 것이 애써 찾은 본래면목을 버려야 한다는 것을 의미하니, 어떻게 쉽게 발을 뗄 수 있겠습니까. 지금까지 올라온 시간과 노력이 아깝기 그지없는 일이지요.

2.

석상 스님은 매정한 사람입니다. 아무렇지도 않은 듯이 스님은 우리에게 물어보고 있기 때문이지요. "100척이나 되는 대나무 꼭대기에서 어떻게 한 걸음 나아갈 수 있겠는가!" 아예 스님은 지금 백척간두에서 발을 떼는 것이 당연하다고 전제하고 있습니다. 지금 스님이 우리에게 묻고 있는 것은 '어떻게如何', 즉 발을 떼는 방법입니다. 이런 석상 스님에게 우리는 물어볼 수도 없습니다. "왜 엄청난 시간과 치열한 노력으로 도달한 백척간두를 버리라는 겁니까?" 아마 이런 질문을 했다가는 스님의 몽둥이찜질을 피할 수 없을 겁니다. 석상 스님에게 애써 올라서 간신히 발을 딛고 서 있게 된 백척간두, 즉 자신의 본래면목을 버려야 한다는 것은 자명한 것이기 때문이지요. 그렇지만 '자리'를 달성하라고, 그래서 주인으로 당당히 서라고 그렇게 채찍질했던 당사자가 바로 석상 스님 아니었나요. 이렇게 내려올 바에야 무엇 때문에 백척간두에 오르라고 우리를 떠밀었던 것일까요.

차라리 올라가지 않았다면 백척간두에서 발을 뗄 일도 없었을 겁니다. 우리는 황망함과 당혹감을 느낄 수밖에 없습니다. 그렇지만 곰곰이 생각하면 우리는 알게 됩니다. 에베레스트 산을 올라갔다가 평지로 내려온 사람과 계속 평지에 머물렀던 사람은 질적으로 전혀 다른 사람이라는 사실을 말입니다. 그렇습니다. 백척간두에 올랐다가 평지로 내려온 사람과 아예 백척간두에 오를 생각조차 못하고 평지에 머무르고 있는 사람은 전혀 다른 사람일 수밖에 없습니다. 그렇다면 석상 스님은 왜 백척간두에서 발을 떼야 한다고 말했던 것일까요. 그것은 '자리'로는 불교의 이념인 자비를 완성할 수 없기 때문입니다. 그렇습니다. '이타'를 실천할 수 없다면, 자비는 공허한 문구에 지나지 않는 법입니다. 그래서 우리는 자신만의 본래면목을 묵수할 수는 없습니다. '자리'에만 머문다면, '이타'는 불가능하기 때문이지요.

이 대목에서 키에르케고르Søren Kierkegaard, 1813-1855의 이야기는 우리의 이해에 빛을 던져 줄 수 있을 것 같습니다. "대부분 사람들은 자신에 대해서는 주관적이지만 모든 타인들에 대해서는 객관적, 때로는 지나칠 정도로 객관적이다. 그렇지만 우리에게 주어

백척간두에서 내려온 사람만이 세계에 자신만이 주인이 아니라,
삶에서 마주치는 모든 타인들이 주인이라는 사실을 알게 됩니다.

진 임무는 정확히 자신에 대해서는 객관적이고 모든 타인들에 대해서는 주관적일 수 있는 것이다." 그의 주저 중 한 권인 《사랑의 역사Kjerlighedens Gjerninger》에 등장하는 유명한 구절입니다. 조금 어려운 구절이지요. 그렇지만 "자신에 대해서는 주관적"이라는 말과 "타인들에 대해서는 객관적"이라는 말만 이해할 수 있다면 그다지 어려운 구절도 아닙니다. '주관적'이라는 말은 'subjective'를 번역한 겁니다. 잘 알다시피 철학에서 'subject'는 주관이자 주체를 의미하는 말입니다. 그러니까 "자신에 대해서는 주관적"이라는 말은 자신을 하나의 주체로, 그리고 주인으로 의식한다는 것을 의미합니다. 반면 '객관적'이라는 뜻을 가진 'objective'는 사물이나 대상을 뜻하는 'object'라는 말에서 유래한 겁니다. 그러니까 "타인들에 대해서는 객관적"이라는 말은 타인을 하나의 주체가 아니라 대상으로 본다는 것을 말하는 셈이지요.

3.

키에르케고르의 주장은 아주 단순합니다. 보통 우리는 자신을 주체로 생각하지만, 타인들은 하나의 대상으로 생각하기 쉽다는 겁니다. 그러니까 타인들을 내가 통제할 수 있는 물건처럼 생각한다는 겁니다. 타인을 물건처럼 내 마음대로 좌지우지할 수 있다고 생각한다면, 우리가 타인을 사랑한다는 것은 있을 수 없는 일입니다. 이것은 타인을 노예로 부리는 것에 다름 아니니까요. 당연히 타인을 사랑한다는 것은 우리가 타인도 나와 마찬가지로 주체이고 주관이라고 생각하는 것을 전제하고 있어야만 합니다. 그래서 키에르케고르는 사랑하는 사람의 임무에 대해 이야기했던 겁니다. "정확히 자신에 대해서는 객관적이고 모든 타인들에 대해서는 주관적일 수 있는 것이다." 타인이 나를 어떻게 보고 있는지 고민하니까 자신을 객관적으로 보게 된다는 것이고, 이것은 물론 타인을 주관으로, 즉 당당한 주체로 보아야만 가능한 겁니다. 키에르케고르는 바로 이것이 사랑을 하려는 사람이 반드시 수행해야 할 임무라고 생각했던 겁니다.

이제 백척간두에서 발을 떼야 하는 이유가 분명해지셨나요. 백척간두에 서 있는 것이 '자신에 대해 주관적인 것'이라면, 그곳에 발을 떼고 평지로 내려오는 것은 '자신에 대해 객관적이게 된 것'을 의미하는 겁니다. 자신에 대해 객관적인 사람은 타인의 주관이나 주체를 의식하는 사람, 즉 타인도 그만의 본래면목으로 세상을 경험한다는 것을 인정하는 사람일 수밖에 없지요. 바로 이 점이 중요합니다. 자기만이 주인이 아니라 타인도 주인일 수 있다는 사실을 알기 위해 우리는 스스로 손님의 자세를 취할 수 있어야만 합니다. 그러니 주인의 자리인 백척간두에서 발을 떼야 했던 겁니다. 물론 그렇다고 오해는 하지 마세요. 이미 에베레스트 산에 올라갔다 내려온 사람은 평지에 머문 사람이 아니듯이, 백척간두에 올랐다가 내려온 사람은 그냥 평범하게 사는 사람과는 질적으로 다른 사람이니까요. 정확히 말해 백척간두에서 한 걸음을 내딛은 사람은 동시에 주인 노릇과 손님 노릇을 자유자재로 하는 경지에 이른 겁니다.

이렇게 백척간두에서 내려온 사람만이 세계에 자신만이 주인이 아니라, 삶에서 마주치는 모든 타인들이 주인이라는 사실을 알게 됩니다. 그래서 마흔여섯 번째 관문에서 석상 스님 이외에 무명의 스님은 이야기했던 겁니다. "100척이나 되는 대나무 꼭대기에서 반드시 한 걸음 나아가야, 시방세계가 자신의 전체 모습을 비로소 드러내게 될 것"이라고 말입니다. 참고로 '시방+方, daśa-diś'은 동, 서, 남, 북, 동북, 동남, 서남, 서북, 그리고 상, 하의 열 가지 방위를 나타냅니다. 그러니 시방세계란 바로 우주 전체를 가리키는 말이지요. 어쨌든 드디어 석상 스님의 화두를 풀 준비가 갖추어진 셈입니다. "100척이나 되는 대나무 꼭대기에서 어떻게 한 걸음 나아갈 수 있겠는가!" 자비가 아니라면 백척간두도 아무런 의미도 없다는 것을 확신하고 그냥 타인에게 몸을 던지는 겁니다. 그렇습니다. 키에르케고르가 사랑은 '목숨을 건 비약salto mortale'이라고 말했던 것처럼, 불교의 자비도 자기의 본래면목마저 버리는 비약이었던 겁니다. 그러니 그냥 눈 딱 감고 한 걸음을 내딛어 버려야 합니다. 갑자기 마르크스의 유명한 말이 떠오르네요. "여기가 로도스다. 여기서 뛰어라hic Rhodus, hic salta!"

너무나도 비범해 유지하기 힘든 평상심

조주 스님이 남전 화상에게 물었다. "어떤 것이 도道입니까?" 남전 화상은 "평상심이 도다"라고 답했다. 그러자 조주가 말했다. "그렇다면 그렇게 하고자 노력하면 되겠습니까?" 남전 화상은 "그렇게 하고자 한다면 곧 어긋나게 된다"라고 말했다. 그러자 조주가 반문했다. "하고자 하지 않는다면 어찌 마음을 항시 고르게 하는 것이 도라는 것을 알 수 있겠습니까?" 남전 화상은 말했다. "도는 '안다'는 것과도, 그리고 '모른다'는 것과도 상관이 없다. '안다'는 것은 착각의 상태이고, '모른다'는 것은 멍한 상태일 뿐이다. 만일 진실로 '하고자 함이 없는 도不擬之道'에 이른다면, 허공처럼 확 트일 것이다. 어찌 옳고 그름을 따질 수 있겠는가!" 남전 화상의 말이 끝나자마자, 조주 스님은 바로 깨달았다.

《무문관》 19칙, '평상시도(平常是道)'

1.

깨달은 자, 즉 부처는 본래면목에 따라 살아가는 사람이라고도 하고, 불성을 회복한 사람이라고도 합니다. 아니면 손님이 아니라 주인으로 삶을 영위하는 사람을 부처라고 이야기하기도 합니다. 모두 옳은 이야기입니다. 여기서 본래면목이나 불성이라는 개념과 관련된 한 가지 오해를 바로 잡아야겠습니다. 본래면목이나 불성은 프랑스 철학자 들뢰즈의 표현을 빌리자면 일반성généralité을 가리키는 것이 아니라 단독성singularité을 가리킨다는 사실과 관련된 것입니다. 일반성은 특수성particularité과 짝을 이루는 개념입니다. 예를 하나 들어 볼까요. '사람'이라는 개념이 일반성이라면, '조주'나 '남전', 혹은 '임제'라는 개념은 특수성을 나타내는 겁니다. 그러니까 이 경우 누군가 "한 사람만 데려와!"라고 명령한다면, 우리는 조주를 데려와도 되고, 남전을 데려와도 되고, 아니면 임제를 데려와도 됩니다.

일반성이 '교환 가능성'에 지배되어 있다는 지적이 나오는 것도 이런 이유에서입니다. 그러니까 어떤 일반성에 포획되는 특수한 것들은 모두 교환 가능하다는 것이지요. 우리 자신이나 타인, 혹은 다른 생명체들은 정말 특수한 것일까요? 그렇지 않습니다. 예를 하나 들어 볼까요? 어떤 여대생이 애완견을 한 마리 기르고 있었습니다. 친구들과의 모임도 꺼리고 집에 일찍 들어오는 것도 이 애완견 때문일 정도로, 그녀는 이 개를 무척 사랑했습니다. 그런데 그녀가 학교에 가면서 사달이 벌어지게 됩니다. 어머니가 딸의 담요를 빨다가 애완견도 함께 세탁기에 넣어 버렸으니까요. 아마도 그 개는 담요 속에서 잠이 들었나 봅니다. 당연히 애완견은 사체로 발견되었지요. 당황한 어머니는 같은 품종의 비슷한 크기의 개를 구해왔습니다.

비극이 일어난 줄 모르고 집에 돌아온 딸은 금방 사고가 났다는 것을 알아차렸습니다. 자기 방에서 불안하다는 듯이 돌아다니는 개는 자신의 애완견이 아니었으니까요. 어머니에게 자초지종을 물어보자, 오히려 미안함을 감추려는 듯이 어머니는 역정을 냅니다. "같은 개인데 왜 그래! 사고라니까. 이 개나 잘 키워." 적반하장도 이 정도면 예술입니다. 여대생은 어머니의 말로 슬픔에서 벗어날 수 있을까요? 그건 불가능할 겁니다. 여기서 우리는 두 가지 시선을 구별할 수 있습니다. 비운의 죽음을 당한 그 애완견은 어머니에게는 '특수한' 것으로 보이지만, 여대생 딸에게는 '단독적인' 것으로 보인다는 겁니다. 이제 납득이 가시나요. 특수성이 교환 가능성을 전제한다면, 단독성은 교환 불가능성을 전제하는 겁니다. 조금은 난해한 서양 철학의 개념을 소개한 이유는 불교라는 사유가 가지는 성격을 명료하게 하고 싶었기 때문입니다. 그렇습니다. 불교는 일반성과 특수성의 회로를 부정하고, 모든 존재를 단독성으로 보고자 하는 사유입니다.

2.

사찰에 가면 왜 그렇게 다양한 불상들이 있는지 이제 이해가 되시나요. 그리고 "부처를 죽이고 조사를 죽여라!"라고 사자후를 토한 임제 스님의 속내가 납득이 되시나요. 다른 것이 되고자 하면 안 됩니다. 다른 무엇과도 바꿀 수 없는 바로 그 자신이 되어야 우리는 부처가 될 수 있으니까요. 그러니까 부처는 다른 누구도 아닌 바로 그 자신, 즉 '단독자the singular'가 되는 것이었습니다. 이럴 때 우리는 자신을 사랑하고 긍정할 수 있을 겁니다. 당연한 일이지요. 우리가 사랑하는 것은 나 자신이든 아니면 타자이든 모두 단독자일 수밖에 없으니까요. 누군가를 사랑한다는 것은 그를 단독자로 보았을 때에만 가능한 법입니다. 아니, 정확히 말해 사랑의 과정은 단독성을 심화시키는 과정이라고 할 수 있지요.

불교의 자비도 마찬가지 아닐까요. 불교에서 그렇게도 방편을 중시하는 것도 다 이유가 있었던 셈입니다. 타자의 눈높이에 맞춘 가르침은 타자의 단독성을 전제해야만 가능하기 때문입니다. 다른 무엇과도 바꿀 수 없었기에 애완견이 죽었을 때 여대생은 그렇게도 슬퍼했던 겁니다. 자신에 대해서도 마찬가지 아닐까요. 자신이 다른 무엇과도 바꿀 수 없는 존재라는 것을 알고 그렇게 살아간다면, 우리는 정말 자신을 사랑하고 긍정할 수 있게 될 겁니다. 싯다르타가 달리 '천상천하유아독존'이라고 했겠습니까. 바로 '자리'란 바로 싯다르타가 말한 이 경지를 얻은 것을 말할 겁니다. 반대로 '이타'는 '천상천하유타독존天上天下唯他獨尊'을 실현하는 것이라고 할 수 있을 겁니다. 그러니까 '이 온 우주에서 당신, 즉 타他만이 홀로 존귀하다'는 것을 깨우치고 그렇게 살아가도록 돕는 것이니, 이것이 이타가 아니면 무엇이겠습니까.

결국 나 자신뿐 아니라 이 세상 모든 것들이 단독성을 깨닫고 그렇게 살아가는 세상이 불교가 그렇게도 염원하던 바로 그 화엄세계일 겁니다. 단독성으로 우글거리는 세계는 자기만의 향기와 자태를 뽐내는 온갖 꽃들이 만발한 화엄세계에 비유할 수

©강수희

잘하려고 하지 말고, 그냥 하세요.
그것이 바로 평상심에 머무는 유일한 방법이니까요.

있을 테니까요. 이제야 본래면목이나 불성이 단독성을 가리키는 개념이라는 사실이 이해가 되시나요. 그렇습니다. 부처가 되려면 우리는 싯다르타나 임제를 흉내 내서는 안 됩니다. 오히려 그 반대지요. 어떻게 하면 다른 누구도 대신할 수 없는 자신만의 단독성에 이를 수 있느냐가 관건이기 때문입니다. 선불교에서 '나만의 마음'을 그렇게도 강조하는 이유도 이것입니다. 남한테 영향을 받고 있는 마음도 아니고, 남의 마음을 흉내 내는 마음도 아닙니다. 바로 나만의 마음, 단독적인 마음이 중요하다는 것이지요. 그렇습니다. 바로 이것이 우리의 본래면목이자 불성입니다.

3.

이제야 우리는 《무문관》의 열아홉 번째 관문에서 조주 스님과 남전 화상 사이에서 펼쳐졌던 고담준론에 참여할 준비를 다 갖춘 것 같습니다. 남전 화상은 부처가 되는 길, 즉 도道가 '평상심'에 있다고 이야기합니다. 외적인 것에 영향을 받지 않은 자기 본래의 마음이 평상심입니다. 그래서 평상심은 바람이 불지 않아 고요하게 있는 잔잔한 물에 비유할 수 있을 것 같습니다. 그러나 조주 스님은 평상심을 갖고자 노력하면 되는 것이냐고 반문합니다. 바로 이 순간 남전 화상은 그렇게 노력하는 순간 평상심은 얻을 수 없다는 충격적인 진단을 내립니다. 바로 이것이 열아홉 번째 관문을 통과하려면 반드시 뚫어야 할 화두입니다. 지금 남전 화상은 평상심이 부처가 되는 유일한 길이라고 강조하면서, 동시에 평상심을 얻으려는 노력을 부정하고 있습니다.

지금 남전 화상은 우리가 부처가 되는 것은 불가능하다고 주장하고 있는 것일까요. 조주 스님이 고개를 갸우뚱거리는 것도 십분 이해가 가는 대목입니다. 조주 스님의 당혹감을 없애 주려는 듯이 남전 화상은 친절하게 설명합니다. '하고자 함이 없는 도不擬之道'에 대해 이야기합니다. '하고자 함이 없는 도'를 이해하는 데에는 구체적인 사례 하나면 충분할 것 같습니다. '연주를 잘하려는 것'과 '연주를 하는 것'의 차이를 생각해 보지요. 어떤 바이올린 주자가 연주장에서 바흐의 바이올린 소나타 1번을 '잘' 연주하려고 합니다. 왜냐고요? 바이올린 연주자에게 바흐의 바이올린 소나타는 그의 연주 경험과 실력을 있는 그대로 보여 주는 난해한 곡이기 때문이지요. 당연히 그는 연주회장에서 바흐를 잘 연주하려고 노력할 겁니다. 이것은 관중이 보았을 때 잘 연주한다는 평가를 얻으려는 겁니다.

잘 연주하려는 그의 노력은 역효과를 가져오기 십상일 겁니다. 오히려 바흐의 곡에만 몰입해 바이올린 연주를 하는 것이 더 좋은 효과를 낳을 겁니다. 당연한 일이지요. 바흐, 바이올린, 관중, 이 세 가지를 한꺼번에 신경을 쓰는 사람이 어떻게 제대로 연주를 하겠습니까. 자신이 바흐인지 바이올린인지 구별할 수 없이 몰입해 연주할 때 최상의 연주가 이루어지는 법입니다. 그래서 모든 연주자들이 이구동성으로 말하는 속병이 납득이 가는 것이지요. 그들은 관중 앞에서 연주할 때보다 홀로 연습실에서 연주할 때 더 근사한 바흐가 울려 퍼졌다고 이야기합니다. 우리는 연주자들에게 남전 화상의 말을 해 줄 필요가 있을 것 같습니다. 연주회장에서도 홀로 연주할 때의 평상심을 가지고 연주하라고 말입니다. 홀로 연주할 때의 평상심을 공연장에서 유지하려는 노력 자체가 평상심을 해치게 된다는 것은 말할 필요도 없을 겁니다. 일체의 인위적인 노력 없이 무엇인가를 하는 것, 바로 그것이 바로 평상심에 따르는 행동, 자신의 본래면목으로 행하는 삶이니까요. 이제 '잘하려고' 하지 말고, 그냥 하세요. 그것이 바로 평상심에 머무는 유일한 방법이니까요.

날개 없이 날아가는 용기

외도外道가 세존에게 물었다. "말할 수 있는 것도 묻지 않고, 말할 수 없는 것도 묻지 않으렵니다." 세존은 아무 말도 없이 자리에 앉아 있었다. 그러자 그 사람은 감탄하며 말했다. "세존께서는 커다란 자비를 내려 주셔서, 미혹의 구름에서 저를 꺼내 깨닫도록 해 주셨습니다." 그리고는 그는 예의를 표하고 떠나갔다.

아난이 곧 세존에게 물어보았다. "저 사람은 무엇을 깨달았기에 감탄하고 떠난 것입니까?" 그러자 세존은 말했다. "채찍 그림자만 보아도 달리는 좋은 말과 같은 사람이다."

《무문관》 32칙, '외도문불(外道問佛)'

1.

대학에서 강의를 하다 보면, 흥미로운 학생 한두 명을 발견하게 됩니다. 제 강의를 잘 메모했다가, 강의가 끝날 무렵 제게 아주 지적인 질문을 던지는 학생들입니다. 대개의 경우 그들은 이런 식으로 질문을 합니다. "제 질문은 두 가지입니다. 선생님께서는 뻔뻔하게 거짓말을 잘하는 사람이 상대방보다 우위에 있는 사람이라고 하셨지만, 동시에 항상 당당하게 살라고 하십니다. 뻔뻔하게 거짓말을 잘하는 사람이 어떻게 당당하게 사는 사람일 수 있습니까. 이것이 제 첫 번째 질문입니다. 그리고 또 질문할 것이 있습니다. 선생님께서는 당당하고 자유롭게 주인으로 살라고 하셨는데, 그렇게 살면 타인과 충돌할 수밖에 없습니다. 자신의 자유를 위해 타인의 자유를 부정할 테니까요. 그렇다면 자유롭게 사는 순간, 우리는 타인을 사랑할 수 없게 되는 것 아닙니까. 이게 제 두 번째 질문입니다."

이렇게 당당하게 말하고는 그는 자신이 얼마나 지적인지를 동료 학생들에게 뻐기며 자기 자리에 앉습니다. 맞습니다. 정말로 지적으로 정말 영민한 학생입니다. 그렇지만 이런 경우 저는 짐짓 역정을 내면서 그를 다그칩니다. "야, 나는 머리가 나빠서 너처럼 질문을 두 가지에 답할 수는 없어. 둘 중 중요한 것 하나만 다시 말해 봐." 그러면 학생은 당혹스러워합니다. 철학 선생이 기억력이 나빠 하나만 질문하라고 하니 황당했을 겁니다. 어쩔 수 없이 어느 질문이 더 중요한지 고민하려는 순간, 저는 그 학생에게 다시 이야기합니다. "진정으로 중요한 문제는 오직 한 가지일 뿐이야. 그러니까 온몸으로 고민이 되는 문제는 단 한 가지일 뿐이다. 예를 들어 네가 지금 여자 문제를 정말로 고민한다면, 너는 사회 문제나 학점 문제로 고민할 수는 없을 거다."

저의 말은 계속 이어집니다. "그런데도 네가 만일 여자 문제, 사회 문제, 그리고 학점 문제가 똑같이 심각한 문제라고 주장한다면, 너는 세 문제 중 어느 것도 진지하게 고민하지 않는 거야. 그냥 고민한 척하는 것뿐이지. 무슨 말인지 알겠니? 지금 네가 던진 두 가지 질문 중 어느 것이 중요한 것인지 고민하는 것도, 네가 사실 이 두 가지 문제를 진정으로 문제로 고민하지 않았다는 것을 보여 줄 뿐이다." 머리로만 고민하는 지적 허영에 빠진 놈이라는 비판은 아마 그 학생의 자존심에 커다란 상처를 남겼을 겁니다. 그렇지만 어떻게 합니까. 그것이 엄연한 사실인데요. 물론 그 학생의 첫 번째 질문에 저는 방편의 논리를 이야기해 주면 됩니다. 그러니까 깨달은 사람이 그렇지 않은 사람에게 깨달음에 이르도록 거짓말을 할 수밖에 없는 애정을 말입니다. 그리고 두 번째 질문에 대해서도 자유롭게 살려는 사람은 타인도 그렇게 살려고 하는 사실을 알고 있기 때문에 결코 타인을 해치지 않는다고 이야기해 주면 됩니다.

2.

지적인 허영에 빠진 학생에게는 그 허영을 충족시켜 줄 지적인 대답을 해 줄 필요가 전혀 없습니다. 학생에게 전혀 도움이 되지 않을 뿐만 아니라, 자신의 선생과 지적인 대화를 한다는 허영심만 가중시킬 테니까요. 그렇습니다. 제가 아무리 친절하게 대답을 해도 그 학생은 제 이야기를 그냥 지적으로 납득할 뿐, 자신의 삶으로 흡수하지 않을 겁니다. 그래서 어쩌면 제가 냈던 역정도 불필요한 것인지도 모를 일입니다. 진정한 문제는 삶의 순간에는 하나밖에 있을 수 없고, 만일 문제가 두 가지라면 그것은 모두 삶과 무관한 사변적인 관심일 뿐이라는 제 역정 말입니다. 왜냐고요? 그 학생은 저의 역정마저도 지적으로만 납득하려고 했을 겁니다. 그러니까 이 경우에는 침묵하는 것, 그러니까 그 지적인 학생의 질문을 무시하는 것이 좋았을지도 모릅니다. 그렇다면 최소한 그 학생은 제가 왜 자신의 질문에 침묵하는지, 그 질문을 무시하는지를 고민했을 테니까요.

삶의 차원에서 매순간 중요한 문제는 오직 하나일 뿐입니다. 만일 두 가지의 문제가 다 중요하다고 말하는 사람이 있다면, 그는 삶의 차원이 아니라 머리로만 생각하고 있는 겁니다. 한마디로 말해 그는 자신의 삶을 살아 내지 못하고, 그저 관조하고 있을 뿐입니다. 예를 들어 볼까요? 양다리를 걸치는 남자가 하나 있다고 해 보지요. 물론 그는 두 여자가 자신의 삶에서 모두 중요하다고 이야기할 겁니다. 그의 말은 진실일까요. 첫 번째 여자를 만나도 오랫동안 같이 있을 수가 없습니다. 두 번째 여자를 곧 만나야 할 테니까요. 물론 반대의 경우도 마찬가지입니다. 두 번째 여자를 만났을 때 첫 번째 여자를 만날 시간을 체크해야 할 테니까요. 그러니까 첫 번째 여자를 만날 때 두 번째 여자를 생각하느라, 두 번째 여자를 만날 때도 첫 번째 여자를 생각하느라 그는 어느 여자와도 제대로 사랑을 나눌 수 없게 됩니다.

두 가지 문제가 모두 중요하다고 하는 사람은 두 가지 갈림길에서 방황하고 있는 신세입니다. 한쪽 길로 가려고 해도 더 깊게 멀리 가지 못하고 곧 다시 갈림길로 돌아와서 다른 쪽 길로 가려고 합니다. 결국 이런 사람은 그 갈림길 주변부에 머물다 지쳐

가게 될 겁니다. 살고 있는 것 같지만, 그는 제대로 삶을 영위하지는 못하는 셈입니다. 제대로 길을 걸으려면, 그는 갈림길 중 어느 한 가지 길을 포기해야만 합니다. 그래야 새로운 인연과 항상 마주칠 수밖에 없는 진정한 삶을 살아갈 수 있을 테니까요. 마찬가지로 제대로 사랑하려면 두 여자 중 한 여자만 사랑해야만 합니다. 모든 여자를 포기하고 한 여자를 사랑하면서 사랑의 끝을 보아야 하는 겁니다. 운 좋으면 좋은 배필을 얻을 수 있을 것이고, 불운하면 실연의 아픔을 맛보겠지만 말입니다.

3.

이제 《무문관》의 서른두 번째 관문에서 천둥소리처럼 가르침을 피력하는 싯다르타의 침묵이 들리십니까. 싯다르타 앞에 어느 외도外道, tirthaka 한 사람이 당당히 서 있습니다. 외도란 불교 이외의 사상이나 그것을 신봉하는 사람을 가리키는 말입니다. 아마도 상당한 학식과 지성을 가진 사람이었을 겁니다. 자기 지성의 보편타당성을 시험하기 위해 자기 학파를 떠나 불교의 창시자 싯다르타 앞에 왔을 정도니까요. 더군다나 그는 싯다르타가 제창했던 불교 사상을 미리 공부해 온 용의주도함까지 보이고 있습니다. 아마 그는 형이상학적 의문에 대해 침묵해야만 한다는 싯다르타의 주장을 잘 알고 있었나 봅니다. 불교에서는 '무기無記'라고 부르는 것이지요. '세계는 영원한 것인가, 아니면 영원하지 않은 것인가?' '세계는 유한한 것인가, 아니면 무한한 것인가?' '정신과 신체

는 다른 것인가, 아니면 동일한 것인가?' '여래는 죽은 뒤에도 존재하는가, 아니면 존재하지 않는가?'

이런 형이상학적 질문들에 대해 싯다르타는 침묵했습니다. 지적인 양자택일의 문제는 집착을 만들어 진정한 삶을 살아 내는 데 심각한 장애가 되기 때문이지요. 싯다르타를 지적으로 이기기 위해 찾아온 외도가 어떻게 형이상학적 의문에 대해 침묵해야 한다는 싯다르타의 말을 모를 수 있겠습니까? 그러니 물어보았던 겁니다. "말할 수 있는 것도 묻지 않고, 말할 수 없는 것도 묻지 않으렵니다." 이 정도면 지적인 자만심도 예술의 경지에 올랐다고 할 수 있습니다. 자신은 싯다르타가 이야기했던 것과 침묵했던 것이 무엇인지를 다 알고 있다는 겁니다. 한마디로 외도는 자신이 싯다르타의 경지를 넘어섰다고 뻐기고 있는 겁니다. 이렇게 지적인 오만에 가득 차 있는 외도의 도전적인 질문에 어떻게 대응해야 할까요? 싯다르타는 아무 말도 없이 자리에 앉아 있었을 뿐입니다. 말할 수 있는 것과 말할 수 없는 것이라는 지적인 구분에 대해서도 침묵했던 것이고, 동시에 외도의 지적인 의문에 대해서도 침묵했던 겁니다.

지적인 허영에 사로잡힌 외도의 질문에 어떤 대답이라도 던지는 순간, 외도는 싯다르타의 대답에서 허점을 찾으며 논쟁을 계속하려고 할 겁니다. 이렇게 지적인 오만에 빠진 사람의 질문에 일일이 대답을 해 준다는 것은 마치 타오르는 모닥불에 기름을 붓는 것과 같습니다. 심지어 "지적인 오만에 빠지지 말고 삶을 주인으로 살아라!"라고 말해도 외도는 오만, 주인, 삶 등의 개념을 가지고 또 다른 질문을 던지게 될 겁니다. 그러니 침묵할 수밖에요. 최소한 기름은 붓지 않아야 하는 것 아닙니까. 다행스럽게도 외도는 그로 하여금 지적인 집착과 허영에서 빠져나오도록 싯다르타가 침묵을 선택했다는 것을 깨닫게 됩니다. 그가 싯다르타의 자비에 예를 표했던 것도 이런 이유에서입니다. 싯다르타의 말대로 이 외도는 "채찍 그림자만 보아도 달리는 좋은 말"과 같은 근기는 갖추고 있었던 셈입니다. 어쨌든 싯다르타의 침묵은 알음알이에 빠지지 말고 자신의 삶을 당당히 주인으로 살아 내라는 자비로운 명령이었던 셈입니다.

무문 스님은 서른두 번째 관문을 마무리하면서 흥미로운 이야기를 합니다. "계단이나 사다리를 밟지 않아야 하고, 매달려 있는 절벽에서 손을 떼야 한다不涉階梯, 懸崖撤手"고 말입니다. 그렇습니다. 계단이나 사다리에 의존해 절벽에 매달려 있다면, 우리는 스스로 설 수가 없을 겁니다. 아이러니하게도 계단이나 사다리가 우리의 당당한 삶을 막고 있었던 셈입니다. 무언가에 의존한다는 것, 그건 우리가 그것에 좌지우지된다는 말입니다. 스스로 말하고, 행동하고, 나아가야 합니다. 아무리 도움이 되어도 그것이 외적인 것이라면, 어느 순간 반드시 우리는 그것을 버려야만 합니다. 싯다르타도 그렇게 해서 깨달음을 얻었고, 외도도 싯다르타와의 문답을 통해 그렇게 스스로 깨달음에 이른 겁니다. '스스로!' 계단과 사다리로 상징되는 일체의 외적인 것에 의존하지 않고 온몸으로 깨닫지 않는다면, 그건 깨달음일 수도 없는 법이니까요. 깨달음은 스스로 주인으로 삶을 영위하는 것이기 때문입니다.

©정금수

한 알의 모래에서 우주를

혜충 국사國師가 시자侍者를 세 번 부르자, 시자는 세 번 대답했다. 그러자 국사는 말했다. "내가 너를 등지고 있었다고 생각했는데, 이제 알고 보니 네가 나를 등지고 있었구나!"

《무문관》 17칙, '국사삼환(國師三喚)'

1.

불교는 집착에서 벗어나 세상과 자신을 있는 그대로 보려고 합니다. 색안경을 끼고 세상을 보는 것이 아니라 그걸 벗어던지고 보는 것, 이것이 있는 그대로 보는 것입니다. 불교에서 '진여'나 '여여'라는 경지를 강조하는 것도 바로 이런 이유에서입니다. 그래서 불교에서는 극단적으로 두 가지 마음이 중요하다고 하겠습니다. '집착하는 마음'과 '있는 그대로 보는 마음'입니다. 물론 평범한 우리는 이 극단적인 마음 사이에서 그네를 타는 것처럼 왔다 갔다 하는 삶을 살고 있지요. 집착하는 마음이 우리의 삶에 불만족과 고통을 가져다준다면, 있는 그대로 보는 마음은 우리의 삶에 평화와 안정을 가져다줄 겁니다. 집착하는 마음도 내 마음이고, 있는 그대로 보는 마음도 내 마음입니다. 《대승기신론》에서 '하나 뿐인 우리 마음[一心]'에 두 가지 양태, 즉 생멸문과 진여문이 있다고 이야기했던 것도 이런 이유에서입니다.

외모에 집착하는 여자가 있다고 해 보세요. 아침에 일어나 거울을 통해 자신의 얼굴에 무언가 잔뜩 나 있다는 것을 발견하게 되면, 그녀는 하루 종일 우울해지고 심지어는 타인에게 히스테릭한 반응도 보이게 될 겁니다. 반대로 아침에 자신의 얼굴 피부가 너무 탱탱하고 뽀송뽀송하다는 것을 느끼게 되면, 그녀는 자신감에 가득 차서 평상시와는 달리 타인들에게 너그러운 태도를 보이게 될 겁니다. 이처럼 우울함과 명랑함이 파도가 치는 것처럼 생겼다가 사라지는 마음이 바로 생멸의 마음인 겁니다. 그렇다면 진여의 마음은 어떤 마음일까요. 외모에 전혀 신경도 쓰지 않는 마음, 심지어는 더러운 외모를 당당히 과시하고 다니는 마음이 세상을 있는 그대로 보는 진여의 마음일까요? 그렇지 않습니다. 더러운 외모에 신경을 쓰지 않는 마음은 그저 무관심한 마음이자 죽은 마음에 지나지 않기 때문이지요.

외모에 지나치게 집착하는 마음도 문제지만, 외모 자체를 완전히 무시하는 마음도 문제입니다. 외모는 내가 타인과 만나는 첫 단계이기 때문이지요. 타인과 처음 만날 때, 외모에 신경을 쓰지 않는 것은 상대방을 무시하는 행위일 수도 있습니다. 그러니까 자기 외모에 대한 무시는 타인에 대한 무시로 이어질 수 있다는 겁니다. 하긴 상대방이 내게 너무나 소중한 사람이라면, 우리는 가급적 외모에 신경을 쓰게 됩니다. 물론 상대방은 우리의 단정한 모습에서 우리가 자신을 얼마나 신경을 쓰고 있는지를 확인하며 뿌듯한 행복감에 젖을 겁니다. 사실 '외모가 무엇이 중요해!'라는 마음 자체가 이미 외모에 집착하는 자신의 무의식을 보여 주는 것 아닐까요. 그런 사람들이 있지 않나요? 자신이 외모에 집착하지 않는다는 것을 보여 주기 위해 일부러 과도하게 옷을 볼품없이 입고 다니는 사람들 말입니다.

2.

외모에 과도하게 신경을 쓰는 것이나 외모에 지나치게 무관심한 것이나, 모두 외모에 집착하는 마음입니다. 그렇다면 세상과 자신을 있는 그대로 보는 진여의 마음은 어떻게 외모를 볼까요? 모든 것을 있는 그대로 다 봅니다. 무슨 말인지 당황스럽다면 예를 하나 들어 볼까요. 여기 어떤 여성 한 명이 있다고 해 보지요. 그녀에게는 시크한 특징의 외모가 있습니다. 그렇지만 이것 이외에 그녀가 갖고 있는 특징은 너무나 많습니다. 그녀는 김수영 시인의 시를 좋아합니다. 그녀는 슈베르트의 음악을 좋아합니다. 그녀는 김치찌개를 좋아합니다. 그녀는 산보다는 바다를 좋아합니다. 그녀는 일본어를 능통하게 합니다. 그녀는 탱고를 좋아합니다. 그녀는 책을 만드는 편집자입니다. 그녀는 자전거를 타는 것도 좋아합니다. 그녀는 홀어머니와 남동생 한 명과 함께 살고 있습니다. 이것 말고도 그녀의 특징은 더욱 많을 것입니다.

이제 집착이 무엇인지 보이시나요? 그것은 외모만 보느라고 다른 모든 가치들을 보지 못하는 것을 말합니다. 아니, 정확히는 외모에 집착하느라 다른 것들이 눈에 들어오지 않는다고 말하는 것이 더 좋을 것 같습니다. 그렇습니다. 자신이나 타인은 하나의 잣대로만 평가될 수는 없습니다. 우리는 수많은 관계망을 통해 존재하는 인연의 존재니까 말입니다. 있는 그대로 보는 마음, 즉 진여의 마음이란 다른 것이 아니었던 겁니다. 상대방도 의식하지 못한 그의 모든 가치들을 있는 그대로 보는 마음이니까요. 외모에 집착하는 순간, 우리는 자신이 가진 나머지 훌륭한 가치들을 돌보지 않기 쉽고, 당연히 그것들은 무관심에 방치된 채 시들고 마침내 우리 곁에서 완전히 사라지게 될 것입니다. 외모 때문에 자전거도 타지 않고, 바다에도 가지 않고, 슈베르트도 들으려고 하지 않는 사례를 생각해 볼 수 있겠네요. 한때 자전거를 타며 해맑게 웃던 모습, 바다의 장엄한 풍경에 감동하던 모습, 그리고 슈베르트의 피아노 소나타에 삶의 허무를 느끼던 모습은 이제 천천히 사라지게 될 운명인 셈이지요.

사실 진여의 마음을 갖게 되면, 우리는 쓸데없는 갈등과 대립도 피할 수 있습니다. 예를 들어 볼까요? 식민지라는 역사적 경험과 정치경제적 갈등 때문인지, 우리는 일본 사람이라면 몹시 싫어하는 경우가 있습니다. 그렇지만 이것은 일본이라는 국적에만 집착하는 마음 때문이 아닐까요. 와타나베라는 일본 남자가 있다고 해 보지요. 그냥 우리는 이 사람을 만나자마자 반감을 가지기 쉽습니다. 일본인이라는 이유 하나로 말입니다. 그렇지만 집착을 버리고 있는 그대로 와타나베를 보면, 우리 눈에는 와타나베라

©최필조

"하나의 조그마한 티끌만 보아도 전체가 갑자기 나타나며,
이것과 저것은 서로 받아들이니 가느다란 머리카락 하나만 보아도
모든 사물이 함께 나타난다"

는 사람의 정체가 제대로 들어오게 됩니다. 나처럼 그는 베토벤을 좋아합니다. 나처럼 그는 산책을 좋아합니다. 나처럼 그는 전쟁과 억압을 미워합니다. 나처럼 그는 사랑에 소극적인 사람입니다. 심지어 나처럼 그는 식민지를 지배했던 일본의 과거사를 미워합니다. 자, 이런 모든 그의 특징들이 있는 그대로 들어왔습니다. 그런데도 일본인이라는 이유 하나로 그를 미워할 수 있겠습니까? 아마 불가능할 겁니다.

3.

집착이 작동하는 내적 논리가 눈에 훤히 들어옵니다. 나나 타인이나 모두 단순한 특징을 가지고 있는 것이 아니라 거의 우주에 가까운 수많은 특징을 가지고 있다는 겁니다. 물론 그런 특징들은 수많은 인연들과의 마주침에 의해 만들어진 것, 즉 연기緣起의 법칙에 지배되는 것들이지요. 그러니까 한마디로 말해 하나의 특징으로 하나의 사물을 보는 것이 집착의 마음, 즉 생멸의 마음이라면, 그렇지 않고 하나의 사물을 마치 완전한 하나의 우주인 것처럼 보는 것이 바로 진여의 마음이라고도 할 수 있을 것 같습니다. 화엄종華嚴宗의 대표자인 법장法藏, 643-712이 《화엄의해백문華嚴義海百門》이라는 책에서 "하나의 조그마한 티끌만 보아도 전체가 갑자기 나타나며, 이것과 저것은 서로 받아들이니 가느다란 머리카락 하나만 보아도 모든 사물이 함께 나타난다"라고 문학적으로 아름답게 표현했던 것도 이런 이유에서일 겁니다. 이제 마침내

《무문관》의 열일곱 번째 관문에서 펼쳐지는 사제 간의 아름다운 풍경을 음미할 차례가 된 것 같습니다.

혜충慧忠, ?-775 스님은 선사임에도 불구하고 두 명의 황제가 제자를 자처할 정도로 명망이 높아 국사國師라고 불렸습니다. 아마도 황제를 포함한 다른 많은 사람들에게 깨달음의 빛을 전하려고 했지만, 자기와 그렇게도 오랜 시간 함께 있었던 시자侍者 스님에게는 무관심했다는 사실을 자각한 듯합니다. 등잔 밑이 어둡다는 이야기가 맞기는 맞나 봅니다. 그래서 혜충 스님은 자신을 아주 오랫동안 보필하던 시자 스님을 부릅니다. "얘야!" 그러자 시자 스님은 대답합니다. "예!" 이어서 혜충 스님은 또 부릅니다. "얘야!" 이번에도 시자 스님은 "예!"라고 대답합니다. 곧이어 혜충 스님은 "얘야!"라고 부르자, 이번에도 여지없이 시자 스님은 대답합니다. "예!" 바로 이 순간이 혜충 스님의 우려가 봄눈 녹듯이 사라지는 순간, 즉 등잔 밑이 환하게 밝아지는 순간입니다. 혜충 스님에게는 다행인 일입니다. 시자 스님은 어느 사이엔가 깨달음에 이르러 있었던 겁니다. 어른이 세 번 정도 부르면 보통 아랫사람들은 "왜 그렇게 부르세요?"라고 말하든가, 아니면 이상하다는 듯 고개를 갸우뚱거리기 마련입니다. 그런데 시자 스님은 혜충 스님의 반복되는 부름에 별다른 동요도 보이지 않고 "예!"라고 대답합니다. 이건 시자 스님에게 혜충 스님은 권위를 가진 윗사람으로 보이지 않았다는 것을 말해 줍니다. 이미 시자 스님은 혜충 스님처럼 스스로 당당한 삶의 주인이 되었던 거지요.

그래서 혜충 스님은 이야기했던 겁니다. "내가 너를 등지고 있었다고 생각했는데, 이제 알고 보니 네가 나를 등지고 있었구나!" 스승이 제자를 등진다는 것은 제자를 제대로 가르치지 않고 방치했다는 것을 의미합니다. 반면 제자가 스승을 등진다는 것은 제자가 이미 깨달음에 이르렀지만 마치 배울 것이 있는 것처럼 스승 곁에 있었다는 것을 말합니다. 이미 제자는 스승을 스승이라고 집착해서 보는 것이 아니라, 스승을 있는 그대로 보고 있었던 겁니다. 그러니까 이미 제자의 눈에는 혜충이 가진 모든 특징들이 환히 보였던 셈이지요. 비오는 날 차를 좋아하는 것, 장이 안 좋은지 자꾸 방귀를 뀌는 것, 푹 익힌 채소를 좋아하는 것 등등. 한마디로 시자 스님은 혜충 스님을 스승이라고 집착하지 않습니다. 그저 내 앞에 있는 저 늙은 스님의 한 가지 특징에 불과한 것이 바로 선생이라는 지위였으니까요. 이렇게 진여의 마음을 얻었는데도, 그는 스승 앞에서 제자 연기를 하고 있었던 겁니다. 늙어가는 스승에 대한 자비의 마음일 수도 있고, 혹은 다른 곳에서 주지住持가 되어 제자를 키우는 것이 성가신 일이라는 초탈한 마음 때문일 수도 있습니다. 그나저나 혜충 스님이 늙기는 늙었나 봅니다. 세 번이나 물어본 뒤에 간신히 시자 스님이 이미 깨달음에 이르렀다는 것을 확인했으니까요. 노파심의 화신 혜충 스님, 귀여운 분입니다.

잃어버린 맨얼굴을 찾아서

아난이 물었다. "세존께서는 금란가사金襴袈裟를 전한 것 이외에 별도로 어떤 것을 전해 주시던가요?" 가섭이 "아난!" 하고 부르자, 아난은 "예" 하고 대답했다. 그러자 가섭은 말했다. "문 앞에 있는 사찰 깃대를 넘어뜨려라!"

《무문관》 22칙, '가섭찰간(迦葉剎竿)'

1.

당혹스런 일입니다. 직장에 출근하자마자, 놀라운 장면이 벌어집니다. 책상 위에 종이 한 장과 펜이 놓여 있습니다. 자세히 보니 시험지였습니다. 세 문제가 출제되어 있는 겁니다. "① 직장인의 대인 관계에서 가장 중시해야 할 것은 무엇인가? ② 상사의 부당한 명령은 지켜야 하는가? ③ 비정규직을 늘리는 것은 정당한 것인가?" 직장에서 잔뼈가 굵은 지 오래되었지만, 이런 난처한 상황도 처음입니다. 자, 여러분이라면 어떻게 하시겠습니까? 아마 심하게 투덜거릴 겁니다. 학생도 아닌데 시험까지 보라고 하는 것은 너무나 기분 나쁘고 모욕적인 일이니까요. 아마 여러분들이 할 수 있는 반응은 둘 중 하나일 겁니다. 터프한 척 시험지를 발기발기 찢어 쓰레기통에 던질 수도 있습니다. 아니면 화는 나지만 어떤 불이익이 있을까봐 답을 나름 정성스레 적어 넣을 겁니다. 물론 나중에 시험을 보도록 한 사람에게 불평을 토로할 것이라고 다짐하면서 말입니다.

터프해 보이는 전자의 반응과 순종적인 것처럼 보이는 후자의 반응 중 어느 것이 그나마 괜찮아 보이시나요? 아마 전자라고 쉽게 단정할 겁니다. 그렇지만 과연 이 두 반응 사이에 정말 질적인 차이가 있는 것일까요? 그렇지 않습니다. 어쨌든 두 가지 대응 방식 모두 책상 위에 놓인 시험지에 반응한 것은 마찬가지이기 때문입니다. 시험지를 찢어 쓰레기통에 던지는 행위도 비록 시험을 거부한 것처럼 보이지만, 시험을 거부한다는 것은 근본적으로 시험을 인정하지 않으면 불가능한 행위입니다. 반면 정답을 찾아 답을 쓰는 행위는 시험을 인정하고 그것을 따르는 행위입니다. 결국 터프한 반응이나 순종적인 반응 모두 시험을 인정하고 있다는 점에서 마찬가지라는 것이지요. 잊지 말아야 할 것은 두 가지 반응 중 어느 하나에 속한 사람들은 순간적이나마 학생이란 신분에 떨어져 있다는 겁니다. 당연한 이야기입니다. 시험을 강하게 의식하는 존재가 바로 학생이니까 말입니다.

결국 졸업한 지 한참이 지났지만, 터프한 반응을 보인 회사원이나 순종적인 반응을 보인 회사원이나 아직도 그들 내면에는 학생의 기억이 고스란히 잠재되어 있던 겁니다. 불교에 익숙한 사람들이라면 알라야 의식을 떠올릴 수 있는 대목입니다. 인간 내면의 가장 심층에 있는 기억의식이 바로 알라야 의식이니까요. 이미 졸업을 했지만, 학창시절의 경험이 내면 깊은 곳에 그대로 저장되어 있는 겁니다. 근사한 여인과 포옹을 하고 난 뒤, 그녀의 향기가 옷에 배는 것처럼 말입니다. 그러니까 회사 책상 위에 놓인 시험지가 내면에 각인된 학생이었을 때의 기억을 촉발했던 겁니다. 아마도 시험이 주는 엄청난 스트레스와 그 결과에 대한 부담감은 학창시절을 겪었던 사람들에게는 결코 지울 수 없는 흉터로 남아 있을 겁니다. 아마 정신분석학자라면 학생이었을 때의 이런 아픈 기억을 트라우마, 즉 심리적 외상이라고까지 이야기했을지도 모를 일입니다.

2.

도대체 시험이 그토록 지울 수 없는 기억으로 남을 정도로 커다란 상처를 남기는 이유는 무엇일까요. 그것은 시험이라는 형식이 기본적으로 우리를 주인이 아니라 노예로 살도록 만드는 불쾌한 경험을 제공하기 때문입니다. 시험을 내는 사람도 내가 아닙니다. 그리고 시험 결과를 평가하는 것도 내가 아닙니다. 그러니까 시험에서 중요한 것은 시험 출제자, 즉 선생님의 속내라고 할 수 있지요. 자신이 아무리 중요한 것이라고 생각하더라도, 선생님이 그걸 시험 문제로 내지 않으면 우리는 속수무책으로 공부 못하는 학생이라는 낙인이 찍히는 법입니다. 그러니까 반복되는 시험에서 우리는 자신의 내면을 돌보기보다는 오히려 선생님과 같은 시험 출제자의 내면을 읽는 것에 익숙해질 수밖에 없는 셈입니다. 불교 입장에서는 황당하기 이를 데 없는 것이 바로 시험입니다. 자신의 본래면목을 찾아야 주인으로서의 당당한 삶을 영위할 수 있다고 가르치는 것, 즉 부처가 될 수 있다고 이야기하는 사상체계가 바로 불교이기 때문입니다.

자신의 생각을 당당히 피력하기보다는 선생님의 생각을 앵무새처럼 읊조리는 것. 아무리 사제지간이라고 해도, 이것은 분명 주인과 노예 사이의 관계에 다름 아닐 겁니다. 자신의 생각을 당당히 피력하는 것이 주인이라면, 타인의 생각을 맹목적으로 숙지하고 반복하는 것이 노예일 테니까 말입니다. 이런 이유 때문에 선종이 교종을 비판했던 겁니다. '불립문자'와 '직지인심'을 선종이 표방했던 것도 다 이유가 있었던 셈입니다. 문자가 중요하지 않고 단지 자신만의 본래 마음이 중요하다고 선언하는 순간, 제자와 스승 사이에 이루어지는 시험은 전혀 의미가 없는 것이 되고 말기 때문이지요. 여기서 바로 선종의 상징이랄 수 있는 화두가 가진 특이성이 드러납니다. 그것은 '시험 아닌 시험'이기 때문이지요. 화두를 던진 스승의 속내를 읽으려고 하는 사람, 그러니까 화두의 정답을 스승에게서 읽으려는 사람은 결코 화두를 뚫지 못할 테니까요. 반면 완전히 자기의 본래면목을 되찾은 사람, 즉 주인으로 당당한 삶을 영위한 사람이라면 화두는 저절로 뚫리기 마련입니다.

고등학교나 대학교, 아니면 대학원에서는 정해진 성적을 얻으면 학생에게 졸업장이나 학위를 줍니다. 한마디로 선생이 제자

©김재현

주려고 해도 줄 수 없고 받으려고 해도 받을 수 없는 것,
그것이 바로 자신의 본래면목입니다.

들의 수준을 인정한다는 겁니다. 앞으로 제자들은 상급학교에 진학하거나 취업을 위해 졸업증명서나 성적증명서를 제출하게 됩니다. 다행히도 명문대학을 졸업하는 데 성공한 사람들은 자기 집에 아주 버젓하게 졸업장이나 석사·박사 학위기를 전시해 놓기도 합니다. 누군가 방문했을 때 자신이 어느 대학 출신이지, 혹은 자신의 지도교수가 누구인지를 보여 주려는 것이겠지요. 만약 자신의 대학이 추문에 휩싸이거나 혹은 지도교수가 무자격자라는 것이 밝혀지면, 이런 사람은 무척 곤혹스러울 겁니다. 자신의 가치를 스스로 긍정하기보다는 졸업장이나 학위기로 긍정했던 사람이니까요. 마치 토대가 무너진 집처럼 휘청거릴 겁니다.

3.

선종 전통에서는 스승의 행동이나 말을 일거수일투족 따르는 사람을 부정합니다. 이런 부류의 사람은 자신의 본래면목에 따라 살기보다는 스승의 면목에 좌지우지되는 노예에 불과하니까요. 그런데 아이러니하게도 선종에서도 졸업장 혹은 학위기와 비슷한 것이 있습니다. 살불살조殺佛殺祖, 즉 부처나 조사의 권위에 휘둘리지 않는 데 성공한 제자에게 스승은 자신의 가사를 내어 줍니다. 다섯 번째 조사였던 홍인이 혜능을 여섯 번째 조사로 임명하면서 자신의 가사를 내렸던 적도 있고, 전설에 따르면 싯다르타도 가섭에게 자신의 금란가사金襴袈裟를 내려 주었다고 합니다. 그렇지만 잊지 말아야 할 것은 선종에서는 자신의 가사를 탐내지 않는 제자에게만 가사를 내려 준다는 점입니다. 비유를 하자면 졸업장이나 학위기를 똥처럼 생각하지 않는다면, 선종의 스승은 제자들에게 졸업장과 학위를 내리지 않는다는 겁니다. 스승이 내린 가사에 감격하거나 혹은 그것의 권위를 자랑하거나 거기에 의존한다면, 그 제자는 결코 깨달은 사람이라고 할 수 없을 테니까 말입니다.

하긴 살불살조의 정신을 가진 사람에게 부처나 조사의 가사가 무슨 의미가 있겠습니까. 싯다르타의 본래면목과 가섭의 그것은 다른 것이고, 홍인의 본래면목과 혜능의 그것은 다른 겁니다. 사실 싯다르타가 입던 가사가 가섭의 몸에 맞을 리도 없고, 홍인이 입던 가사도 혜능에게는 무용지물일 수밖에 없는 것 아닐까요. 그러니 화두가 '시험 아닌 시험'이듯이, 깨달은 사람이 내린 가사도 '졸업장 아닌 졸업장'이었던 셈입니다. 그렇지만《무문관》의 스물두 번째 관문을 보면, 아난은 싯다르타가 가섭에게 내린 가사의 의미를 정확히 모르고 있습니다. 아직도 아난은 싯다르타가 가섭에게 금란가사 이외에 무엇인가를 주었다고 계속 생각하고 있으니까요. 그러니 아난은 집요하게 물어보았던 겁니다. "세존께서는 금란가사를 전한 것 이외에 별도로 어떤 것을 전해 주시던가요?" 지금 아난은 싯다르타가 가사뿐만 아니라 무엇인가를 가섭에게 주었고, 그것 때문에 가섭이 싯다르타를 이어 스승이 되었다고 믿고 있습니다.

가섭은 싯다르타의 인정을 받아 스승이 된 것이 아니라, 그저 자신의 본래면목을 깨달았기에 스승이 된 것입니다. 그래서 가섭은 아난의 철없는 질문을 무시하고 그에게 갑자기 말을 건넵니다. "아난!" 졸업장이나 학위가 있어야 스승이 될 수 있다는 아난의 잘못된 생각을 가섭은 끊어 버리려고 했던 겁니다. 가섭의 호명에 아난도 쓸데없는 궁금증을 거두고 대답합니다. "예." 주려고 해도 줄 수 없고 받으려고 해도 받을 수 없는 것, 그것이 바로 자신의 본래면목입니다. 가섭은 그저 바랄 뿐입니다. "예"라고 대답하면서, 아난도 그만의 본래면목을 보았기를. 어쨌든 가섭은 아난에게 넘칠 정도의 가르침을 내린 겁니다. 그러니 설법이 끝났다고 선언한 겁니다. "문 앞에 있는 사찰 깃대를 넘어뜨려라!" 사찰 깃대를 세우는 것이 설법 중임을 나타낸다면, 그것을 거두는 것은 설법이 끝났다는 것을 상징하니까요. 이제 자신의 본래면목을 찾는 것, 그것은 전적으로 아난의 몫으로 남은 겁니다. 아난은 가섭처럼 깨달음에 이르렀을까요? 우리로서는 모를 일입니다.

침묵만큼 무거운 실천의 무게

어떤 스님이 "사람들에게 이야기하지 않은 법法이 있으신가요?"라고 묻자, 남전 화상은 "있다"라고 대답했다. 그러자 그 스님은 물었다. "어떤 것이 사람들에게 이야기하지 않은 법인가요?" 남전 화상은 말했다. "마음[心]도 아니고, 부처[佛]도 아니고, 중생[物]도 아니다."

《무문관》 27칙, '불시심불(不是心佛)'

1.

우리나라에서는 마음에 드는 이성을 만나게 되면, 상기된 얼굴로 대화를 조심스럽게 시도합니다. "저, 저랑 차나 한잔 하실 수 있나요?" 만일 상대방이 이 제안을 받아들인다면, 그도 나에게 호감이 있다는 뜻이지요. 만일 두 사람이 더 가까워지면, 포옹을 한다든가 아니면 춤을 추는 사이로 발전하게 될 겁니다. 이것이 바로 우리나라의 방식이지요. 이런 방식에 익숙한 사람이 남미를 방문하면 아마 경악하게 될 겁니다. 해가 지면 도시 광장이나 카페에서 가벼운 파티가 항상 열립니다. 이곳에서 누군가 여러분에게 접근해 춤을 청하게 될 겁니다. 만약 여러분이 그 사람에게 호감이 있다면 춤을 추면 됩니다. 서로 허리를 감싸고 춤을 추다가 상대방이 마음에 들면 동석하여 대화가 시작될 겁니다. "당신은 어디서 왔나요?" 반면 마음에 들지 않는다면, 춤이 끝난 뒤 상대방은 당신을 표연히 떠날 겁니다. 남미에서는 춤으로 서로에 대한 호감을 시험하고, 이어서 대화를 나눕니다. 남미의 스타일이지요.

분명 우리와 남미 사람들의 연애 방식은 다릅니다. 그렇지만 사랑의 정수라고나 할까, 아니면 사랑의 열정은 똑같은 것 아닐까요. 그러니 디테일에 빠지지 말고, 그 핵심을 보아야만 합니다. 디테일에 집착하는 순간, 우리는 남미 사람들이 무례하고 천박한 욕정의 화신인 것처럼 보일 겁니다. 반대로 남미 사람들은 우리를 가식적이고 위선적인 사람들이라고 욕할 수도 있겠지요. 그러나 남미 사람들에게나 우리에게나 사랑의 본질은 마찬가지입니다. 그들이나 우리는 모두 인간이니까요. 인간이라면 누구나 자신에게 기쁨을 주는 사람과 함께 하고 싶은 마음이 있을 겁니다. 이것이 바로 사랑이니까요. 철학이나 사유도 마찬가지 아닐까요? 디테일에 빠지지 말고, 그 본질과 정수를 보면 서로 대화가 가능한 철학도 많습니다. 다시 말해 동양과 서양, 혹은 옛날과 지금이라는 디테일의 차이에 집착한다면 우리는 서로 대화 가능한 철학, 즉 형제와 같은 철학을 발견할 수는 없다는 겁니다.

이제 궁금해지시지요? 그렇다면 서양의 수많은 철학자들 중 가장 불교와 가까운 철학자는 누구일까요. 서양 철학에 익숙한 분들이라면 아마 많은 철학자들이 뇌리를 스치고 지나갈 겁니다. '무無, Néant'를 중시했던 프랑스 철학자 사르트르가 떠오르시나요?

이런 분들이라면 중관학파가 강조했던 공空을 생각하고 있으실 겁니다. 아니면 모든 것이 우리의 의식 대상, 즉 노에마일 뿐이라고 역설했던 독일 철학자 후설이 생각나시나요. 이런 분들이라면 "오직 의식일 뿐이다[唯識]"라고 주장했던 유식학파의 가르침을 마음에 품고 있을 겁니다. 혹은 신을 죽인 자리에 인간을 초인으로 긍정했던 니체가 떠오르시나요. 이런 분들의 귀에는 부처를 죽이고 조사를 죽여야 무위진인無位眞人이 될 수 있다는 임제 스님의 사자후가 아직도 쩌렁쩌렁 울리고 있을 겁니다.

2.

옳습니다. 디테일에 빠지지 않는다면 사르트르도, 후설도, 그리고 니체도 방대하고 심오한 불교 사상을 이해하는 데 커다란 도움을 줄 수 있습니다. 여기에 한 사람의 철학자를 추가하고 싶습니다. 바로 비트겐슈타인입니다. 그는 침묵의 가치를 알기 때문입니다. 《논리철학논고》를 보면 우리는 비트겐슈타인이 어떤 동기에서 철학을 했는지 어렵지 않게 알 수 있습니다. 바로 '말할 수 없는 것'과 '말할 수 있는 것'을 구분하려는 것이었습니다. 삶을 도외시하도록 만드는 형이상학적인 질문에 침묵했던 싯다르타를 연상시키는 대목이 아닌가요? 그렇습니다. 비트겐슈타인은 이야기하고 싶었던 겁니다. 우리 삶의 모든 문제와 고통은 말할 수 없는 것을 말하고, 말할 수 있는 것을 말하지 않아서 생긴다는 사실을 말입니다.

《논리철학논고》는 말할 수 있는 것만을 다룹니다. 그러니까 얼마나 야심찬 책입니까. 이 책에서 다루고 있는 것만을 말해야 한다는 겁니다. 《논리철학논고》를 마무리하면서 비트겐슈타인이 "말할 수 없는 것에 대해서는 침묵해야 한다"라고 이야기했던 것도 이런 이유에서입니다. 흥미로운 것은 이 책은 출판되지 않을 수도 있었다는 점입니다. 스승 러셀의 도움으로 이 책의 출판사가 결정됩니다. 아무리 저명한 스승의 소개라고 할지라도 책을 내려면 저자는 어쨌든 출판사와 직접 교섭해야만 합니다. 그렇지만 이 과정에서 비트겐슈타인이 출판사 측에 보낸 한 통의 편지가 사달을 일으키게 됩니다. 이 편지에서 비트겐슈타인은 진정으로 중요한 것은 책에 담겨 있지 않다고 말합니다. 출판사로서는 황당한 일입니다. 진정으로 중요한 것을 담지 않은 책을 낸다는 것은 있을 수 없는 일이니까요. 간신히 러셀의 중재로 책은 출간됩니다. 우리로서는 다행스러운 일이지요.

그렇다면 비트겐슈타인에게 진정으로 중요한 것은 무엇이었을까요. 그것은 바로 '말할 수 없는 것'이었습니다. 그로서는 말할 수 없는 것을 책에 쓸 수는 없었던 겁니다. 말할 수 없는 것은 당연히 글로도 쓸 수 없는 것이니까요. 우리가 기억해 두어야 할 것은 《논리철학논고》가 출간되자마자 비트겐슈타인은 케임브리지 대학의 교수 자리를 훌훌 털고 떠나 버린다는 점입니다. 이것만으로 우리는 그가 얼마나 비범한 사람이었는지를 직감하게 됩니다. 누구나 탐내는 세계 최고의 명문대 교수 자리를 헌옷처럼 던져 버리는 것은 아무나 할 수 있는 일은 아니지요. 그는 생각했던

"실로 말할 수 없는 것이 있다.
이것은 스스로 드러난다. 그것이 신비스러운 것이다."

©박성철

겁니다. 말할 수 있는 것과 말할 수 없는 것을 해명했으니, 더 이상 철학은 불필요하다고 말입니다. 이제 말할 수 있는 것은 말하고 말할 수 없는 것에 대해서는 침묵하면서 삶을 영위하면 되니까요. 지적인 작업을 완수하고 이제 제대로 된 삶을 영위하려고 삶의 세계에 뛰어드는 모습은 니체의 차라투스트라나 원효 스님을 연상시키기에 충분하지 않나요. 궁금하지 않으신가요? 도대체 '말할 수 있는 것'보다 더 중요한 '말할 수 없는 것'이 무엇인지 말입니다.

3.

《무문관》의 스물일곱 번째 관문은 너무나도 비트겐슈타인적입니다. 남전 화상과 어느 젊은 스님 사이의 대화를 살펴보십시오. 젊은 스님은 패기만만하게 물어봅니다. "사람들에게 이야기하지 않은 법法이 있으신가요?" 남전 화상에게는 사람들에게 말하지 않고 침묵해야만 하는 것이 있는지 물은 겁니다. 그러자 남전 스님은 "있다"라고 말합니다. 그러자 젊은 스님은 이미 깨달음에 이른 남전 화상을 유혹합니다. "어떤 것이 사람들에게 이야기하지 않은 법인가요?" 남전 화상으로서는 위기가 닥친 셈입니다. 젊은 스님에게 자신이 침묵하고 있었던 가르침을 이야기한다면, 남전 화상은 자신이 사람들에게 충분히 말할 수 있었던 것을 이야기하지 않았다는 것을 드러내는 것입니다. 이것은 스승으로서는 해서는 안 되는 게으름이자 무책임 아닌가요? 반대로 젊은 스님에게 어떤 것이 사람들에게 이야기하지 않는 법인지 그 대답을 하지 않는다면, 남전 화상은 사람들에게 이야기하지 않는 법이 있다고 말한 앞의 말을 부정하는 꼴이 됩니다. 있다면 이야기해야 할 테니까 말입니다.

잠시 마음을 놓았다가는 어느 한쪽으로 굴러떨어지게 되는 아찔한 능선 위에 남전 화상을 올려놓은 젊은 스님도 예사 사람이 아닐 겁니다. 그렇지만 깨달음에 이른 남전 화상은 가뿐하게 젊은 스님이 펼쳐 놓은 함정을 빠져 나옵니다. "마음[心]도 아니고, 부처[佛]도 아니고, 중생[物]도 아니다." 무릎을 탁 치게 만드는 대답 아닙니까. 불교의 모든 경전은 결국 마음, 부처, 그리고 중생을 이야기하는 것에 지나지 않으니까요. 《화엄경》의 〈야마천궁보살설게품夜摩天宮菩薩說揭品〉에는 흥미로운 구절이 하나 등장합니다. "마음, 부처, 그리고 중생, 이 세 가지에는 차별이 없다心佛及衆生, 是三無差別"라는 말입니다. 마음, 부처, 그리고 중생에 관한 것은 말할 수 있습니다. 단, 마음, 부처, 그리고 중생이 구별된다는 조건에서 말입니다. 그렇지만 이 세 가지가 구별되지 않고 하나로 결합된다면, 우리는 그것을 말할 수 있을까요. 구별되지 않는 것을 구별하는 것은 불가능한 일이고, 그래서 우리는 이것에 대해 침묵해야만 하는 것 아닐까요.

깨달음에 이른 남전 화상은 '자신의 본래면목을 회복해서 부처가 되는 데 성공한 중생'입니다. 이런 존재를 어떻게 마음이니, 부처니, 혹은 중생이니 하고 일면으로 규정할 수 있다는 말입니까. 그것은 불가능한 일입니다. 그렇습니다. 사람들에게 이야기하지 않는 법, 아니, 이야기할 필요도 없는 법은 바로 마음, 부처, 그리고 중생이 결합되어 있는 깨달음과 자유의 상태였던 것이었습니다. 사실 이것은 아무리 이야기를 해 준다고 해도 사람들에게 혼란만을 가중시키게 될 겁니다. 그것은 사변적인 논의와 토론의 대상이 아니라, 구체적인 삶에서 드러나야 할 영역이니까 말입니다. 깨달음에 이르지 못한다면, 깨달음에 대한 모든 논의는 횡설수설에 불과한 법입니다. 깨달음은 남전 화상이나 젊은 스님이 스스로 삶의 차원에서 드러내야 하는 것이니까요. 바로 이 대목에서 우리는 비트겐슈타인의 놀라운 통찰을 떠올리게 됩니다. "실로 말할 수 없는 것이 있다. 이것은 스스로 드러난다; 그것이 신비스러운 것이다." 아마 남전 화상의 답을 들은 젊은 스님의 얼굴에는 빙그레 미소가 번졌을 겁니다. 쓸데없는 농담은 언제나 즐거운 법이니까요.

고통에 빠진 타자를 떠날 수 없는 사랑

오조 법연 화상이 말했다. "비유하자면 물소가 창살을 통과하는 것과 같다. 머리, 뿔, 그리고 네 발굽이 모두 창살을 통과했는데, 무엇 때문에 꼬리는 통과할 수 없는 것인가?"

《무문관》 38칙, '우과창령(牛過窓櫺)'

1.

중국, 일본, 그리고 우리나라, 그러니까 동아시아에서 가장 특징적인 불교는 선종이었다고 할 수 있습니다. 불교에 대한 이해가 깊지 않은 사람들은 선종 전통이 이론으로부터 완전히 자유로운 주체적인 깨달음을 지향했다고 쉽게 말합니다. 그러나 이것이 과연 사실일까요. 그렇지 않습니다. 비록 불립문자를 표방하면서 모든 이론적 작업을 부정한 것처럼 보이지만, 선종 전통에도 나름대로 탄탄한 이론적 토대가 숨어 있다고 할 수 있습니다. 그렇기에 중국의 종밀 스님이나 우리나라의 지눌 스님이 선교일치를 주장할 수 있었던 겁니다. 그러니까 선종의 수행 역시 나름대로 교종의 이론 체계로 설명이 가능하다는 거지요. 물론 선종의 이론은 글자 그대로 강을 건너면 버려야 하는 배와 같은 방편일 수밖에 없습니다. 이 점에서 선종은 배에서 절대 내리지 않으려는 교종 전통과는 질적으로 다르다고 할 수도 있을 겁니다.

과연 선종은 어떤 이론에 근거하고 있을까요? 이런 의문을 해결하려면 선종이라는 방대한 세계를 구축하는 데 일익을 담당했던 쟁쟁한 선사들의 선어록을 넘겨 보는 것으로 충분합니다. 밤하늘을 수놓은 별들처럼 선종 역사를 빛나게 했던 선사들은 어떤 경전에 의지해서 제자들을 가르쳤을까요? 그것은 바로 《대승기신론》이었습니다. 그렇지만 이 정도에만 머물면 안 됩니다. 여기서 우리는 바로 이 책을 동아시아 불교의 동력으로 만들었던 위대한 선각자 한 사람을 기억해야 하기 때문이지요. 그가 바로 소성거사小性居士 원효입니다. 여기서 중요한 것은 원효가 스님으로 청정한 생을 마치지 않았다는 겁니다. 《삼국유사三國遺事》에는 원효가 요석공주瑤石公主, ?-?와 동침하면서 스님으로서 지켜야 할 계율을 스스로 어기게 되었다고 기록되어 있습니다. 정말로 설총薛聰, 655-?이라는 자식을 낳으려고 동침을 한 것인지, 아니면 동침한 척하면서 임신한 요석공주를 미혼모로 만들지 않으려고 했던 것인지 지금으로서는 알 수 없습니다.

계율을 어기자마자 그는 바로 민중들을 교화하려고 세상으로 깊숙이 들어갑니다. 한마디로 말해 그가 평상시 '자리'와 함께 강조했던 '이타'의 길로 과감하게 나아간 겁니다. 민중 속에 들어가는 것에는 아무런 어려움도 없었습니다. 그는 계율을 어겨서 이미 검은 때가 묻은 상태였기 때문이지요. 민중들도 원효를 자신의 동료처럼 품어 주었고요. 요석공주와의 동침이 사실이 아닐 가능성이 많아지는 대목이지요. 스캔들이 있었던 것은 확실하지만, 원효는 그 스캔들을 민중들 속으로 들어가는 발판으로 삼고 있으니까요. 중생들을 어둡게 만드는 온갖 번뇌의 시커먼 때를 떨어내려면, 손에 검은 때를 묻히지 않을 수 없는 법입니다. 이렇게 원효는 신라의 큰스님이 아니라 민중 속에서 자리와 이타를 행하는 소성거사로 살게 된 것입니다.

2.

《대승기신론》에 주석을 달면서, 원효는 자리와 이타라는 대승불교의 정신에 이론적 기초를 마련하려고 합니다. '자리'는 집착으로 들끓는 마음을 고요한 물처럼 만드는 것에, 그리고 '이타'는 고요한 물이 세상 모든 것들이 자신의 모습을 비출 수 있는 거울이 될 수 있는 것에 비유할 수 있겠습니다. 그러니까《대승기신론》의 용어를 빌리자면 자리는 생멸의 마음이 진여의 마음으로 변하는 것이고, 이타는 진여의 마음이 생멸의 마음이 되는 것이라고 할 수 있겠네요. 이타의 차원에서 생멸의 마음은 자리의 차원에서 생멸의 마음과 다른 겁니다. 자리의 차원에서 생멸의 마음이 스스로 집착해서 세계를 왜곡해서 보는 마음이라면, 이타의 차원에서 생멸의 마음은 깨달은 마음이 중생들의 고통과 슬픔을 담아서 그 고통과 슬픔의 빛깔을 띠는 마음이기 때문이지요. 조금 어렵다면 예전에 가난한 사람들에게 거울 대용으로 쓰였던 고요한 물, 즉 지수止水를 비유로 들어 보도록 할까요.

원래 고요한 물이 있었습니다. 많은 사람들이 그것을 거울삼아 자신의 외모를 정돈할 수 있었지요. 그런데 갑자기 미꾸라지 한 마리가 살게 되면서, 고요한 물은 탁해지고 요동치기 시작했습니다. 이것이 생멸의 마음이지요. 물은 애써 노력해 미꾸라지를 잡아서 쫓아내는 데 성공합니다. 당연히 탁하고 요동치던 물은 이제 고요한 물로 돌아간 것이지요. 진여의 마음이 달성된 것이고, 마침내 자리가 이루어진 셈이지요. 다시 고요한 상태를 회복하니, 물은 이제 사람들을 비추기 시작했습니다. 추한 사람은 추하게 비추고, 아름다운 사람은 아름답게 비출 수 있게 된 겁니다. 그렇지만 고요한 물 자체는 그대로 고요한 채로 있는 겁니다. 단지 그 표면에만 다양한 것들이 명멸할 뿐이지요. 이타의 차원에서 진여의 마음은 바로 생멸의 마음일 수 있는 것도 이런 이유에서입니다. 이제 구분이 되시나요. 미꾸라지가 분탕질을 해서 생멸을 일으키는 마음과 세상의 아름다움과 추함을 비추느라 생멸을 일으키는 마음은 이렇게 현격한 차이가 나는 겁니다.

《무문관》의 서른여덟 번째 관문을 통과할 수 있는 채비가 이제 다 갖추어진 것 같습니다. 오조 법연 스님은 우리에게 난해하기 이를 데 없는 물소와 관련된 화두를 하나 던집니다. "머리, 뿔, 그리고 네 발굽이 모두 창살을 통과했는데, 무엇 때문에 꼬리는 통과할 수 없는 것인가?" 선지식善知識, kalyāṇamitra이라는 말이 있지요. 싯다르타의 가르침을 전해 사람들을 깨달음의 길로 잘 이끌 수 있는 스님이나 학자들을 가리키는 말입니다. 그런데 이런 선지식들이 화두를 너무나 쉽게 생각하고 있는 것 같습니다. 몸은 이미 출가해서 수행을 하고 있지만 아직도 세속의 욕심을 버리지 않아서 깨달음에 이르지 못한 스님들의 상태를 설명하는 화두라는 겁니다. 물론 이렇게 해석하는 데 근거가 없는 것은 아닙니다. 《불설급고장자여득도인연경佛說給孤長者女得度因緣經》이라는 경전에 몸통은 빠져나왔는데 꼬리는 빠져나오지 못한 코끼리의 이야기가 나오기 때문이지요. '급고독이라는 부자의 딸이 깨달음에 이르게 된 과정을 부처가 설명한다'는 취지의 제목을 가진 이 경전에는 코끼리의 꼬리는 분명 아직도 버리지 못한 탐욕을 상징하는 것으로 나옵니다.

3.

법연 스님은 선사입니다. 선사는 앵무새처럼 앞사람의 경전을 반복하지는 않습니다. 주인공이 된 선사가 남이 만든 각본과 감독의 지시대로 무엇인가를 한다는 것은 있을 수가 없는 일이지요. 연기, 각본, 그리고 연출도 모두 스스로 해내야 하니까요. 법연 스님도 분명 《불설급고장자여득도인연경》을 알고 있을 겁니다. 그리고 우리가 분명 물소의 꼬리에 대해 어떤 답을 할지 알고 있었을 겁니다. 그렇지만 과연 법연 스님이 과거 경전에 의지해야 풀릴 수 있는 화두를 냈을까요. 선사가 당신의 제자들뿐만 아니라 1,000년 뒤 우리들에게 경전의 문자에 의지하라고 가르칠 리 만무합니다. 불립문자는 선종의 종지宗旨 중 하나이니까 말입니다.

그럼 무엇일까요. 창살을 통과하지 않은 그 물소의 꼬리는?
자유를 되찾은 그 물소는 혼자서 자유를 만끽할 수가 없었던 겁니다.
자신이 탈출한 방에는 아직도 동료 물소들이 갇혀 있으니까 말입니다.

그래서 법연 스님의 화두는 정말 뚫기 어려운 화두라고 할 수 있지요. 그렇다면 도대체 몸통은 통과했지만 아직도 창살을 통과하지 못한 물소의 꼬리는 무엇을 상징하는 것일까요?

창이 있는 방을 생각해 보세요. 그곳에 자유를 잃고 갇혀 있는 물소들이 살고 있었습니다. 그중 한 마리는 남달랐습니다. 구속에 적응하기보다는 구속에서 벗어나려고 노력했으니까요. 자유를 되찾으려는 열망과 노력이 마침내 결실을 맺어서인지, 그 물소는 창살을 지나 바깥으로 나오는 데 성공했습니다. 이제 아무런 거리낌이 없는 자유의 대로가 펼쳐진 겁니다. 이제 그냥 아무 곳이나 뛰어가면 됩니다. 잊지 마십시오. 몸통이 창살을 통과했다면, 꼬리는 어렵지 않게 나올 수 있다는 사실을요. 몸통이 지나자마자 창살이 좁아져 꼬리가 잡혔다는 황당한 상상은 하지 마세요. 선불교가 그렇게 황당무계한 사유체계는 아니니까요. 그럼 무엇일까요. 창살을 통과하지 않은 그 물소의 꼬리는? 자유를 되찾은 그 물소는 혼자서 자유를 만끽할 수가 없었던 겁니다. 자신이 탈출한 방에는 아직도 동료 물소들이 갇혀 있으니까 말입니다.

바로 이것입니다. 모든 물소들이 탈출할 수 있을 때까지, 그는 탈출구를 동료들에게 알려 주고 싶었던 겁니다. 그러니 꼬리를 창살에 남겨둘 수밖에요. 이것이 자비의 마음, 다시 말해 이타의 마음이 아니면 무엇이겠습니까. 《불설급고장자여득도인연경》에 등장하는 코끼리의 꼬리와 법연 스님이 말한 물소의 꼬리는 다른 꼬리였던 겁니다. 전자가 고요한 물이 되기 위해 반드시 제거해야만 하는 미꾸라지와 같은 것이었다면, 후자는 깨달은 자가 검은 때가 묻는 것을 기꺼이 감당하고 내미는 자비의 손이었던 겁니다. 해골에 담긴 물을 먹고 원효가 코끼리의 꼬리를 창살에서 빼냈다면, 소성거사가 되면서 원효는 물소의 꼬리를 민중 속에, 그리고 그들의 마음속에 드리웠던 겁니다. 《금강삼매경론金剛三昧經論》에서 원효는 말합니다. "'모든 공에 머무르지 않는다'는 것은 (…) 온 세상의 중생을 교화하기 위해서이다." 집착이 사라진 공의 상태에 머물면서 스스로 자유를 얻었다고 뻐기지 않아야 합니다. 모든 중생이 깨달음에 이를 때까지, 홀로 얻은 깨달음에 만족해서는 안 됩니다. 그건 자비의 가르침과 위배되는 일이니까요. 합장!

삶과 죽음으로부터의 자유

도솔 종열 화상은 세 가지 관문을 설치해, 배우려는 사람에게 물었다. "깨달은 사람을 찾아 수행하는 것은 단지 자신의 불성을 보기 위함이다. 그렇다면 지금 그대의 불성은 어디에 있는가? 자신의 불성을 알았다면 삶과 죽음으로부터 해탈할 수 있다. 그렇다면 죽음에 이르렀을 때 어떻게 그대는 삶과 죽음으로부터 해탈하겠는가? 삶과 죽음으로부터 해탈할 수 있다면 바로 가는 곳을 알게 된다. 그렇다면 육신을 구성하는 네 가지 요소가 흩어질 때, 그대는 어디로 가는 것인가?"

《무문관》 47칙, '도솔삼관(兜率三關)'

1.

한 번밖에 없는 소중한 삶을 주인공으로 당당히 살아가려는 노력은 싯다르타라는 원류로부터 시작되어 지금 산사에서 치열하게 구도하고 있는 스님들에까지 도도하게 흐르고 있습니다. 이것이 바로 불교입니다. 역사가 변하는 만큼 그 역사 속에서 주인공으로 살아가는 모양은 다르겠지만, 주인공으로 살아간다는 것 자체는 불교에서 항상 동일한 가치로 남아 있습니다. 등갓의 모양과 연료의 차이는 있지만, 어두운 세상을 헤매지 않도록 하는 불꽃은 같은 것처럼 말입니다. 불교의 역사를 전등傳燈으로 비유하는 것도 이런 이유에서입니다. 그렇지만 등갓이 파손되고 연료가 떨어지면, 그 깨달음의 불도 완전히 꺼질 수밖에 없습니다. 그러니 깨달은 사람은 조바심을 내기 쉽습니다. 얼마 남지 않은 삶입니다. 그런데 제자들 중 깨달음에 이른 사람이 없을 수도 있으니까요. 잘못하면 자신이 받은 등불을 전하지 못할 수도 있다고 생각하니, 얼마나 조바심이 나겠습니까.

태양이 있을 때 등불을 켤 준비를 해야 합니다. 태양이 사라져 어둠이 몰려오는 순간, 등갓도 연료도 보일 리 만무하기 때문입니다. 그런데 제자들은 태양이 중천에 떠 있어서인지, 등불을 켤 준비를 하지 않고 있습니다. 그들은 태양이 영원히 자신들을 밝혀 줄 것이라 믿고 게으른 상태에 있는 겁니다. 얼마나 답답한 일입니까. 스승이 비추는 불빛에 의지해서 살고 있는 것도 얼마 지나지 않아 끝날 수밖에 없으니까요. 지혜로운 사람이라면 스스로 불을 밝혀야만 한다는 것을 알 겁니다. 그러나 스승의 불에 의지한 것도 모른 채, 항상 밝음이 있으리라는 착각에 빠져 있는 겁니다. 그래서 스승은 간혹 자신과 제자들을 동시에 비추고 있는 자신의 불을 '훅' 불어서 꺼 버리곤 합니다. 그래야 제자들은 지금까지 스승의 불에 의지해서 삶을 살고 있었다는 것을 알 테니까 말입니다.

제자들이 스승을 죽이지 않고 그 권위에 의존한다면, 스승은 몸소 자신을 죽여야만 합니다. 자신이 들고 있던 등불을 '훅' 불어 끌 때, 스승은 기원하고 있습니다. 제자들이 어쨌든 어둠 속에서 등갓을 찾고 연료를 찾아 불을 밝히기를 말입니다. 그렇지만 예상하지 못한 결과가 속출할 수도 있습니다. 어둠 속을 뒤지며 불을 밝힐 무언가를 찾다가 날카로운 칼에 손을 베일 수도 있고, 무언가에 걸려 넘어져 무릎이 깨질 수도 있으니까요. 아니면 계단에 굴러 떨어져 죽음에 이를 수도 있는 일입니다. 선종에서 스승이 던지는 화두란 '한순간에 훅 불어 끈 불'과 같은 겁니다. 스스로 불을 찾아 밝힌 제자들에게는 아무런 문제도 안 될 겁니다. 당연한 일이지요. 이미 자신이 불을 밝혔는데 스승의 꺼진 불이 무슨 상관이란 말입니까. 반면 스스로 불을 찾는 데 실패한 제자들에게는 암흑과도 같은 절망만이 남을 겁니다. 그리고 원망할지도 모릅니다. 스승은 우리를 미워한다고, 스승은 우리를 버렸다고 말입니다.

2.

《무문관》의 48개의 관문을 지키고 있는 선사들은 가혹하게 자신이 들고 있는 등불을 꺼 버리면서 제자들이 스스로 불을 켜기를 촉구합니다. 그들은 자신이 불을 켤 여유도 주지 않고 매정하게 등불을 꺼 버리는 스승의 행동이 아마도 야속하고 황당하기까지 할 겁니다. 사실 따져 보면 등불을 켜고 자신을 관문으로 인도한 것이 바로 그 선사들 아닌가요. 그럼 잠시 관문을 더듬을 시간이나 줄 일이지, 제자들로서는 너무 야속하기만 합니다. "잠시만 기다려 주세요, 스님. 이것저것 필요한 것을 챙길 시간은 좀 주세요." 이런 간절한 제자들의 소망마저 선사들은 여지없이 밟아 버립니다. 마치 새끼들을 절벽에 던지는 호랑이와 같습니다. 아무런 준비도 갖추어지지 않았는데, 천 길이나 되는 낭떠러지로 제자들을 무자비하게 밀어붙이니까요. 그나마 잔정이 많은 선사가 한 분 계십니다. 마흔일곱 번째 관문을 지키고 있는 도솔 종열兜率從悅, 1044-1091 화상이 바로 그 선사지요.

자신이 지키는 관문도 다른 관문처럼 뚫기 버거워할 제자들이 애처로웠는지, 종열從悅 화상은 그 관문을 지날 수 있는 계단을 세 가지나 만들어 놓습니다. 정말 친절한 스승 아닙니까. 그렇지만 종열 화상이 만들어 놓은 세 가지 계단을 걷다 보면, 우리는 종열 화상이 그냥 부드러운 스님이어서 그런 친절한 계단을 만든 것이 아니라는 사실을 직감하게 됩니다. 정말로 뚫기 힘든 관문이었기에 종열 화상은 계단을 만들 수밖에 없었던 겁니다. 종열 화상이 지키고 있는 마흔일곱 번째 관문은 죽음의 공포와 관련된 것이기 때문이지요. 마흔일곱 번째 관문은 생사관生死關이나 사생관死生關이라고 불릴 수도 있는 무시무시한 곳이었던 셈입니다. 그러니 친절하게 이끌어야 했던 겁니다. 죽음에 대한 헛된 공포를 극복하지 못한다면, 어떻게 우리가 삶을 주인으로 당당하게 살아갈 수 있겠습니까? 한마디로 종열 화상은 지옥에 떨어진 사람에게도 자비를 베푼다는 지장 보살地藏菩薩, Kṣitigarbha Bodhisattva의 화신과도 같은 스님이었던 겁니다.

결국 자비를 실천하는 사람에게 죽음은
공포의 대상이 아니라 안식으로 다가오는 법이지요.
그러니 정말로 죽음에 이르렀을 때, 깨달은 사람은
희미한 미소를 보이거나 박장대소하게 되는 겁니다.

종열 스님이 만들어 놓은 첫 번째 계단을 오르려면, 우리는 다음 물음에 답을 할 수 있어야 합니다. "깨달은 사람을 찾아 수행하는 것은 단지 자신의 불성을 보기 위함이다. 그렇다면 지금 그대의 불성은 어디에 있는가?" 등불을 켜 들고 있는 사람을 찾아간 것은 그가 들고 있는 불로 자신을 되돌아보기 위함입니다. 자신의 몸이 등갓이자 원료라는 사실을, 그리고 마음이 그것들로 켜지는 등불이라는 것을 알게 되는 순간, 우리는 자신의 불성을 본 겁니다. 한마디로 견성見性한 것이지요. 이럴 때 자신의 불성에 불을 밝히는 순간, 우리 자신도 스승과 마찬가지로 자신과 세상을 비추는 당당한 등불이 됩니다. 마침내 우리는 부처가 된 거죠. 정말 부처가 되었는지 확인하기 위해 종열 스님은 물어봅니다. "그대의 불성은 어디에 있는가?" 자신에게 있다고 해도 되고, 세상에 있다고 해도 됩니다. 등불이 켜지는 순간, 그 불은 자신뿐만 아니라 세상도 모두 환하게 밝히니까 말입니다.

3.

이제 종열 스님이 지키고 있는 생사관을 넘기 위한 두 번째 계단으로 올라가 보죠. 물론 이 두 번째 계단에 오르기 위해서 우리는 다시 종열 스님의 질문에 답을 내놓아야만 합니다. "자신의 불성을 알았다면 삶과 죽음으로부터 해탈할 수 있다. 그렇다면 죽음에 이르렀을 때 어떻게 그대는 삶과 죽음으로부터 해탈하겠는가?" 등불은 세상을 비추는 도구입니다. 그것은 얼마나 힘든 삶인가요. 자신을 모두 소진해서 세상을 밝히는 일이니까요. 자신을 비추고 남을 비추는 자비를 실천하고 있는 사람은 삶을 탐하거나 죽음을 두려워하지 않습니다. 그는 자비의 삶이 얼마나 수고스러운지 알고 있기 때문입니다. 누군가의 고통을 대신 짊어지는 것, 제자를 깨달음에 이끄는 것, 어느 하나 힘들지 않은 일은 없으니까요. 결국 자비를 실천하는 사람에게 죽음은 공포의 대상이 아니라 안식으로 다가오는 법이지요. 그러니 정말로 죽음에 이르렀을 때, 깨달은 사람은 희미한 미소를 보이거나 박장대소하게 되는 겁니다. 불교에서 열반이 깨달음을 의미하는 동시에 죽음을 의미하는 것도 이런 이유에서입니다.

자, 이제 드디어 우리는 《무문관》의 마흔일곱 번째 생사관을 넘기 위한 마지막 계단에 올라서려고 합니다. 종열 스님은 이 마지막 세 번째 계단에 오를 수 있는 자격이 있는지 시험하기 위해 마지막 질문을 우리에게 던집니다. "삶과 죽음으로부터 해탈할 수 있다면 바로 가는 곳을 알게 된다. 그렇다면 육신을 구성하는 네 가지 요소가 흩어질 때, 그대는 어디로 가는 것인가?" 세상을 비추던 등불이 꺼지는 순간, 등불은 어디로 가는 것일까요? 어디로도 가지 않습니다. 그냥 그대로 꺼질 뿐입니다. 갓등이 해져 바람이 심하게 불 때 견디지 못하고 꺼진 것일 수도 있고, 아니면 연료가 다 떨어져 꺼진 것일 수도 있습니다. 그렇지만 세상을 환하게 비추던 그 등불은 어디에도 가지 않습니다. 그냥 꺼질 뿐입니다. 갓등이나 연료 사이의 인연이 다하는 순간, 등불도 사라집니다. 이런 연기緣起의 법칙을 모르는 사람들은 종열 스님의 마지막 질문에 우물쭈물하게 될 겁니다.

"육신을 구성하는 네 가지 요소가 흩어질 때, 그대는 어디로 가는 것인가?" 여기서 육신을 구성하는 네 가지 요소는 땅, 물, 불, 바람, 즉 지수화풍地水火風을 말합니다. 불교에서 사대四大, catvāri mahābhūtāni라고 말하는 것이지요. 이 네 가지 요소가 인연에 의해 결합되어 지속할 때 우리의 삶도, 그리고 정신도 있는 겁니다. 반면 이 네 가지 요소들이 인연이 다해 흩어질 때, 우리의 삶도 그리고 정신도 사라지는 겁니다. 마치 겨울 내내 꽁꽁 얼어 있던 얼음도 날씨가 풀리면 녹아서 사라지는 것처럼 말입니다. 그렇다고 얼음이 어디론가 갔다고 슬퍼하지는 마세요. 천국으로 간 것도 아니고 지옥으로 간 것도 아닙니다. 그저 풀려 사라진 거니까요. 자, 이제 마흔일곱 번째 관문을 통과하셨습니까? 삶에 대한 갈망과 죽음에 대한 공포에서 자유로워지셨습니까? 그러나 잊지 마십시오. 오랜 세월 모든 것을 비추는 자비의 수고로움을 감당하지 않는 사람은 결코 삶과 죽음에서 자유로울 수 없다는 사실을요.

불성, 무슨 똥 막대기와 같은 소리냐!

어떤 스님이 물었다. "개에게도 불성이 있는 것 아닙니까?" 그러자 조주 화상은 대답했다. "없다!"

《무문관》 1칙, '조주구자(趙州拘字)'

1.

《열반경》에는 중국, 한국, 일본을 포함한 동아시아 불교계에 파란을 불러일으킨 유명한 구절이 하나 등장합니다. "일체중생, 실유불성—切衆生, 悉有佛性"이라는 구절입니다. 그러니까 '일체 중생들은 모두 불성을 가지고 있다'는 뜻입니다. 구체적으로는 선한 품성이라고는 조금도 없는 사람, 한마디로 불교의 가르침을 불신하는 사람을 가리키는 일천제에게도 과연 불성이 있는지의 여부와 관련된 논쟁이 치열하게 벌어졌지요. 인도에서 4세기에 시작되어 동아시아 불교계에 파란을 일으켰던 불성 논쟁은 시간이 흐르면서, 일천제도 부처가 될 수 있다는 방향으로 정리되어갑니다. 일승—乘, ekayāna, 그러니까 모든 존재를 하나의 큰 수레에 태워 깨달음에 이르게 할 수 있다는 것이 대승불교의 기본 입장이었으니까요. 그렇지만 선한 품성이 전혀 없는 존재가 어떻게 깨달음에 이를 수 있는지에 대한 논쟁은 불가피했을 겁니다.

생각해 보세요. 일천제가 부처가 될 수 있다면, 그에게는 이미 불성이 있었다는 것을 의미합니다. 그렇다면 일천제에게 불성이 없다는 전제 자체가 잘못된 셈이 됩니다. 사실 일천제가 아니어도 됩니다. 모든 살아 있는 것들, 즉 중생은 좁게는 마음과 욕망을 가진 인간만을 가리키지만 넓게는 모든 생명체들이 포함되기 때문입니다. 그러니 논의가 복잡하게 될 수밖에 없습니다. 잘못하면 다람쥐 부처, 뱀 부처, 혹은 말라리아모기 부처도 가능할 테니까 말입니다. 이렇게 점점 더 동아시아 대승불교는 불성과 관련된 논쟁에 깊숙이 빠져들어가게 됩니다. 불성 논쟁을 주도하면서 모든 중생에게 불성이 있다는 방향으로 논의를 끌고 갔던 것은 교종, 특히 천태종天台宗의 이론가들이었습니다. 그렇지만 대승불교의 다른 경전, 특히 《유가사지론瑜伽師地論》 등과 같은 경전에는 모든 중생에게 불성이 있다는 사실을 부정하는 것으로 읽힐 수 있는 구절도 속출합니다. 그러니 논쟁은 종식될 기미를 보이지 않게 된 겁니다.

잊지 말아야 할 것은 이런 지적인 논쟁으로 수행자들은 스스로 부처가 되려는 치열한 수행을 등한시하게 된다는 점입니다. 아니, 등한시하는 정도가 아니라 지적인 헤게모니를 잡기 위해 서로를 집요하게 공격하고 비난하기까지 했습니다. 이 정도면 수행자들은 사실 자비를 마음에 품은 불교도이기는커녕 권력욕에 취한 정치가나 이데올로그에 지나지 않는다고 할 수 있을 겁니다. 정말

한심한 일이었지요. 자비를 실천해야 할 수행자들이 오히려 가장 무자비한 비난과 독선을 몸소 실천하고 있었으니까요. 바로 이럴 때 불립문자를 표방하며 선종이 등장한 겁니다. 그렇지만 선사들도 불성 논쟁에서 자유로울 수 없었습니다. 선사들이 불성 논쟁에 뛰어들어서가 아니라, 선사들을 스승으로 찾아온 수행자들이 자꾸 물어보기 때문입니다. 그러니 어떻게 합니까? 선사들도 울며 겨자 먹기 식으로 불성에 대해 이야기할 수밖에 없었습니다. 물론 선사들은 불성에 대한 제자들의 이론적 집착을 부수는 방향으로 문답을 진행합니다.

2.

《전등록》을 보면 홍선興善, 755-817 스님과 그의 제자 한 명 사이에 일어났던 불성과 관련된 대화가 소개되어 있습니다. 제자가 개에게도 불성이 있느냐고 묻자, 홍선 스님은 "있다[有]"라고 대답합니다. 이 순간 제자는 홍선 스님이 《열반경》의 일승 사상을 따르고 있다고 확신했을 겁니다. 확인 삼아 제자는 홍선 스님에게 물어봅니다. "그럼 화상께서는 불성이 있으십니까?" 아마 제자는 "있다"라는 대답을 기대했을 겁니다. 그러나 홍선 스님은 제자로서는 경천동지할 대답을 합니다. "내게는 불성이 없다." 당연히 제자는 당혹감에 물어보게 됩니다. "일체 중생들은 모두 불성을 가지고 있다고 했는데, 무슨 이유로 화상께서는 혼자 불성이 없다고 하시는 겁니까?" 홍선 스님의 대답은 압권입니다. "나는 일체 중생이 아니다." 그렇습니다. 일체 중생이 아니라면, 홍성 스님은 이미 부처가 된 겁니다. 이미 부처가 된 사람에게 불성은 아무런 의미가 없는 이야기 아닌가요.

얼마 뒤 조주에게도 불성이라는 개념에 강하게 집착하고 있던 한 명의 제자가 찾아듭니다. 《조주록》에는 두 사람 사이의 대화가 다음과 같이 기록되어 있습니다.

> 어느 스님이 물었다. "개에게도 불성이 있는 것 아닙니까?" 조주는 "없다[無]"라고 대답했다. 스님은 물었다. "위로는 여러 부처들, 아래로는 개미까지도 모두 불성이 있다고 하는데, 무슨 이유로 개에게는 없다는 겁니까?" 그러자 조주는 대답했다. "그에게는 업식성業識性이 있기 때문이다."

업식業識은 집착을 낳는 근본적인 의식, 알라야 의식을 가리키는 것으로 이해하면 좋을 것 같습니다. 그러니까 업식성이란 집착과 번뇌로 괴로워하는 평범한 중생의 마음을 가리키는 겁니다. 결국 업식성은 불성의 반대 개념이라고 할 수 있지요. 있는 그대로 자신과 세상을 보려면, 자신의 과거 행동으로 만들어진 습관적 무의식을 제거해야만 하니까요. 그러니까 습관적 무의식이 작동한다면, 우리는 부처가 될 수 없다고 할 수 있습니다. 또 반대로 부처가 되었다면, 우리에게 습관적 무의식은 겨우내 쌓였던 눈이 봄이 되어 햇볕에 녹아 버리듯이 그렇게 사라져 버린다고 할 수 있습니다. 깨달은 자와 깨닫지 못한 자는 다릅니다. 당연히 깨달은 자의 세계와 깨닫지 못한 자의 세계는 다를 수밖에 없지요.

홍선 스님은 개에게는 불성이 있다고 했고, 조주 스님은 없다고 말합니다. 그렇지만 결국 두 스님이 같은 걸 말하고 있는 것은 아닐까요. 중요한 것은 중생심을 부처의 마음으로 바꾸는 것, 즉 정말로 깨달음에 이르는 일이니까요. 홍선 스님은 개에게는 불성이 있다고 이야기합니다. 그렇지만 자신처럼 깨달은 사람에게는 불성이 없다는 말도 덧붙입니다. 당연한 이야기입니다. 불성이란 개념적으로 부처가 될 수 있는 잠재성이나 혹은 부처가 될 수 있는 바탕을 가리키니까요. 이미 실현되었다면 잠재성이니 바탕이라는 말은 사용할 수 없는 겁니다. 조주 스님은 개에게는 불성이 없다고 이야기합니다. 업식성이 있다면 불성이 있어도 부처는 될 수 없다고 암시하면서 말입니다. 조주 스님은 지금 우리가 반드시 끊어야 할 업식성을 강조하고 있습니다. 그러니까 조주 스님은 우리에게 불성이니 뭐니 이야기하지 말고 업식성에 대해서만 이야기하라며 되묻고 있습니다. "네게는 업식성이 있는가? 아니면 없는가?" 전자라면 아직 부처가 아니고, 후자라면 부처가 된 겁니다.

3.

조주 스님은 개에게는 불성이 없다고 이야기했지요. 개에게 불성이 없다면, 이건 우리와 같은 평범한 사람들에게도 불성이 없다는 이야기입니다. 업식성이 있기는 개나 우리나 마찬가지니까요. 조주 스님의 통찰은 홍선 스님보다 더 매력적인 데가 있습니다. 왜냐고요? 그건 깨달은 자나 깨닫지 못한 자 모두에게 불성은 없다는 결론이 도출되기 때문입니다. 업식성이 작동한다면, 불성은 아무런 소용이 없는 개념일 수밖에 없습니다. 실현될 수도 없는 불성이라는 개념이 무슨 필요가 있겠습니까. 그러니 없다고 해도 되지요. 반대로 업식성이 소멸되어도, 불성은 아무런 소용이 없는 개념입니다. 이미 부처가 되었는데, 부처가 될 수 있는 잠재성이 무슨 의미가 있겠습니까? 결국 개에게만 불성이 없는 것이 아니라, 부처에게도 불성은 없다고 할 수 있을 겁니다. 그러니 조주 스님의 "없다[無]"라는 사자후는 개를 넘어 우리 인간을 휘돌아 저 멀리 깨달음에 이른 부처에게까지 이른다고 할 수 있습니다.

《무문관》을 편찬했던 무문 스님이 조주의 '무자無字', 즉 '무無'라는 글자에 주목하려는 것도 이런 이유에서입니다. 모든 중생에게는 불성이 '있다[有]'는 교종의 가르침도 '무'라는 글자로 날려 버릴 수도 있고, 불성 자체가 치열한 깨달음의 과정에서 중요한 역할을 한다고 믿고 있던 일부 제자들의 집착을 '무'라는 글자로 날려 버릴 수 있기 때문이지요. 한마디로 말해 일개 문자로 이루어진 경전의 권위에도 굴복하지 말고, 아무런 의미도 없는 불성이라는 개념의 권위에도 굴복하지 말라는 겁니다. 그럴 때에야 우리는 진정으로 깨달은 사람이 될 수 있을 테니까 말입니다. 무문 스님이 《무문관》의 첫 번째 관문으로 조주 스님의 '무'라는 글자를 앞세운 이유가 이제 이해가 되시나요? 그래서 무문 스님은 첫 번째 관문을 풀이하면서 이야기했던 겁니다. "다만 하나의 '무'라는 글자일 뿐이니, 이것이 선종의 첫 번째 관문이다. 그래서 '선종 무문관'이라고 부른 것이다."

과거 선사들의 마흔여덟 가지 화두를 모은 책《무문관》은 이렇게 탄생한 겁니다. 무문관! 의미심장한 말 아닙니까. '문이 없는 관문'입니다. 문을 찾으려는 사람들, 그리고 그 문을 통해서만 관문을 통과할 수 있다고 생각하는 사람들은 결코 통과할 수 없는 관문입니다. 문이 없으니까요. 반면 반드시 통과해야만 하는 문이 있다는 사실을 철저하게 부정하는 사람에게는 너무나 통과하기 쉬운 관문이지요. 문이 없으니 통과할 필요도 없고, 이미 통과해 버린 것이라고 할 수 있으니까요. 어떤 문에도 의지해서는 안 됩니다. 그것이 경전의 권위일 수도 있고, 불성과도 같은 형이상학적 실체일 수도 있습니다. 어느 것이나 모두 스스로 주인이 되려면 반드시 부정해야 할 대상이니까요. 그래서 무문 스님의 말처럼 우리는 정말로 조주의 '무'라는 글자를 뚫어야만 합니다. 바로 그 순간 우리는 임제 스님의 말처럼 "부처를 만나면 부처를 죽이고 조사를 만나면 조사를 죽여서, 태어남과 죽음 사이에서 위대한 자유를 얻게"될 테니까요.

어떤 문에도 의지해서는 안 됩니다.
그것이 경전의 권위일 수도 있고,
불성과도 같은 형이상학적 실체일 수도 있습니다.
어느 것이나 모두 스스로 주인이 되려면
반드시 부정해야 할 대상이니까요.
©강수희

에필로그

사자와 같은 위엄과 아이와 같은 자유를 꿈꾸며

짐 깨나 지는 정신은 이처럼 더없이 무거운 짐 모두를 마다하지 않고 짊어진다. 그러고는 마치 짐을 가득 지고 사막을 향해 서둘러 달리는 낙타처럼 그 자신의 사막으로 서둘러 달려간다. 그러나 외롭기 짝이 없는 저 사막에서 두 번째 변화가 일어난다. 여기에서 낙타는 사자로 변하는 것이다. 사자가 된 낙타는 이제 자유를 쟁취하여 그 자신이 사막의 주인이 되고자 한다. (…) 정신이 더 이상 주인 또는 신이라고 부르기를 마다하는 그 거대한 용의 정체는 무엇인가? "너는 마땅히 해야 한다." 그것이 그 거대한 용의 이름이다. 그러나 사자의 정신은 이에 맞서 "나는 하고자 한다"고 말한다. (…) 새로운 가치의 창조. 사자라도 아직은 그것을 해내지 못한다. 그러나 새로운 창조를 위한 자유의 쟁취, 적어도 그것을 사자의 힘이 해낸다. (…) 그러나 말해 보라, 형제들이여. 사자조차 할 수 없는 일을 어떻게 어린아이는 해낼 수 있는가? 왜 강탈을 일삼는 사자는 이제 어린아이가 되어야만 하는가?

니체, 《차라투스트라는 이렇게 말했다》

1.

지금으로부터 1,100여 년 전 중국 당나라에서 있었던 일입니다. 열흘이나 몸져누워 있었던 어느 젊은 스님은 다시 행장을 꾸리기 시작했지요. 그의 얼굴에는 누군가에게 심하게 폭행을 당한 흔적이 농후했습니다. 부기가 아직 가시지 않은 얼굴이지만, 스님의 얼굴에는 희미한 미소가 떠나지 않고 있었습니다. 너무 많이 맞아서 스님은 지금 실성을 한 것일까요. 아닙니다. 모든 구도자들이 바라는 것처럼 스님은 지금 그렇게도 바라던 깨달음, 자유를 얻는 데 마침내 성공했던 겁니다. 바로 이 스님이 선종 역사상, 아니 전체 불교 역사에서 가장 카리스마 넘치는 인물로 유명했던 임제 스님입니다. 열흘 전에 겪었던 심한 폭행이 없었다면, 임제는 깨닫지 못했을지도 모를 일입니다. 도대체 열흘 전에 무슨 일이 있었던 걸까요? 도대체 깨달음을 얻는 데 임제 스님이 당한 폭행은 어떤 역할을 했던 것일까요?

자비를 이념으로 하고 있는 불교에서 폭행을 통해 깨달음을 얻었다는 것 자체가 아이러니한 일이라고도 할 수 있습니다. 다행스럽게도 열흘 전 있었던 폭행 사고의 전말을 알려 주는 자료가 아직도 우리에게 남아 있습니다. 한번 읽어 볼까요.

> 대우를 찾아뵌 임제 선사는 밤에 대우 화상 앞에서 유가론瑜伽論을 이야기하고, 유식唯識에 대하여 설명한 뒤에 다시 이런저런 문제들을 질문했다. 이때 대우는 밤새도록 초연히 앉아서 아무런 대꾸도 하지 않더니 아침이 되자 임제에게 말했다. "홀

> 로 초암에 살고 있는 노승이 그대가 먼 길 온 것을 생각해서 하룻밤 묵어가도록 했는데, 그대는 어젯밤에 어째서 내 앞에서 부끄러움도 없이 방귀를 뀌어댔는가?" 말을 마치자 몇 차례 죽장자竹杖子를 들어 때리고 문밖으로 밀어내고는 문을 닫아 버렸다. (…) 임제가 다시 대우를 찾아가 뵈니, 대우는 말했다. "엊그제는 부끄러움도 모르더니 어찌 다시 찾아왔는가?" 말을 마치자 곧 방망이로 때리고 문밖으로 밀어냈다. 임제는 다시 황벽에게 되돌아와서 말했다. "이번에는 다시 돌아왔으나 헛되이 돌아오지는 않았습니다." 황벽이 물었다. "어째서 그런가?" 임제가 대답했다. "한 방망이에 부처의 경지를 깨달았습니다. 설사 100겁 동안 뼈를 갈고 몸이 부수어지도록 수미산을 머리에 이고 끝없이 돈다고 해도 이 깊은 은혜를 보답하기 어렵습니다."
>
> 《조당집》, 〈임제화상전臨濟和尙傳〉

방금 기록을 읽고서 고개를 갸우뚱거리지 않을 독자가 있을까요. 표면적으로 대우大愚, ?-?와 임제 사이의 관계에서는 사랑스런 가르침과 배움의 관계가 아니라 무지막지한 폭력만이 난무하고 있으니까요. 그렇지만 임제 스님은 말하고 있습니다. "한 방망이에 부처의 경지를 깨달았다"라고 말이지요. 이심전심, 혹은 불립문자가 선종의 정신임을 받아들인다고 해도, 임제의 말을 이해하기는 여간 까다로운 게 아닙니다. 차근차근 풀어 볼까요. 먼저 임제 스님은 대우 스님을 만나서 자신이 불교 이론에 밝다는 사실을 은근히 보여 주고 있습니다. 노스님에게 임제가 피력했던 유가론瑜伽論이란 유가瑜伽

의 이론, 즉 유식학파의 이론을 말합니다.

밤새도록 임제의 이야기를 들은 대우 스님은 아무런 대꾸도 하지 않았습니다. 하지만 아침이 되자마자 대우는 임제가 했던 간밤의 이야기가 단지 방귀 소리에 지나지 않는다고 화를 냅니다. 이어서 대우는 가지고 있던 죽장자로 임제를 내려치고 그를 쫓아내 버립니다. 잊지 말아야 할 것은 대우가 임제의 이야기를 듣고 바로 그를 구타하지는 않았다는 점이지요. 왜 그랬을까요? 대우 스님은 충분히 임제가 불교 이론에 정통하다는 것을 인정했기 때문입니다. 그렇다면 아침이 되어서야 임제를 몰아붙인 이유도 쉽게 추정 가능합니다. 노스님은 임제가 그 자신이 알고 있던 불교 이론을 실천할 수 있는지 확인하려 했던 겁니다. 깨달음을 이야기한다는 것과 실제로 깨달았다는 것 사이에는 엄청난 간극이 있을 수밖에 없기 때문이지요.

바로 이겁니다. 대우 스님은 임제가 진정으로 깨달았는지의 여부를 확인하고 싶었던 겁니다. 하지만 처음 대우에게 죽장자 세례를 받았을 때 임제는 스스로 말뿐이지 실제로는 깨달음에 이르지 못했음을 드러냅니다. 하긴 얼마나 당혹스러운 일인가요. 다짜고짜 자신을 때리는 노스님 앞에서 아마 입이 다물어지지 않았을 겁니다. 아픈 상처를 치유하면서 임제는 대우와 있었던 모든 일들을 숙고하고 숙고하게 됩니다. '도대체 죽장자 세례로 대우 스님은 내게 어떤 가르침을 주려고 했던 것일까?' 두 번째 찾아갔을 때도 역시 임제 스님은 대우 스님에게 폭행을 당합니다. 아픈 데를 또 때린 격이니, 이번에 느꼈던 육체적 고통은 더 컸을 겁니다. 그렇지만 두 번째 폭행을 당하면서 임제는 마침내 진정한 깨달음을 얻게 됩니다. 자신을 대우 스님에게 보낸 황벽 스님에게 임제 스님이 마침내 자신이 자유인이 되었다는 감격을 토로했던 것도 이런 이유에서지요.

2.

임제는 자신이 제대로 깨달음을 얻었다는 것을 보여 주기 위해 다시 대우를 찾아가게 됩니다. 자유인이 되도록 도움을 준 노스님에게 어떻게 감사하지 않을 수 있겠습니까? 심지어 그 노스님은 늙은 몸으로 마지막 힘을 다해 젊은 제자에게 절절한 가르침을 내렸을 정도로 고마운 분이기 때문입니다. 그렇다면 임제는 어떻게 대우에게 자신의 고마움을 표현했을까요? 멋진 가사 한 벌이라도 지어 바쳐야 할까요? 아니면 노스님의 늙은 몸을 생각해서 겨우내 쓸 수 있는 땔나무라도 창고 가득 채워 놓아야 할까요? 임제 스님은 어떻게 했을까요?

> 임제가 한 열흘가량 쉬고는 다시 대우를 찾아가니 대우는 임제를 보자마자 또 방망이를 들고 때리려고 했다. 임제는 재빨리 방망이를 빼앗고 대우를 껴안은 채 쓰러졌다. 그리고 대우 화상의 잔등에다 두어 주먹 쥐어박으니 대우 화상이 연이어 고개를 끄덕이면서 말했다. "내가 초암에 살면서 일생을 헛되이 보낸다고 생각했는데, 오늘 한 아들을 얻었구나!"
>
> 《조당집》, 〈임제화상전〉

불교의 창시자 싯다르타는 태어나자마자 외쳤다고 합니다. "천상천하유아독존!" 하늘 위, 그리고 하늘 아래 오직 나만이 존귀하다는 뜻입니다. 이 말에 오해가 있어서는 안 됩니다. 싯다르타의 말은 자신만이 존귀하니, 너희들은 모두 내게 복종해야 한다는 의미는 아니니까요. 그건 깨달음을 얻어 자유를 회복한 사람의 심리 상태를 묘사하는 말입니다. 스스로가 존귀한 주인이라는 자각이 바로 그것이지요. 천상천하유아독존! 이 말은 분명 싯다르타를 신성시하기 위해 만들어진 것이지만, 여기서 우리는 불교가 지향하는 깨달음이 무엇이었는지를 분명히 알게 됩니다. 나의 삶은 다른 어떤 사람의 삶과도 바꿀 수 없는 고유한 것이라는 사실, 그래서 무엇에도 쫄지 않는 당당한 주인으로 살아야 한다는 사실. 불교는 바로 이것을 깨달으라고 우리에게 촉구했던 겁니다.

그렇습니다. 대우라는 노스님이 젊은 임제 스님을 죽장자로 때렸던 이유가 이제는 분명해집니다. 아무리 옳다고 하더라도 다른 사람이 만든 이론을 진리로 신봉하며 이야기했다는 것, 이것은 임제 본인이 스스로 자기 삶을 주인으로 영위하지 못하고 있다는 것을 보여 주었던 겁니다. 주인이 아니라면 결국 노예일 수밖에 없습니다. 주인에게 노예는 항상 때려도 되는 존재 아닌가요? 그러니 때릴 수밖에요. 노예를 자처하는 사람은 때릴 수밖에 없는 것 아닐까요. 주인이 때릴 때 움츠리며 도망치는 것, 이것 또한 노예의 오래된 습성이니까요. 하지만 깨달음을 얻은 임제는 이제 무언가에 쪼는 노예가 아니라 어떤 것에도 당당한 주인이 된 겁니다. 그러니 자신을 때리려고 하던 대우의 죽장자를 빼앗고 그의 등을 때릴 수 있었던 것이지요. 이것은 오직 주인만이 할 수 있는 일일 겁니다.

물론 그렇다고 젊은 임제가 늙은 대우 스님을 자신이 맞은 것처럼 때릴 수는 없는 법입니다. 마치 애인이 서로 포옹을 하듯, 노스님을 껴안고 뒹굴면서 몇 대 등을 가볍게 때렸을 뿐입니다. 그걸로 충분합니다. 대우 스님이 제자들에게 바라는 것은 그들이 당당히 자기 삶을 주인공으로 사는 것이었습니다. 그러니 늙은 스님의 등이라도 때리면서, '이제 나는 당신을 스승으로 생각하지 않을 정도로 삶의 주인이 되었다'는 것을 보여 줄 수밖에요. 이제 노스님 대우가 기뻐했던 이유가 분명해지셨나요. 임제도 마침내 자신과 마찬가지로 스스로 주인이 되는 데 성공했다는 걸 확인했기 때문이지요. "내가 초암에 살면서 일생을 헛되이 보낸다고 생각했는데, 오늘 한 아들을 얻었구나!" 그 아버지에 그 아들이란 말이 있습니다. 대우 스님이 그랬던 것처럼 임제 스님도 이제 삶의 주인공이 되었으니, 임제가 자기 아들이 아니라면 그 누가 자신의 아들일 수 있다는 말인가요.

3.

《무문관》의 편저자 무문 스님은 바로 이 사자와 같던 임제 스님의 아주 먼 제자뻘, 그러니까 400여 년 뒤에 등장한 스님입니다. 당연히《무문관》에는 일체의 권위를 부정해야 당당한 주인이 될 수 있다는 임제의 기상이 서려 있을 수밖에 없습니다. 니체의 표현을 빌리자면 사자와 같은 기상이지요. 누가 소나 말, 혹은 낙타에 하듯

사자에 재갈을 물리고 등에 탈 수 있겠습니까? 오직 사자를 죽여야만, 우리는 사자의 등에 한 번 타 볼 수 있을 겁니다. 그렇지만 이렇게 외적인 권위나 맹목적인 상식을 거부하는 것만으로 충분하지 않은 법입니다. 이제 스스로의 힘으로 삶을 살아 내야 하기 때문입니다. 아무것도 모방하지 않는 삶이기에, 그건 아마도 창조의 삶일 겁니다. 니체가 '아이'로 말하고자 했던 것도 바로 이것입니다. 부정은 긍정을 위한 것입니다. 외적인 권위를 부정하려는 건, 자신의 삶을 긍정하기 위해서라는 겁니다. 그러니까 깨달은 사람은, 그래서 주인공의 삶을 영위하는 데 성공한 사람은 사자의 기상과 아울러 어린아이의 천진난만함을 아울러 가지게 되는 거죠.

《무문관》의 48개 화두에서 당혹스런 폭력성과 아울러 순진무구한 창조성이 동시에 발견되는 것도 이런 이유에서일 겁니다. 외적인 권위나 맹목적인 상식에 대한 치열한 파괴 의식이 없다면, 그리고 동시에 자신의 삶을 있는 그대로 표현하려는 순수한 창조의 즐거움이 없다면, 주인으로서의 당당한 삶은 애초에 불가능할 겁니다. 그래서일까요. 깨달음, 혹은 자유에 이른 사람들은 반드시 사자의 얼굴과 함께 아이의 얼굴도 동시에 가지고 있습니다. 노파심에 강조하지만,《무문관》과 같은 화두 모음집은 주인으로 살아가는 방법을 보여 주는 일종의 가이드와 같은 역할을 한다는 겁니다. 세련되고 섹시하게 편집된 여행 안내책자와 같지요. 여행 안내책자를 맹목적으로 믿고 여행을 떠났다가는 낭패를 보기 일쑤일 겁니다. 그 멋진 풍경에 도달할 때까지 우리는 수많은 곤경과 피곤을 극복해야 하기 때문이지요. 그렇지만 원하던 곳에 도달하는 순간, 우리는 지금까지의 고생이 안중에도 들어오지 않을 겁니다.《임제록》이나《무문관》이 제게 그랬던 것처럼, 저의 이 책도 여러분을 제대로 유혹하는 여행 안내책자였으면 좋겠습니다. 이 책을 마무리하고 있는 지금, 저는 과거보다 훨씬 더 당당해졌고 훨씬 더 순진해진 것 같습니다. 여러분은 어떠신가요. 사자와 같은 당당함과 아울러 아이와 같은 천진난만함을 조금이라도 맛보았는지요. 모를 일입니다.

이제 마지막으로 이 책이 저를 거쳐 여러분에게 이른 인연을 소개할 순서가 되었네요. 그러니까 〈법보신문〉으로부터 매주 불교에 관련된 철학적 글을 써달라고 청탁받은 것이 2012년 겨울이었던 것으로 기억납니다. 1년이라는 연재 기간이 제게 주어진 겁니다. 대학원 시절부터 불교에 대해 계속 꾸준히 공부를 하던 제게 좋은 기회가 찾아온 겁니다. 처음에는 제가 제일 좋아하는 임제 스님의《임제록》으로 글을 연재할까 하다가 그만두었습니다. 너무 전문적이고 어려워 일반 독자에게 별다른 도움이 되지 않을 수도 있다는 우려가 들었기 때문입니다. 사실 더 걱정했던 것은 임제 스님만을 강조하다 보면 독자 여러분이 의도하지 않게 임제를 숭배하고 모방할 수도 있다는 점입니다. 임제 스님도 자기만의 삶을 살아 냈고, 조주 스님도 자기만의 삶을 살아 냈고, 백장 스님도 자기만의 삶을 살아 냈습니다. 남을 모방하며 살았던 사람들의 수만큼이나 자기만의 삶을 살았던 사람이 많을 겁니다. 그러니 임제 스님만 부각하는 건 위험한 일일 수 있습니다.

모든 사람이 자기만의 삶을 자기만의 스타일로 살아가야 한다는 불교의 정신을 가장 잘 보여 주는 건, 역시 많은 스님들의 다양한 삶의 스타일이 묻어나는 화두 모음집일 겁니다. 바로 이 순간 저의 뇌리에는《무문관》이라는 책이 들어오게 된 겁니다.《무문관》의 편집자였던 무문 스님에게 고맙기까지 했습니다. 48개의 화두는 매주 1년을 연재하는 데 너무나 편했기 때문이지요. 신문사 사정으로 연재를 거를 수 있다는 걸 감안했을 때, 48주를 집필하면 아마 약속했던 1년 연재는 무사히 마칠 수 있으리라 생각했습니다. 무문 스님에게 고맙기까지 했습니다. 900여 년 뒤 어느 후학이 매주 1년 동안 연재하리라는 걸 미리 아셨던 것처럼 책을 편집해 주셨기 때문이지요. 합장! 새 술은 새 부대에 담아야 하는 것처럼, 저는 무문 스님이 정한《무문관》의 차례를 파괴하여 새롭게 순서를 정했습니다. 지금 독자들은 900여 년 전 독자들과는 확연히 다른 문제의식이나 사유방법을 가지고 있으니까요. 끝으로 제 연재물을 계속 돌봐 주고, 연재 원고들로 이 책을 이렇게나 멋지게 만들어 준 한 사람에게 고마움을 표해야 할 것 같습니다. 도서출판 동녘의 이정신이 바로 그 사람입니다. 제 원고를 편집하느라 강제로 해탈당해 버린(?) 불쌍한 편집자입니다. 그럼에도 이렇게 분에 넘치게 마음에 드는 책을 만든 걸 보니, 그녀는 무척 강한 여자인가 봅니다. 정신 씨! 성불하세요. 합장!

부록

제1칙 조주구자(趙州狗子) 426~433쪽

어떤 스님이 물었다. "개에게도 불성이 있는 것 아닙니까?" 그러자 조주 화상은 대답했다. "없다!"

趙州和尚, 因僧問, "狗子還有佛性也無?" 州云, "無!"

제2칙 백장야호(百丈野狐) 154~163쪽

백장 화상이 설법하려고 할 때, 항상 대중들과 함께 설법을 듣고 있던 노인이 한 명 있었다. 설법이 끝나서 대중들이 모두 물러가면, 노인도 물러가곤 했다. 그런데 어느 날 노인은 설법이 끝나도 물러가지 않았다. 마침내 백장 화상이 물었다. "내 앞에 서 있는 사람은 도대체 누구인가?" 그러자 노인은 말했다. "예. 저는 사람이 아닙니다. 옛날 가섭 부처가 계실 때 저는 이 산에 주지로 있었습니다. 당시 어느 학인이 제게 물었습니다. '크게 수행한 사람도 인과因果에 떨어지는 경우는 없습니까?' 저는 '인과에 떨어지지 않는다'라고 대답했다가 500번이나 여우의 몸으로 거듭 태어나게 되었습니다. 화상께서 제 대신 깨달음의 한마디 말을 하셔서 여우 몸에서 벗어나도록 해 주십시오." 마침내 노인이 "크게 수행한 사람도 인과에 떨어지는 경우는 없습니까?"라고 묻자, 백장 화상은 대답했다. "인과에 어둡지 않다." 백장의 말이 끝나자마자 노인은 크게 깨달으며 절을 올리면서 말했다. "저는 이미 여우 몸을 벗어서 그것을 산 뒤에 두었습니다. 화상께서 죽은 스님의 예로 저를 장사 지내 주시기를 바랍니다."

백장 화상은 유나維那에게 나무판을 두들겨 다른 스님들에게 알리도록 했다. "공양을 마친 후 죽은 승려의 장례가 있다." 그러자 스님들은 서로 마주보며 쑥덕였다. "스님들이 모두 편안하고 열반당에도 병든 사람이 없는데, 무엇 때문에 이런 분부를 내리시는 것인지?" 공양을 마친 후 백장 화상은 스님들을 이끌고 산 뒤쪽 큰 바위 밑에 이르러 지팡이로 죽은 여우 한 마리를 끌어내어 화장火葬을 시행했다.

백장 화상은 저녁이 되어 법당에 올라가 앞서 있었던 사연을 이야기했다. 황벽 스님이 바로 물었다. "고인이 깨달음의 한마디 말을 잘못해서 500번이나 여우 몸으로 태어났습니다. 매번 하나하나 틀리지 않고 말한다면, 무엇이 되겠습니까?" 그러자 백장 화상은 말했다. "가까이 앞으로 와라. 네게 알려 주겠다." 가까이 다가오자마자 황벽 스님은 스승 백장의 뺨을 후려갈겼다. 백장 화상은 박수를 치면서 말했다. "달마의 수염이 붉다고는 이야기하지만, 여기에 붉은 수염의 달마가 있었구나!"

百丈和尚, 凡參次, 有一老人常隨衆聽法. 衆人退, 老人亦退. 忽一日不退. 師遂問, "面前立者復是何人?" 老人云, "諾. 某甲非人也. 於過去迦葉佛時曾住此山. 因學人問, '大修行底人還落因果也無?' 某甲對云, '不落因果.' 五百生墮野狐身. 今請, 和尚代一轉語貴脱野狐." 遂問, "大修行底人, 還落因果也無?" 師云, "不昧因果." 老人於言下大悟, 作禮云, "某甲, 已脱野狐身住在山後. 敢告和尚. 乞依亡僧事例."

師令維那白槌告衆, "食後送亡僧." 大衆言議, "一衆皆安, 涅槃堂又無人病, 何故如是?" 食後只見師領衆至山後嵒下, 以杖挑出一死野狐, 乃依火葬.

師至晚上堂, 擧前因緣. 黃蘗便問, "古人錯祗對一轉語, 墮五百生野狐身. 轉轉不錯合作箇甚麼?" 師云, "近前來與伊道." 黃蘗遂近前, 與師一掌. 師拍手笑云, "將謂胡鬚赤, 更有赤鬚胡!"

제3칙 구지수지(俱胝竪指) 60~67쪽

구지 화상은 무엇인가 질문을 받으면 언제나 단지 손가락 하나를 세울 뿐이었다. 뒤에 동자 한 명이 절에 남아 있게 되었다. 외부 손님이 "화상께서는 어떤 불법을 이야기하고 계시나요?"라고 묻자, 동자도 구지 화상을 본떠 손가락을 세웠다. 구지 화상이 이런 사실을 듣고, 동자를 불러 칼로 그의 손가락을 잘랐다. 동자는 고통으로 울부짖으며 방 밖으로 나가고 있는데, 구지 화상은 동자를 다시 불렀다. 동자가 고개를 돌리자, 바로 그 순간 구지 화상은 손가락을 세웠다. 동자는 갑자기 깨달았다.

구지 화상이 세상을 떠나면서 여러 제자들에게 말했다. "나는 천룡 스님에게서 '한 손가락 선'을 얻어서 평생 동안 다함이 없이 사용했구나!" 말을 마치자 그는 입적했다.

俱胝和尚, 凡有詰問, 唯擧一指. 後有童子. 因外人問, "和尚說何法要?" 童子亦竪指頭. 胝聞遂以刃斷其指. 童子負痛號哭而去. 胝復召之. 童子廻首. 胝却竪起指. 童子忽然領悟.

胝將順世, 謂衆曰, "吾得天龍一指頭禪, 一生受用不盡!" 言訖示滅.

제4칙 호자무수(胡子無鬚) —— 240~248쪽

혹암 화상이 말했다. "서쪽에서 온 달마는 무슨 이유로 수염이 없는가?"

或庵曰, "西天胡子, 因甚無鬚?"

제5칙 향엄상수(香嚴上樹) —— 282~289쪽

향엄 화상이 말했다. "가령 어떤 사람이 나무에 올랐는데, 입으로는 나뭇가지를 물고 있지만 손으로는 나뭇가지를 붙잡지도 않고 발로도 나무를 밟지 않고 있다고 하자. 나무 아래에는 달마가 서쪽에서부터 온 의도를 묻는 사람이 있다. 대답하지 않는다면 그가 질문한 것을 외면하는 것이고, 만일 대답한다면 나무에서 떨어져 생명을 잃게 될 것이다. 바로 이런 경우에 어떻게 대답할 것인가?"

香嚴和尚云, "如人上樹, 口啣樹枝, 手不攀枝, 脚不踏樹. 樹下有人問西來意, 不對即違他所問, 若對又喪身失命. 正恁麼時, 作麼生對?"

제6칙 세존염화(世尊拈花) 130~137쪽

옛날 석가모니가 영취산의 집회에서 꽃을 들어 대중들에게 보여 주었다. 이때 대중들은 모두 침묵했지만, 오직 위대한 가섭만이 환하게 미소를 지었다. 그러자 석가모니는 말했다. "내게는 올바른 법을 보는 안목, 즉 열반에 이른 미묘한 마음, 실상實相에는 상相이 없다는 미묘한 가르침이 있다. 그것은 문자로 표현할 수도 없어 가르침 이외에 별도로 전할 수밖에 없기에 위대한 가섭에게 맡기겠다."

世尊, 昔在靈山會上拈花示衆. 是時, 衆皆默然, 惟迦葉者破顏微笑. 世尊云, "吾有正法眼藏, 涅槃妙心, 實相無相, 微妙法門, 不立文字, 教外別傳, 付囑摩訶迦葉."

제7칙 조주세발(趙州洗鉢) 213~220쪽

어느 스님이 말했다. "저는 최근 이 사찰에 들어왔습니다. 스승께 가르침을 구합니다." 그러자 조주는 말했다. "아침 죽은 먹었는가?" 그 스님은 말했다. "아침 죽은 먹었습니다." 조주가 말했다. "그럼 발우나 씻게." 그 순간 그 스님에게 깨달음이 찾아왔다.

趙州, 因僧問, "某甲乍入叢林. 乞師指示." 州云, "喫粥了也未?" 僧云, "喫粥了也." 州云, "洗鉢盂去." 其僧有省.

제8칙 해중조거(奚仲造車) 112~119쪽

월암 화상이 어느 스님에게 물었다. "해중奚仲은 100개의 바퀴살을 가진 수레를 만들었지만, 두 바퀴를 들어내고 축을 떼어 버렸다. 도대체 그는 무엇을 보여 주려고 한 것인가?"

月庵和尚問僧, "奚仲造車一百輻, 拈却兩頭, 去却輻. 明甚麼邊事?"

제9칙 대통지승(大通智勝) —— 257~265쪽

흥양興陽의 청양 화상에게 어느 스님이 물었다. "대통지승불은 10겁 동안이나 도량에서 좌선했지만, 불법이 드러나지 않았고 불도를 이루지 못했습니다. 어떻게 된 일입니까." 청양 화상은 대답했다. "그 질문은 매우 합당하다." 그러자 그 스님은 다시 물었다. "이미 그렇게나 도량에서 좌선했는데, 무엇 때문에 불도를 이룰 수 없었던 것일까요?" 청양 화상이 말했다. "그것은 그가 부처가 되지 않았기 때문이다."

興陽讓和尚, 因僧問, "大通智勝佛, 十劫坐道場, 佛法不現前, 不得成佛道時, 如何?" 讓曰, "其問甚諦當." 僧云, "既是坐道場, 爲甚麼不得成佛道?" 讓曰, "爲伊不成佛."

제10칙 청세고빈(清稅孤貧) —— 334~342쪽

조산 화상에게 어느 스님이 물었다. "저 청세는 고독하고 가난합니다. 스님께서는 제게 무언가를 베풀어 주십시오." 조산 화상은 말했다. "세사리稅闍梨!" 그러자 청세 스님은 "네"라고 대답했다. 이어 조산 화상은 말했다. "청원의 백씨 집에서 만든 술을 세 잔이나 이미 마셨으면서도, 아직 입술도 적시지 않았다고 말할 셈인가!"

曹山和尚, 因僧問云, "清稅孤貧. 乞師賑濟." 山云, "稅闍梨!" 稅應諾. 山曰, "青原白家酒, 三盞喫了, 猶道未沾唇!"

제11칙 주감암주(州勘庵主) —— 189~196쪽

조주가 어느 암자 주인이 살고 있는 곳에 이르러 물었다. "계십니까? 계십니까?" 암자 주인은 주먹을 들었다. 그러자 조주는 "물이 얕아서 배를 정박시킬 만한 곳이 아니구나"라고 말하고는 바로 그곳을 떠났다. 다시 조주가 어느 암자 주인이 살고 있는 곳에 이르러 물었다. "계십니까? 계십니까?" 그곳 암자 주인도 역시 주먹을 들었다. 그러자 조주는 "줄 수도 있고 뺏을 수도 있으며 죽일 수도 있고 살릴 수도 있구나"라고 말하고는 그에게 절을 했다.

趙州, 到一庵主處問, "有麼? 有麼?" 主竪起拳頭. 州云, "水淺不是泊舡處." 便行. 又到一庵主處云, "有麼? 有麼?" 主亦竪起拳頭. 州云, "能縱能奪, 能殺能活." 便作禮.

제12칙 암환주인(巖喚主人) ———————— 33~41쪽

서암 사언 화상은 매일 자기 자신을 "주인공!"하고 부르고서는 다시 스스로 "예!"하고 대답했다. 그리고는 "깨어 있어야 한다! 예! 남에게 속아서는 안 된다! 예! 예!"라고 말했다.

瑞巖彦和尚, 每日自喚"主人公!" 復自應"諾," 乃云, "惺惺着!" "喏!" 他時異日, "莫受人瞞!" "喏!喏!"

제13칙 덕산탁발(德山托鉢) ———————— 298~305쪽

어느 날 덕산 화상이 발우를 들고 방장실을 내려갔다. 이때 설봉 스님이 "노스님! 식사 시간을 알리는 종도 북도 울리지 않았는데, 발우를 들고 어디로 가시나요?"라고 묻자, 덕산 화상은 바로 방장실로 되돌아갔다. 설봉 스님이 암두 스님에게 이 이야기를 하자, 암두 스님은 말했다. "위대한 덕산 스님이 아직 '궁극적인 한마디의 말[末後句]'을 알지 못하는구나!"

덕산 화상은 이 이야기를 듣고 시자侍者를 시켜 암두 스님을 불러오라고 했다. 덕산 화상은 암두 스님에게 물었다. "그대는 나를 인정하지 않는 것인가?" 암두 스님이 아무에게도 안 들리게 자신의 뜻을 알려 주자, 덕산 스님은 더 이상 아무 말도 하지 않았다.

다음 날 덕산 화상이 법좌法座에 올랐는데, 정말 평상시와 같지 않았다. 암두 스님은 승당 앞에 이르러 박장대소하며 말했다. "이제 노스님이 '궁극적인 한마디의 말'을 이해하게 되었으니 기뻐할 일이다. 이후 세상 사람들은 그를 어쩌지 못하리라."

德山, 一日托鉢下堂. 見雪峰問, "者老漢鐘未鳴鼓未響, 托鉢向甚處去?" 山便回方丈. 峰擧似巖頭. 頭云, "大小德山未會末後句!"
山聞令侍者喚巖頭來. 問曰, "汝不肯老僧那?" 巖頭密啓其意, 山乃休去.
明日陞座, 果與尋常不同. 巖頭至僧堂前, 拊掌大笑. 云, "且喜得老漢會末後句. 他後天下人, 不奈伊何."

제14칙 남전참묘(南泉斬猫) 68~75쪽

남전 화상은 동당과 서당의 수행승들이 고양이를 두고 다투고 있으므로 그 고양이를 잡아 들고 말했다. "그대들이여. 무엇인가 한마디 말을 할 수만 있다면 고양이를 살려 줄 테지만, 말할 수 없다면 베어버릴 것이다." 수행승들은 아무 말도 할 수 없었다. 남전은 마침내 그 고양이를 베어 버렸다. 그날 밤 조주가 외출하고 돌아왔다. 남전은 낮에 있던 일을 조주에게 이야기했다. 바로 조주는 신발을 벗어 머리에 얹고 밖으로 나가 버렸다. 그러자 남전은 말했다. "만일 조주가 그 자리에 있었다면 고양이를 구할 수도 있었을 텐데."
南泉和尚因東西堂爭猫兒, 泉乃提起云, "大衆! 道得即救, 道不得即斬却也." 衆無對. 泉遂斬之. 晚趙州外歸. 泉擧似州. 州乃脫履安頭上而出. 泉云, "子若在即救得猫兒."

제15칙 동산삼돈(洞山三頓) 120~127쪽

동산 스님이 설법하려고 할 때, 운문 스님이 물었다. "최근에 어느 곳을 떠나 왔는가?" 동산은 "사도査渡입니다"라고 대답했다. 이어서 운문 스님이 "여름에는 어디에 있었는가?"라고 묻자, 동산은 "호남의 보자사報慈寺에 있었습니다"라고 대답했다. 바로 운문 스님이 "언제 그곳을 떠났는가?"라고 묻자, 동산은 "8월 25일에 떠났습니다"라고 대답했다. 그러자 운문 스님은 말했다. "세 차례 후려쳐야겠지만 너를 용서하마."
동산은 다음 날 다시 운문 스님의 처소로 올라와 물었다. "어저께 스님께서는 세 차례의 몽둥이질을 용서하셨지만, 저는 제 잘못이 어디에 있었는지 모르겠습니다." 그러자 운문 스님이 말했다. "이 밥통아! 강서로 그리고 호남으로 그런 식으로 돌아다녔던 것이냐!" 이 대목에서 동산은 크게 깨달았다.

雲門, 因洞山參次, 門問曰, "近離甚處?" 山云, "查渡." 門曰, "夏在甚處?" 山云, "湖南報慈." 門曰, "幾時離彼?" 山云, "八月二十五." 門曰, "放汝三頓棒." 山至明日却上問訊, "昨日蒙和尚放三頓棒, 不知過在甚麼處?" 門曰, "飯袋子! 江西湖南便恁麼去." 山於此大悟.

제16칙 종성칠조(鐘聲七條) —— 221~229쪽

운문 화상이 말했다. "세계는 이처럼 넓은데, 무엇 때문에 종이 울리면 칠조七條의 가사를 입는 것인가?"

雲門曰, "世界恁麼廣闊, 因甚向鐘聲裏披七條?"

제17칙 국사삼환(國師三喚) —— 384~391쪽

혜충 국사國師가 시자侍者를 세 번 부르자, 시자는 세 번 대답했다. 그러자 국사는 말했다. "내가 너를 등지고 있었다고 생각했는데, 이제 알고 보니 네가 나를 등지고 있었구나!"

國師三喚侍者. 侍者三應. 國師云, "將謂吾辜負汝, 元來却是汝辜負吾!"

제18칙 동산삼근(洞山三斤) —— 290~297쪽

어느 스님이 물었다. "어떤 것이 부처입니까?" 그러자 동산 스님이 말했다. "마 삼근이다." 洞山和尚, 因僧問, "如何是佛?" 山云, "麻三斤."

제19칙 평상시도(平常是道) —— 368~375쪽

조주 스님이 남전 화상에게 물었다. "어떤 것이 도道입니까?" 남전 화상은

"평상심이 도다"라고 답했다. 그러자 조주가 말했다. "그렇다면 그렇게 하고자 노력하면 되겠습니까?" 남전 화상은 "그렇게 하고자 한다면 곧 어긋나게 된다"라고 말했다. 그러자 조주가 반문했다. "하고자 않는다면 어찌 마음을 항시 고르게 하는 것이 도라는 것을 알 수 있겠습니까?" 남전 화상은 말했다. "도道는 '안다'는 것과도 그리고 '모른다'는 것과도 상관이 없다. '안다'는 것은 착각의 상태이고, '모른다'는 것은 멍한 상태일 뿐이다. 만일 진실로 '하고자 함이 없는 도'에 이른다면, 허공처럼 확 트일 것이다. 어찌 옳고 그름을 따질 수 있겠는가!" 남전 화상의 말이 끝나자마자, 조주 스님은 바로 깨달았다.

南泉, 因趙州問, "如何是道?" 泉云, "平常心是道." 州云, "還可趣向否?" 泉云, "擬向即乖." 州云, "不擬爭知是道?" 泉云, "道不屬知, 不屬不知. 知是妄覺, 不知是無記. 若眞達不擬之道, 猶如太虛廓然洞豁. 豈可強是非也!" 州於言下頓悟.

제20칙 대역량인(大力量人) 42~50쪽

송원 화상이 말했다. "힘이 센 사람은 무엇 때문에 자기 다리를 들어 올릴 수 없는가?" 또 말했다. "말을 하는 것은 혀끝에 있지 않다."

松源和尚云, "大力量人, 因甚擡脚不起?" 又云, "開口不在舌頭上."

제21칙 운문시궐(雲門屎橛) 104~111쪽

어느 스님이 "어떤 것이 부처입니까?"라고 묻자, 운문 스님은 "마른 똥 막대기"라고 말했다.

雲門, 因僧問, "如何是佛?" 門云, "乾屎橛."

제22칙 가섭찰간(迦葉刹竿) 392~399쪽

아난이 물었다. "세존께서는 금란가사金襴袈裟를 전한 것 이외에 별도로 어떤 것을 전해 주시던가요?" 가섭이 "아난!" 하고 부르자, 아난은 "예" 하고 대답했다. 그러자 가섭은 말했다. "문 앞에 있는 사찰 깃대를 넘어뜨려라!"

迦葉, 因阿難問云, "世尊傳金襴袈裟外, 別傳何物?" 葉喚云, "阿難!" 難應諾. 葉云, "倒却門前刹竿著!"

제23칙 불사선악(不思善惡) 164~171쪽

혜능 스님이 혜명 상좌가 대유령에까지 추적하여 자기 앞에 이른 것을 보고 가사와 발우를 돌 위에 놓고 말했다. "이것들은 불법을 물려받았다는 징표이니 힘으로 빼앗을 수 있는 것이겠는가? 그대가 가져갈 수 있다면 가져가도록 하라!" 혜명은 그것을 들려고 했으나 산처럼 움직이지 않자 당황하며 두려워했다. 혜명은 말했다. "제가 온 것은 불법을 구하기 위한 것이지, 가사 때문은 아닙니다. 제발 행자께서는 제게 불법을 보여 주십시오." 혜능 스님이 말했다. "선善도 생각하지 않고 악惡도 생각하지 않아야 한다. 바로 그러한 때 어떤 것이 혜명 상좌의 원래 맨얼굴인가?" 혜명은 바로 크게 깨달았는데, 온몸에 땀이 흥건했다. 혜명은 깨달았다는 감격에 눈물을 흘리며 혜능에게 절을 올리며 물었다. "방금 하신 비밀스런 말과 뜻 이외에 다른 가르침은 없으십니까?" 그러자 혜능은 말했다. "내가 그대에게 말한 것은 비밀이 아니네. 그대가 스스로 자신의 맨얼굴을 비출 수만 있다면, 비밀은 바로 그대에게 있을 것이네." 혜명은 말했다. "제가 비록 홍인 대사의 문하에서 수행을 하고 있었지만, 실제로는 제 자신의 맨얼굴을 깨닫지는 못했습니다. 오늘 스님에게서 가르침을 받은 것이 마치 사람이 직접 물을 먹으면 차가운지 따뜻한지 스스로 아는 것과 같았습니다. 지금부터 스님께서는 저의 스승이십니다." 그러자 혜능은 말했다. "그렇다면 나와 그대는 이제 홍인 대사를 함께 스승으로 모시는 사이가 된 셈이니, 스스로를 잘 지키시게."

六祖, 因明上座, 趁至大庾嶺, 祖見明至, 即擲衣鉢於石上云, "此衣表信, 可力爭耶? 任君將去!" 明遂擧之如山不動, 踟躕悚慄. 明白, "我來, 求法, 非爲衣也. 願行者開示." 祖云, "不思善, 不思惡. 正與麽時, 那箇是明上座本來面目?"

明當下大悟, 遍體汗流. 泣涙作禮, 問曰, "上來密語密意外, 還更有意旨否?" 祖曰, "我今爲汝說者, 即非密也. 汝若返照自己面目, 密却在汝邊." 明云, "某甲雖在黃梅隨衆, 實未省自己面目. 今蒙指授入處, 如人飮水冷暖自知. 今行者即是某甲師也." 祖云, "汝若如是則吾與汝同師黃梅, 善自護持."

제24칙 이각어언(離却語言) ———————————— 306~313쪽

어느 스님이 물었다. "말과 침묵은 각각 '이離'와 '미微'를 침해한다고 합니다. 어떻게 해야 이와 미에 통하여 어기지 않을 수 있겠습니까?" 그러자 풍혈 화상이 말했다. "오랫동안 강남 춘삼월의 일을 추억하였네. 자고새가 우는 그곳에 수많은 꽃들이 활짝 피어 향기로웠네."

風穴和尙, 因僧問, "語默涉離微, 如何通不犯?" 穴云, "長憶江南三月裏, 鷓鴣啼處百花香."

제25칙 삼좌설법(三座說法) ———————————— 205~212쪽

앙산 화상이 미륵 부처가 있는 곳에 가서 세 번째 자리에 앉는 꿈을 꾸었다. 그곳에 있던 어느 부처가 나무망치로 받침대를 치며 말했다. "오늘은 세 번째 자리에 있는 분이 법을 하겠습니다." 앙산 화상은 일어나 나무망치로 받침대를 치며 말했다. "대승의 불법은 네 구절을 떠나서 백 가지의 잘못을 끊는다. 분명히 들으시오. 분명히 들으시오."

仰山和尙, 夢見往彌勒所, 安第三座. 有一尊者, 白槌云, "今日當第三座說法." 山乃起白槌云, "摩訶衍法離四句, 絶百非. 諦聽, 諦聽."

제26칙 이승권렴(二僧卷簾) ———————————— 342~349쪽

점심 공양 전에 스님들이 법당에 들어와 앉자 청량淸涼의 대법안 화상은 손으로 발[簾]을 가리켰다. 그때 두 스님이 함께 가서 발을 걷어 올렸다. 그러자 대법안 화상은 말했다. "한 사람은 옳지만, 다른 한 사람은 틀렸다."

清涼大法眼, 因僧齋前上參, 眼以手指簾. 時有二僧, 同去卷簾. 眼曰, "一得一失."

제27칙 불시심불(不是心佛) —————————— 400~408쪽

어떤 스님이 "사람들에게 이야기하지 않은 법法이 있으신가요?"라고 묻자, 남전 화상은 "있다"라고 대답했다. 그러자 그 스님은 물었다. "어떤 것이 사람들에게 이야기하지 않은 법인가요?" 남전 화상은 말했다. "마음[心]도 아니고, 부처[佛]도 아니고, 중생[物]도 아니다."

南泉和尚, 因僧問云, "還有不與人說底法麼?" 泉云, "有." 僧云, "如何是不與人說底法?" 泉云, "不是心, 不是佛, 不是物."

제28칙 구향용담(久嚮龍潭) —————————— 76~83쪽

덕산이 가르침을 청하러 왔을 때 마침 밤이 되자 용담 스님은 말했다. "밤이 깊었으니 그대는 그만 물러가는 것이 어떻겠는가?" 그래서 덕산은 인사를 하고 발을 걷고 밖으로 나갔다. 바깥이 너무 어두워서 되돌아와서 말했다. "바깥이 깜깜합니다." 그러나 용담 스님은 종이 등불에 불을 붙여 건네주었다. 덕산이 그것을 받으려고 할 때, 용담 스님은 등불을 불어 꺼 버렸다. 바로 여기서 덕산은 갑자기 깨닫고 용담 스님에게 절을 했다. 그러자 용담 스님은 물었다. "그대는 어떤 불법의 도리를 보았는가?" 덕산은 "저는 오늘 이후로 천하의 노화상께서 하신 말씀을 의심하지 않겠습니다." 다음 날 용담 스님은 법당에 올라 말했다. "만일 이가 검이 세워진 수풀과도 같고 입이 피가 담긴 쟁반과도 같아서 방망이로 때려도 뒤도 돌아보지 않을 남자가 있다면, 언젠가 홀로 우뚝 솟은 봉오리 정상에 나의 도를 세울 것이다." 마침내 덕산은 [《금강경》의] 주석서를 법당 앞에 들고 나와 횃불을 들고 나와 말했다. "불교의 모든 심오한 변론들을 남김없이 밝힌다고 해도 허공에 터럭 하나를 날리는 것과 같고, 세상의 모든 진리를 모조리 갈파한다고 해도 물 한 방울을 거대한 계곡에 떨어뜨리는 것과 같다." 이

어 주석서를 바로 불태우고 용담 스님을 떠났다.

龍潭, 因德山請益抵夜. 潭云, "夜深, 子何不下去?" 山遂珍重揭簾而出. 見外面黑却回云, "外面黑." 潭乃點紙燭度與. 山擬接, 潭便吹滅. 山於此忽然有省, 便作禮. 潭云, "子見箇甚麼道理?" 山云, "某甲從今日去不疑天下老和尙舌頭也."

至明日, 龍潭陞堂云, "可中有箇漢, 牙如劍樹, 口似血盆, 一棒打不回頭, 他時異日, 向孤峰頂上立君道在." 山遂取疏抄於法堂前, 將一炬火提起云, "窮諸玄辨, 若一毫致於太虛, 竭世樞機似一滴投於巨壑." 將疏抄便燒. 於是禮辭.

제29칙 비풍비번(非風非幡) ——— 24~32쪽

어느 날 사찰 깃발이 바람에 나부끼고 있었다. 이 광경을 보고 두 스님이 서로 논쟁을 했다. 한 스님은 "깃발이 움직인다"라고 말하고, 다른 스님은 "바람이 움직인다"라고 주장했다. 서로의 주장만이 오갈 뿐, 논쟁은 결코 해결되지 않는다. 이때 육조 혜능은 말한다. "바람이 움직이는 것도, 깃발이 움직이는 것도 아닙니다. 그대들의 마음이 움직이고 있을 뿐입니다." 두 스님은 소스라치게 놀랄 수밖에 없었다.

六祖, 因風颺刹幡. 有二僧, 對論. 一云, "幡動." 一云, "風動." 往復曾未契理. 祖云, "不是風動, 不是幡動. 仁者心動." 二僧悚然.

제30칙 즉심즉불(卽心卽佛) ——— 95~103쪽

대매가 "어떤 것이 부처입니까?"라고 묻자, 마조 스님은 "마음에 이르면 부처다"라고 말했다.

馬祖, 因大梅問, "如何是佛?" 祖云, "卽心是佛."

제31칙 조주감파(趙州勘婆) ——— 266~273쪽

어느 스님이 노파에게 "오대산으로 가는 길은 어느 쪽으로 가면 되나요?"

라고 묻자, 노파는 "똑바로 가세요." 스님이 세 발짝이나 다섯 발짝인지 걸어갔을 때, 노파는 말했다. "훌륭한 스님이 또 이렇게 가는구나!" 뒤에 그 스님이 이 일을 조주에게 말하자, 조주는 "그래, 내가 가서 너희들을 위해 그 노파의 경지를 간파하도록 하마"라고 이야기했다. 다음 날 바로 노파가 있는 곳에 가서 조주는 그 스님이 물었던 대로 묻자, 노파도 또한 대답했던 대로 대답했다. 조주는 돌아와 여러 스님들에게 말했다. "오대산의 노파는 내가 너희들을 위해 이제 완전히 간파했다."

趙州, 因僧問婆子, "臺山路向甚處去?" 婆云, "驀直去." 僧纔行三五步. 婆云, "好箇師僧, 又恁麼去." 後有僧擧似州, 州云, "待我去與你勘過這婆子." 明日便去亦如是問. 婆亦如是答. 州歸謂衆曰, "臺山婆子, 我與爾勘破了也."

제32칙 외도문불(外道問佛) ———— 375~383쪽

외도外道가 세존에게 물었다. "말할 수 있는 것도 묻지 않고, 말할 수 없는 것도 묻지 않으렵니다." 세존은 아무 말도 없이 자리에 앉아 있었다. 그러자 그 사람은 감탄하며 말했다. "세존께서는 커다란 자비를 내려 주셔서, 미혹의 구름에서 저를 꺼내 깨닫도록 해 주셨습니다." 그리고는 그는 예의를 표하고 떠나갔다.

아난이 곧 세존에게 물어보았다. "저 사람은 무엇을 깨달았기에 감탄하고 떠난 것입니까?" 그러자 세존은 말했다. "채찍 그림자만 보아도 달리는 좋은 말과 같은 사람이다."

世尊, 因外道問, "不問有言, 不問無言." 世尊據座. 外道贊歎云, "世尊大慈大悲, 開我迷雲令我得入." 乃具禮而去.

阿難尋問佛, "外道有何所證贊歎而去?" 世尊云, "如世良馬見鞭影而行."

제33칙 비심비불(非心非佛) ———— 197~204쪽

어떤 스님이 "어떤 것이 부처입니까?"라고 묻자, 마조는 말했다. "마음도 아니고, 부처도 아니다."

馬祖, 因僧問, "如何是佛?" 祖曰, "非心非佛."

제34칙 지불시도(智不是道) ———————— 350~358쪽

남전 화상이 말했다. "마음은 부처가 아니고, 앎은 도가 아니다."

南泉云, "心不是佛, 智不是道."

제35칙 천녀리혼(倩女離魂) ———————— 274~281쪽

오조 화상이 스님에게 물었다. "천녀가 자신의 혼과 분리되었다는 이야기가 있는데, 어느 것이 진짜인가?"

五祖問僧云, "倩女離魂, 那箇是眞底?"

제36칙 노봉달도(路逢達道) ———————— 323~331쪽

오조 법연 화상이 말했다. "길에서 도道에 이른 사람을 만나면, 말로도 침묵으로도 대응해서는 안 된다. 자, 말해 보라! 그렇다면 무엇으로 대응하겠는가?"

五祖曰, "路逢達道人, 不將語默對, 且道! 將甚麽對?"

제37칙 정전백수(庭前栢樹) ———————— 84~94쪽

어느 스님이 "무엇이 달마 대사가 서쪽에서 온 뜻인가요?"라고 묻자, 조주 스님이 대답했다. "뜰 앞의 잣나무!"

趙州, 因僧問, "如何是祖師西來意?" 州云, "庭前栢樹子!"

제38칙 우과창령(牛過窓櫺) ———————— 409~417쪽

오조 법연 화상이 말했다. "비유하자면 물소가 창살을 통과하는 것과 같

다. 머리, 뿔, 그리고 네 발굽이 모두 창살을 통과했는데, 무엇 때문에 꼬리는 통과할 수 없는 것인가?"
五祖曰, "譬如水牯牛過窓櫺. 頭角四蹄都過了, 因甚麽尾巴過不得?"

제39칙 운문화타(雲門話墮) —— 138~145쪽

어느 스님이 물었다. "광명이 조용히 모든 세계에 두루 비치니…." 한 구절이 다 끝나기도 전에 운문 스님은 갑자기 말했다. "이것은 장졸 수재의 말 아닌가!" 그 스님은 "예"라고 대답했다. 그러자 운문 스님은 "말에 떨어졌군"이라고 말했다.
뒤에 사심 스님은 말했다. "자 말해 보라! 어디가 그 스님이 말에 떨어진 곳인가?"
雲門, 因僧問, "光明寂照遍河沙." 一句未絶, 門遽曰, "豈不是張拙秀才語!" 僧云, "是." 門云, "話墮也."
後來, 死心拈云, "且道! 那裏是者僧話墮處?"

제40칙 적도정병(趯倒淨瓶) —— 232~239쪽

위산 화상이 백장 문하에서 공양주[典座]의 일을 맡고 있을 때였다. 백장은 대위산大潙山의 주인을 선출하려고 위산에게 수좌首座와 함께 여러 스님들에게 자신의 경지를 말하도록 했다. "빼어난 사람이 대위산의 주인으로 가는 것이다." 백장은 물병을 들어 바닥에 놓고 말했다. "물병이라고 말해서는 안 된다. 그렇다면 너희 둘은 무엇이라고 부르겠는가!" 수좌가 먼저 말했다. "나무토막이라고 불러서는 안 됩니다." 백장은 이어 위산에게 물었다. 그러자 위산은 물병을 걷어차 넘어뜨리고 나가 버렸다. "수좌는 위산에게 졌구나!"라고 웃으면서 마침내 위산을 대위산의 주인으로 임명했다.
潙山和尚, 始在百丈會中充典座. 百丈, 將選大潙主人, 乃請同首座對衆下語, "出格者可往." 百丈遂拈淨瓶, 置地上設問云, "不得喚作淨瓶, 汝喚作甚麽?" 首座乃云, "不可喚作木楔也." 百丈却問於山. 山乃趯倒淨瓶而去. 百丈笑云,

"第一座輸却山子也." 因命之爲山.

제41칙 달마안심(達磨安心) 146~153쪽

달마가 벽을 향해 참선하고 있을 때, 두 번째 스승이 되는 혜가가 사납게 내리는 눈 속에서 서서 자신의 팔을 자르고 말했다. "제 마음이 아직 편하지 않습니다. 부디 스승께서 제 마음을 편하게 해 주십시오." 그러자 달마는 "네 마음을 가지고 와라. 그러면 너를 위해 네 마음을 편하게 해 주겠다"고 말했다. 혜가는 "마음을 찾으려고 했으나 찾을 수가 없습니다"라고 대답했다. 그 순간 달마는 말했다. "마침내 너를 위해 네 마음을 편안하게 해 주었다."

達磨面壁, 二祖立雪, 斷臂云, "弟子心未安. 乞師安心." 磨云, "將心來爲汝安." 祖云, "覓心了不可得." 磨云, "爲汝安心竟."

제42칙 여자출정(女子出定) 314~322쪽

옛날 문수 보살이 여러 부처들이 모인 곳에 이르렀을 때, 마침 여러 부처들은 자신이 있어야 할 곳으로 돌아가고 있었다. 그런데 오직 한 명의 여인만이 석가모니 자리 가까이에서 삼매三昧에 들어 있었다. 그러자 문수는 세존에게 물어보았다. "어찌해서 저 여인은 부처님 자리에 가까이 할 수가 있고, 나는 그렇게 할 수 없는 것입니까?" 세존은 문수에게 말했다. "이 여자를 깨워 삼매의 경지에서 나오게 한 다음에, 네가 직접 물어보도록 하라!" 문수는 여인의 주변을 세 번 돌고서 손가락을 한 번 탁 튕기고는 여인을 범천에게 맡겨 그의 신통력을 다하여 깨우려고 했으니 깨우지 못했다. 그러자 세존은 말했다. "설령 수백 수천의 문수가 있다고 하더라도 이 여자를 삼매의 경지에서 나오게 할 수 없을 것이다. 그렇지만 아래로 내려가 12억이라고 하는 갠지스강 모래알의 수처럼 많은 국토들을 지나면, 이 여자를 삼매에서 꺼낼 수 있는 망명 보살이 있을 것이다." 그 순간 망명 대사가 땅에서 솟아 나와 세존에게 예배를 하였다. 세존은 망명에게 여인을 삼매로부터 꺼내라고 명령을 내렸다. 망명이 여인 앞에 이르러 손가락을 한 번 탁 튕기자, 여인은 바로 삼매의 경지에서 빠져나왔다.

世尊, 昔, 因文殊, 至諸佛集處値諸佛各還本處. 惟有一女人近彼佛坐入於三昧. 文殊乃白佛, "云何女人得近佛坐而我不得?" 佛告文殊, "汝但覺此女, 令從三昧起, 汝自問之." 文殊遶女人三匝, 鳴指一下, 乃托至梵天盡其神力而不能出. 世尊云, "假使百千文殊亦出此女人定不得. 下方過一十二億河沙國土, 有罔明菩薩能出此女人定." 須臾罔明大士, 從地湧出禮拜世尊. 世尊敕罔明. 却至女人前鳴指一下. 女人於是從定而出.

제43칙 수산죽비(首山竹篦) 181~188쪽

수산 화상이 죽비를 들고 여러 스님들에게 보이며 말했다. "너희들이 만일 이것을 죽비라고 부른다면 이름에 집착하는[觸] 것이고, 그렇다고 죽비라고 부르지 않는다면 사실에 위배되는[背] 것이다. 이제 바로 너희들이 말해 보라! 이것을 무엇이라고 부르겠는가!"

首山和尙, 拈竹篦示衆云, "汝等諸人, 若喚作竹篦則觸, 不喚作竹篦則背. 汝諸人, 且道! 喚作甚麽?"

제44칙 파초주장(芭蕉拄杖) 51~59쪽

파초 화상이 대중들에게 말했다. "너희에게 주장자가 있다면, 너희에게 주장자를 주겠다. 너희에게 주장자가 없다면, 너희에게서 주장자를 빼앗을 것이다."

芭蕉和尚示衆云, "你有拄杖子, 我興你 拄杖子. 你無拄杖子, 我奪你 拄杖子."

제45칙 타시아수(他是阿誰) 172~180쪽

동산東山의 법연 스님이 말했다. "석가도 미륵도 오히려 그의 노예일 뿐이다. 자, 말해 보라! 그는 누구인가?"

東山演師祖曰, "釋迦彌勒猶是他奴. 且道! 他是阿誰?"

제46칙 간두진보(竿頭進步) ———————————— 359~366쪽

석상 화상이 말했다. "100척이나 되는 대나무 꼭대기에서 어떻게 한 걸음 나아갈 수 있겠는가!"

또 옛날 큰 스님은 말했다. "100척이나 되는 대나무 꼭대기에 앉아 있는 사람은 비록 어떤 경지에 들어간 것은 맞지만 아직 제대로 된 것은 아니다. 100척이나 되는 대나무 꼭대기에서 반드시 한 걸음 나아가야, 시방세계가 자신의 전체 모습을 비로소 드러내게 될 것이다."

石霜和尚云, "百尺竿頭, 如何進步!"

又古德云, "百尺竿頭坐底人, 雖然得入未爲眞. 百尺竿頭, 須進步十方世界現全身."

제47칙 도솔삼관(兜率三關) ———————————— 418~425쪽

도솔 종열 화상은 세 가지 관문을 설치해, 배우려는 사람에게 물었다. "깨달은 사람을 찾아 수행하는 것은 단지 자신의 불성을 보기 위함이다. 그렇다면 지금 그대의 불성은 어디에 있는가? 자신의 불성을 알았다면 삶과 죽음으로부터 해탈할 수 있다. 그렇다면 죽음에 이르렀을 때 어떻게 그대는 삶과 죽음으로부터 해탈하겠는가? 삶과 죽음으로부터 해탈할 수 있다면 바로 가는 곳을 알게 된다. 그렇다면 육신을 구성하는 네 가지 요소가 흩어질 때, 그대는 어디로 가는 것인가?"

兜率悅和尚, 設三關問學者, "撥草參玄只圖見性. 即今上人性在甚處? 識得自性方脱生死. 眼光落時, 作麼生脫? 脫得生死便知去處, 四大分離向甚處去?"

제48칙 건봉일로(乾峰一路) ———————————— 249~256쪽

한 스님이 "세계의 모든 부처들은 '하나의 길[一路]'로 열반문에 이른다고

하지만, 도대체 그 '하나의 길'이 어디에 있는지 모르겠습니다"라고 묻자, 건봉 화상은 주장자를 들어 공중에 하나의 선을 긋고 말했다. "여기에 있다."

뒤에 그 스님은 운문에게 이 문답에 대해 가르침을 청했다. 그러자 운문은 부채를 들고 말했다. "이 부채가 뛰어올라 33천天에까지 올라가 제석천의 콧구멍을 찌르고, 동해의 잉어를 한 방 먹이면 물동이가 기울어지는 것처럼 비가 엄청나게 올 것이다."

乾峰和尚, 因僧問, "十方薄伽梵, 一路涅槃門, 未審路頭在甚麼處?" 峰拈起拄杖, 劃一劃云, "在者裏."

後僧請益雲門. 門拈起扇子云, "扇子𨁝跳上三十三天, 築著帝釋鼻孔. 東海鯉魚, 打一棒雨似盆傾."

《무문관》 법계도

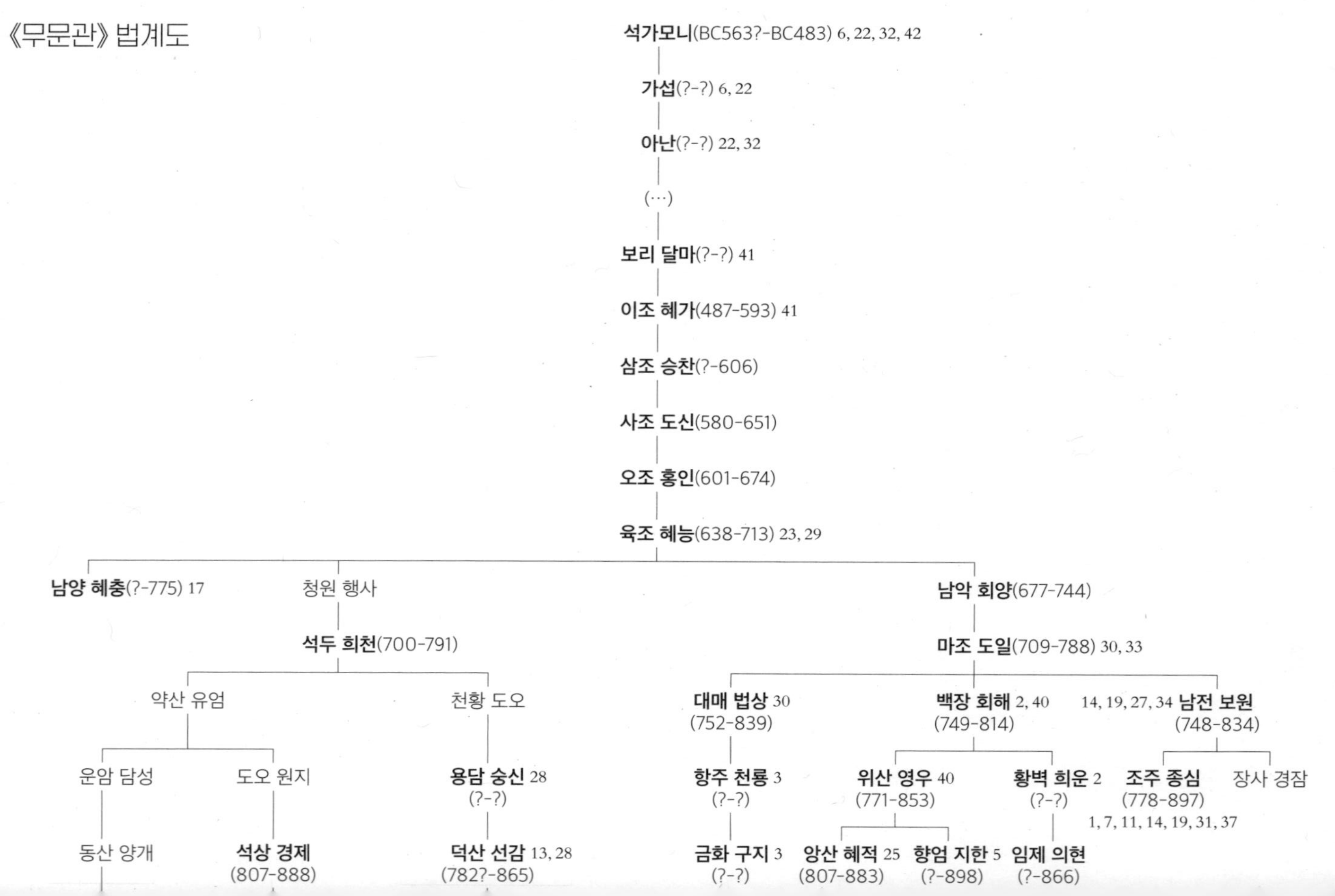

석가모니(BC563?-BC483) 6, 22, 32, 42
가섭(?-?) 6, 22
아난(?-?) 22, 32
(…)
보리 달마(?-?) 41
이조 혜가(487-593) 41
삼조 승찬(?-606)
사조 도신(580-651)
오조 홍인(601-674)
육조 혜능(638-713) 23, 29
남양 혜충(?-775) 17
청원 행사
남악 회양(677-744)
석두 희천(700-791)
마조 도일(709-788) 30, 33
약산 유엄
천황 도오
대매 법상 30 (752-839)
백장 회해 2, 40 (749-814)
14, 19, 27, 34 남전 보원 (748-834)
운암 담성
도오 원지
용담 숭신 28 (?-?)
항주 천룡 3 (?-?)
위산 영우 40 (771-853)
황벽 희운 2 (?-?)
조주 종심 (778-897) 1, 7, 11, 14, 19, 31, 37
장사 경잠
동산 양개
석상 경제 (807-888)
덕산 선감 13, 28 (782?-865)
금화 구지 3 (?-?)
앙산 혜적 25 (807-883)
향엄 지한 5 (?-898)
임제 의현 (?-866)

*숫자는 《무문관》에 등장하는 본칙을 의미함.

찾아보기

주 요 용 어

ㄱ

ㄴ

ㄷ

ㅁ

ㅂ

ㅅ

ㅇ

ㅈ

ㅊ

ㅌ

ㅍ

ㅎ

인 명

ㄹ

ㅁ

ㅂ

ㅅ

ㅇ

ㅈ

ㅊ

ㅋ

ㅍ

ㅎ

책 명

ㄱ

ㄴ

ㄷ

ㅁ

ㅂ

ㅅ

ㅇ

ㅈ

ㅊ

ㅍ

ㅎ